HISTOIRE
D'ALGER

DE SON TERRITOIRE ET DE SES HABITANTS,
DE SES PIRATERIES, DE SON COMMERCE ET DE SES GUERRES;
DE SES MŒURS ET USAGES,

Depuis les temps les plus reculés jusqu'à nos jours;

DÉDIÉE A M.gr DUPUCH, ÉVÊQUE D'ALGER,

PAR STÉPHEN D'ESTRY.

TROISIÈME ÉDITION.

TOURS

A.d MAME ET C.ie, IMPRIMEURS-LIBRAIRES
1845.
1846

INTRODUCTION.

M. de Verceil, jeune sous-officier de la garde
royale, s'était retiré, après le licenciement de ce
corps en 1830, chez son beau-frère, M. Lancelin,
notaire d'une jolie petite ville du Maine. Là, livré
aux douces occupations qu'offre l'étude des sciences
et des arts, il tâchait d'oublier les événements im-
prévus qui semblaient devoir l'arrêter dans le cours
de sa noble carrière; les soins délicats et affectueux
de sa sœur et de son beau-frère, le tendre attachement de son neveu Gustave, charmant jeune homme
de quinze ans, et de sa nièce Marie, moins âgée d'environ un an, contribuaient beaucoup à la tranquillité

besoin de traverser les mers, peut-être trouvera-t-elle encore quelque charme à se transporter sur le sol africain, alors que mes souvenirs réclament sa faveur de lui servir de *cicerone*.

Quel que soit l'intérêt que vous présentent ces lettres sur l'Algérie, ne dédaignez pas d'assister un instant aux leçons d'histoire que je donne à vos petits-neveux. Gustave et Marie en seront fiers et joyeux; ils se piqueront d'émulation en voyant leur grand'tante s'asseoir à côté d'eux pour écouter les récits de leur oncle et de votre neveu tout dévoué,

STÉPHEN D'ESTRY.

ENVOI.

A madame du Rosel de Vaudry.

J'ai toujours conservé une de vos lettres dans laquelle vous me disiez : « Décris-moi bien les lieux où tu te « trouves ; donne-moi sur la maison que tu habites les « détails les plus minutieux, afin que je puisse m'y « transporter par la pensée et t'y voir des yeux de « l'imagination ; ce sera du moins pour moi une légère « consolation de ton absence. »

Je vous envoie ces lettres, ma bonne tante ; elles vous entretiendront des lieux que j'ai parcourus ; et bien que, pour me rencontrer, votre pensée n'ait plus

et à la régénération de son âme. Mais tous ces avantages lui eussent manqué, qu'il n'en eût pas été moins soumis à la volonté du Ciel, car il était chrétien, et il savait baiser avec respect la main toute-puissante qui souvent frappe ses enfants, pour éprouver leur courage et leur foi.

En déposant son épée, il n'avait point renoncé à sa carrière favorite. Les jours de repos qu'il prenait ne furent pour lui qu'une halte, pendant laquelle il eut le loisir d'examiner en quels lieux il irait porter sa valeur et servir utilement la cause de son pays.

Au moment où le trône des Bourbons venait de crouler, un royaume à civiliser nous tombait en partage, dernier legs du descendant de tant de rois qui avaient élevé si haut la gloire du nom français. Alger, ce repaire inabordable des ennemis de tous les peuples chrétiens, Alger était à nous, et appelait dans son enceinte, jadis si redoutée, les lumières de la foi et de la civilisation.

La terre de l'esclavage était devenue libre, grâce à Dieu et à la France.

Pendant quelque temps l'attention générale fut détournée de notre nouvelle conquète par les graves événements qui se passaient en France ; puis elle se reporta plus générale et plus vivace vers ces rives africaines, où nos soldats avaient encore des palmes à cueillir, où nos prêtres devaient faire revivre les beaux souvenirs de l'Église d'Afrique.

Le maréchal Clausel, successeur du comte de Bourmont, continuait avec sagesse l'œuvre du vainqueur d'Alger *la Victorieuse*. Administrateur instruit et zélé, il avait compris tout ce qui restait à faire pour assurer notre domination sur cette contrée fertile, et il ne négligeait rien pour réussir dans ses projets habilement conçus.

M. de Verceil suivit avec un vif intérêt les travaux du nouveau gouverneur de l'Algérie; et soudain, animé par le désir d'être lui-même utile à son pays, il résolut d'aller servir sous les ordres de l'illustre maréchal. Ses amis essayèrent vainement de le détourner de ce dessein, il tint ferme : il partit et s'embarqua pour l'Afrique au mois de novembre 1831.

Gustave et Marie, que son départ avait beaucoup affligés, lui avaient fait promettre qu'il leur écrirait souvent pour les consoler de son absence et pour les initier à l'histoire de la contrée qu'il allait habiter. M. de Verceil tint parole à son neveu et à sa nièce; il leur donna souvent de ses nouvelles, et leur écrivit des lettres assez développées où peu à peu se déroulait toute l'histoire de l'Algérie, depuis les temps les plus reculés jusqu'à nos jours.

Nous avons eu entre les mains ces lettres de M. de Verceil; elles nous ont paru si propres à intéresser et à instruire, tout en faisant germer dans les cœurs l'amour du pays et de la religion, que nous avons instamment demandé et enfin obtenu l'autorisation d'en livrer la plus grande partie à la publicité.

Puisse leur lecture causer à la jeunesse française autant de plaisir qu'elle nous en a fait à nous-même !

Lettre Première.

A MARIE ET A GUSTAVE.

DÉPART DE TOULON. — TRAVERSÉE — PORT-MAHON. — PREMIER
ASPECT D'ALGER. — IMPRESSIONS.

Alger, novembre 1831.

Alger! C'est bien d'Alger que je vous écris,
mes bons amis, de cette ville dont le nom naguère
encore faisait frémir le nautonnier le plus intrépide; d'Alger qu'il redoutait plus que la tempête,
plus que Charybde, plus que Scylla; d'Alger,
ce repaire des terribles écumeurs de mer. —
Maintenant quatre cents lieues nous séparent.

Je vous ai promis, mon cher Gustave, ainsi

qu'à vous, ma chère Marie, de vous écrire dès mon arrivée ici, et je veux vous tenir parole ; car je sais que votre impatience est extrême, et mon vœu le plus vif est de vous prouver combien je vous aime, en m'empressant de satisfaire vos désirs, qui d'ailleurs ne prennent leur source que dans un louable besoin d'instruction.

Je me suis embarqué, le 12 novembre, à bord du *Nageur*, bateau à vapeur de l'Etat, qui fait le service des dépêches entre Toulon et la nouvelle colonie.

Notre traversée a été favorisée par un temps magnifique ; aussi notre marche a-t-elle été rapide. Notre capitaine, qui faisait jeter le loch d'heure en heure, m'a assuré que nous avions toujours filé six à sept nœuds, c'est-à-dire que nous avions fait environ trois lieues à l'heure.— Nous avions quitté la rade de Toulon le 12 à cinq heures du soir, et le 15, à trois heures du matin, nous mouillions dans celle d'Alger, après cinquante-huit heures de traversée.

Le deuxième jour de notre navigation, j'aperçus à ma droite une côte qui dominait l'horizon, et que je pris tout d'abord pour la côte d'Espagne. — Le lieutenant du bord me rappela que ce ne pouvait être que l'île Minorque. Il eut même l'obligeance de me prêter sa longue-vue marine, pour me faire apercevoir la ville de

Mahon, capitale de cette île, où un port vaste et profond présente à nos bâtiments un mouillage sûr en cas de tempête. Il me semble en effet que la position de Mahon, qui divise le parcours de Toulon à Alger en deux parties presque égales, est tout à fait providentielle pour nos vaisseaux. On dit qu'il règne à Mahon un air très-salubre, et il me vint en idée que la France devrait bien demander à l'Espagne, son alliée, l'emplacement d'un hôpital dans cette ville, afin qu'on pût y transporter et y soigner nos pauvres soldats décimés par le typhus, si meurtrier en Afrique.

Le 14 au soir, troisième jour de notre traversée, après avoir fait avec le lieutenant de quart un cours d'astronomie sur le tillac du bateau, j'allai me coucher dans ma cabine. Quand nous arrivâmes devant Alger, je dormais de ce sommeil lourd et fébrile que donne la fatigue: le bruit des câbles au mouillage ne me réveilla pas. Il était trois heures du matin, on attendit le jour pour débarquer. Vers six heures, on vint m'avertir que nous étions arrivés; je fus bientôt sur le pont.

Le spectacle qui s'offrit alors à ma vue, l'émotion que j'éprouvai, je ne saurais trop vous les exprimer; je me frottai les yeux à plusieurs reprises, pour m'assurer si tout cela n'était point un rêve : j'apercevais devant moi comme

une large carrière de marbre de Carrare, dont
les couches horizontalement superposées s'élevaient en amphithéâtre en formant un triangle
isocèle, qui baignait sa base dans les flots. Sa
blancheur, éclairée par les premiers feux du
soleil, ressortait éclatante au milieu de riches
draperies de verdure, qui semblaient se rattacher
au sommet de la montagne, d'où elles allaient se
perdre à l'horizon.

On me disait bien : Ce que vous voyez est
Alger! mais je ne me rendais compte d'aucun
détail, je ne pouvais démêler une ville dans cette
masse étrange qui se présentait à mes regards. Je
n'entreprendrai pas de vous décrire tout ce que
bâtit et renversa, fit et défit mon imagination
active, avant d'arriver à la réalité. Nous étions
à moins de deux portées de canon d'Alger; à
force de regarder, les objets s'éclaircirent, se
dessinèrent à mes yeux. Le commandant du port
nous envoya son canot; nous levâmes l'ancre
pour entrer dans le bassin.

A mesure que nous approchions, les objets
devenaient plus distincts : je découvrais une maison, puis deux, trois, etc. ; une mosquée, un
minaret, un palmier... C'était une suite non in-
terrompue de surprises, d'impressions nouvelles,
de sensations vives que je ne puis vous rendre.
Enfin je distinguai la capitale de l'Algérie dans

son ensemble, avec sa physionomie gracieuse et tout orientale.

Notre bateau fut bientôt entouré par un essaim de caïks, ou barques montées par des Turcs, qui venaient se disputer les bagages des passagers. On me dit que de tous les Turcs employés au service de l'ancienne régence d'Alger, ces mariniers étaient les seuls qui fussent restés après la conquête des Français. Un de ces Turcs, vêtu de son costume national, me conduisit à terre dans son caïk pour un demi-boudjous (environ soixante-quinze centimes). J'eus bientôt franchi la porte de la Marine, longé la rue du même nom, et je me trouvai en face de la grande mosquée, sur la place que les Français ont appelée *place du Gouvernement*. Là je m'arrêtai quelque temps à considérer ce peuple bizarre, composé de figures de toutes les nuances, depuis le plus beau noir d'ébène jusqu'à la blancheur de nos Françaises. — Je restais tout stupéfait en me voyant mêlé à cette population nouvelle, coudoyé par des Maures, des Turcs, des Arabes, des Nègres, tous vêtus de leur costume distinctif; je cherchais en vain à saisir quelques syllabes dans les sons gutturaux et fortement aspirés que leur conversation laissait parvenir à mes oreilles. Tout, jusque dans les plus petits détails, était nouveau pour moi. — Dans ma promenade en Italie, voyageant par terre, et initié par degrés et comme de page en page aux singularités du pays, je n'avais pas trouvé de contrastes frappants. En avançant de ville en ville, de sites en sites, de contrées en contrées, on n'est saisi de rien, on devine, on prévoit tout; mais se réveiller à Alger, quand il s'est endormi à Toulon, c'est pour le voyageur un véritable coup de théâtre.

Je suis obligé, mes chers amis, de faire trève à mon enthousiasme et de terminer ici cette première lettre, car je suis attendu pour mon admission au corps des zouaves que l'on complète en ce moment.

Lettre Deuxième.

A GUSTAVE ET A MARIE.

ÉDIFICES PUBLICS D'ALGER. — BAGNE DES ESCLAVES. — CIMETIÈRES.
—OUVRIERS, MARCHANDS, CAFÉS ET BARBIERS ALGÉRIENS,

Alger, janvier 1832.

Il n'y a que deux mois, mes chers amis, que
je suis dans Alger, et cependant j'ai vu tant de
choses nouvelles, j'ai tant examiné, tant appris,
que je ne sais par où commencer mes récits. J'ai
pensé tout d'abord à vous rappeler par quels
beaux faits d'armes la France s'était rendue
maîtresse de cette ville célèbre qu'on n'appellera
plus désormais *la Victorieuse*. J'ai dû changer
d'idée et de plan pour mettre de l'ordre dans le

petit cours d'histoire que je prétends vous faire suivre. D'ailleurs j'ai parcouru Alger, il faut que vous le parcouriez à votre tour; j'en ai étudié les mœurs et les usages, il est juste que vous les étudiiez avec moi.

Un grade de sous-lieutenant m'a été accordé dans la compagnie des zouaves, c'est-à-dire de la milice maure au service de la France; mais, avant d'entrer au corps, j'ai obtenu quelque loisir, et je vous suis trop attaché pour ne pas vous en faire profiter.

Me voici donc installé sur ce continent où nul chrétien ne descendait jadis que pour être réduit en esclavage. Il a suffi d'une semaine pour que j'abordasse nos nouvelles possessions ; dans quelques années peut-être, les merveilles de la science et des arts auront mis Paris à trois jours d'Alger, et auront fait de la colonie une admirable province où nous trouverons un climat plus chaud, un ciel plus pur, plus brillant que le nôtre, un sol encore plus fécond.

Mais que de tristes images vinrent contrister mon cœur, quand j'aperçus Alger pour la première fois! A ce nom, je vis la piraterie imposant ses tributs aux nations les plus puissantes; je vis les chrétiens portant des fers; j'assistai au siége infructueux de Charles-Quint, au bombardement de l'intrépide Duquesne, à nos blocus, à ceux de l'Angleterre ; puis bientôt je ne me souvins plus que de la glorieuse conquête qui, en immortalisant nos soldats, ouvrit les prisons aux captifs et vint replacer l'étendard du Christ dans une contrée où jadis l'Évangile était si florissant.

Alger, très-faible du côté de la terre, est défendu d'une manière formidable du côté de la mer ; et il ne fallait rien moins que la valeur des Français pour triompher des obstacles que présente cette position militaire. Entre leurs mains elle ne peut manquer de devenir inexpugnable. Le fort l'Empereur, qui la dominait, était lui-même dominé par une hauteur sur laquelle existait autrefois le jardin du consul des Pays-Bas.

Les édifices publics n'ont rien de remarquable sous le rapport de l'art : leur caractère architectonique n'offre qu'une analogie très-éloignée et très-grossière avec les monuments de Constantinople et des villes soumises à l'islamisme. Les principaux sont : le *Sérail*, ou palais du dey, vulgairement nommé *Pachali*, formé de deux grandes cours entourées de vastes bâtiments, avec des galeries spacieuses. A l'entrée de ce palais se trouvaient les instruments de supplice, et c'est là que les têtes des criminels et des rebelles étaient exposées. Le dernier dey habitait la citadelle de la Cassauba (Al-Kassaba), située sur une éminence à l'extrémité méridionale de la ville; puis viennent l'arsenal, c'est-à-dire le chantier de construction, communiquant avec la mer par trois ouvertures qui servent à lancer les bâtiments à l'eau; les *Cassaryat*, ou les casernes de la milice arabe, décorées de marbre et de fontaines; la mosquée *Djouma*, ou principale, celle que les esclaves chrétiens commencèrent en 1790; enfin les Bagnes, ou casernes, au nombre de cinq, qui étaient destinées aux esclaves eux-mêmes.

C'était dans ces lieux malsains et presque privés d'air, que, couchés sur la paille, les malheureux captifs se reposaient des pénibles travaux qu'on leur imposait. Là, ces infortunés pouvaient du moins se livrer au seul exercice pieux qui leur fût permis, celui de se mettre en communication avec Dieu par la prière, et de lui demander la force de supporter leurs maux avec courage, afin de mériter les récompenses réservées à ceux qui souffrent à cause de lui. Sous ces voûtes lugubres ils chantaient souvent en chœur ces belles paroles de David; elles entretenaient dans leurs âmes le sentiment de l'espérance, qui ne doit jamais abandonner un chrétien, et dont ils avaient tant besoin :

« Ne vous souvenez point de nos anciennes

« iniquités, Seigneur, et que vos miséricordes
« nous préviennent promptement, réduits que
« nous sommes à la dernière misère.

« Aidez-nous, ô Dieu, qui êtes notre Sauveur,
« et délivrez-nous pour la gloire de votre nom ;
« pardonnez-nous, de peur qu'on ne dise : Où
« est leur Dieu ?

« Que les gémissements de ceux qui sont cap-
« tifs s'élèvent jusqu'à vous ; faites éclater quel-
« ques signes en notre faveur, afin que ceux qui
« nous haïssent soient confondus en voyant que
« vous nous avez aidés. »

Leurs vœux ont été exaucés, le jour de la délivrance a lui pour eux ; l'antique Numidie, jadis
si chrétienne, illustrée par l'épiscopat de saint
Augustin, par le martyre de saint Cyprien et de
tant d'autres fidèles soldats de Jésus-Christ, a
été rendue à la foi, et tout fait espérer que désormais cette douce fille du ciel n'en sera plus
exilée.

Disposé en amphithéâtre triangulaire dont un
des côtés touche à la mer, Alger ne présente de
loin, comme je vous l'ai déjà dit, qu'une masse
grisâtre ressemblant plutôt à un rocher qu'à une
ville ; mais un examen plus attentif y fait découvrir un mur d'enceinte, et, dans l'espace qu'il
renferme, on voit se dessiner une foule de murailles unies et éclatantes de blancheur, qui se

superposent et se dominent en raison de l'inclinaison du terrain; nulle apparence de toits ni de fenêtres, mais seulement d'étroites meurtrières que le regard ne peut traverser; aucun monument n'arrête la vue, à moins que l'on n'appelle ainsi des espèces de tours, sans ornements, qui couronnent les mosquées et constituent les minarets.

A peu de distance des portes de la ville, on rencontre des cimetières. Ce sont des terrains sans culture, où sont placées, pêle-mêle, des pierres tumulaires de différentes grandeurs, mais pour la plupart de trois pieds de hauteur, sur douze ou quinze pouces de largeur; elles sont plantées dans la terre verticalement, et leur sommet est moins large que la base. La face, qui regarde toujours l'orient, a pour tout ornement des caractères arabes, ou un verset de l'Alcoran. Les cimetières sont mal entretenus. Quelques tombes sont entourées de fleurs; mais rien n'indique que ces fleurs y soient placées avec une intention pieuse.

Les Arabes fréquentent peu leurs cimetières; ils passent à côté sans témoigner aucun sentiment religieux. Maintenant on priera pour les morts, car notre sainte religion est venue planter la croix sur la tombe de ses enfants qui ne sont plus; elle commande aux fidèles de s'arrêter devant les restes vénérés de leurs frères ; déjà j'ai obéi plus d'une fois à cet ordre sacré, et j'ai fléchi le genou sur le sol où reposent nos guerriers tombés au pied de ces murs conquis au prix de leur sang.

Vu des ruines du Château-l'Empereur (Sultan-Calassi), Alger présente un coup d'œil très-agréable ; les maisons et les terrasses éblouissantes de blancheur se détachent sur le bleu foncé de la mer qui baigne les murailles. L'illustre auteur de l'Itinéraire de Jérusalem a dit avec vérité qu'Alger était bâti dans une position charmante, sur une côte qui rappelle la belle colline de Pausilippe.

Rien cependant n'est plus triste que cette ville : j'ai été frappé de la malpropreté des rues ; les ordures y sont entassées à chaque pas dans des trous à fumier, rendus plus infects par l'eau croupie : un moderne a dit avec raison qu'en voyant une rue d'Alger on concevait la peste. Toutefois je dois rendre justice à la police française qui ne néglige rien pour assainir la capitale de l'Algérie. Je ne doute pas que d'ici à quelques années le vieil Alger ne disparaisse entièrement, et ce bienfait de la civilisation est à désirer.

Deux ou trois personnes de front peuvent à peine passer dans les rues, dont quelques-unes sont voûtées ; toutes sont resserrées de telle sorte que les murs des maisons , surplombant d'étage en étage , se joignent dans le haut ; de là il arrive nécessairement que l'air peut à peine circuler ; toutefois cette disposition , qui donne aux rues l'aspect désolé de cachots souterrains, a l'avantage d'y entretenir une fraîcheur bien précieuse sous ce climat brûlant. Byron disait de Venise : *Elle est belle comme son histoire ;* on peut dire d'Alger : *Il est hideux comme son histoire.*

Cette ville offre cependant un spectacle intéressant pour le curieux et pour l'homme qui se plaît à l'étude des mœurs des nations. J'aime à voir ces artisans qui fabriquent leurs chaussures de cuir et de maroquin, leurs armures , leurs vêtements, sous les yeux du public. Je contemple avec plaisir ces Maures si graves , si majestueux, assis sur leurs jambes croisées , et occupés à dévider un écheveau de fil ou à faire de la tapisserie.

Chaque genre de travaux a ses rues à part, et cela est fort commode pour les acheteurs. Jadis il en était ainsi dans Paris et dans nos grandes villes ; les cordeliers, les marchands de fer , et beaucoup d'autres encore avaient tous leurs quartiers, d'où rarement ils s'éloignaient. Jusqu'ici les opticiens et les argentiers ont tenu bon à Paris ; ils sont restés fidèles à leurs quais des Lunettes et des Orfèvres.

Le marchand maure ne ressemble en rien au marchand français, à celui de notre capitale surtout : ce dernier est empressé, vif, séduisant ; il déballe pour un petit écu toutes ses marchandises ; le marchand arabe est calme, impassible ; on serait tenté de croire qu'il fait le commerce pour son plaisir, tant il se montre peu soucieux de vendre et peu empressé à servir les acheteurs.

L'Algérien s'installe volontiers au café ; il y passe de longues heures dans l'immobilité et le silence. Le café coûte un sou la tasse ! il est assez agréable à boire. Le Maure en fait une grande consommation. Aussi les cafés sont très-nombreux, mais très-petits. Deux ou trois offrent de grandes salles pavées en marbre et constamment rafraîchies par une fontaine placée au milieu. Quelquefois l'oreille y est soudainement frappée par une espèce de musique triste et monotone, plus appréciée par les indigènes que par les Européens.

Les barbiers procurent, après les cafetiers, un doux passe-temps aux Algériens. Ils sont ordinairement Kolouglis, ou fils de Turcs, et rasent avec une dextérité vraiment surprenante, en plaçant la tête de leur pratique sur leurs genoux.

L'usage des bains de vapeur offre encore aux oisifs une ressource contre l'ennui, et il a cet avantage, que ses effets sont propres à prévenir les maladies cutanées, si dangereuses dans les climats chauds. Ces bains ressemblent à ceux de l'Orient; on en voit de très-vastes, mais en général ils n'ont point cette élégance et cette propreté qu'on m'avait tant vantées. On y trouve du marbre, de l'eau en abondance, du café, des pipes, et quelques jeunes nègres chargés du service. En sortant de ces bains on éprouve un délassement complet, et, pour tous les soins attentifs qui vous ont été prodigués, on ne vous demande guère qu'un demi-boudjou, une *pezetta* ou une *pateka*, environ soixante-quinze centimes.

Le paresseux peut être très-heureux à Alger; il lui faut peu d'argent pour y vivre et pour s'y distraire. Aussi les Algériens sont généralement d'une indolence extrême. A les voir, on les croirait indifférents à toutes les choses de ce monde, tant ils semblent mettre de lenteur dans leurs actions. Cependant personne n'est plus avide; les marchands maures surtout sont avares et méfiants; mais ils ne sont pas fripons comme les Juifs, qui font à eux seuls les deux tiers du commerce.

Je m'arrête ici, mon cher Gustave; cependant je n'en ai pas tout à fait fini avec les mœurs des

Maures, et j'ai surtout à parler des costumes et de la toilette. Je ne vous ferai pas longtemps attendre de curieux détails.

Lettre Troisième.

A MARIE ET A GUSTAVE.

HABILLEMENTS DES HOMMES ET DES FEMMES. — MAISONS D'ALGER. — PORTES
DE LA VILLE. — FÊTES PUBLIQUES. — SINGULIÈRES CÉRÉMONIES.
— VILLES ANTIQUES.— ORIGINE D'ALGER.— SES NOMS
DIVERS. — SON ACCROISSEMENT.

Alger, février 1832.

MES CHERS AMIS,

Vous me permettrez de vous dédier encore
cette lettre à tous les deux ; et je vais d'abord
parler d'une chose qui doit intéresser Marie
d'une manière toute particulière, il s'agit des
costumes et de la toilette des femmes de l'Algérie.

On rencontre des Juives à Alger, mais très-peu de Mauresques. Celles-ci restent ordinairement enfermées, et, quand elles sortent, leur visage est tellement caché dans les plis de leurs burnous, qu'on aperçoit à peine leurs yeux. Elles se teignent ordinairement les sourcils en noir, et étendent une couche de vermillon à l'extrémité de leurs doigts, à la paume de leurs mains, et à la plante de leurs pieds. Elles ont grand soin de leur chevelure, et c'est une beauté très-enviée chez elles que de posséder des cheveux qui descendent jusqu'à terre.

La coiffure des Juives, appelée *sarmah*, ressemble à un cône tronqué; elle est ornée d'un voile transparent, enrichi de broderie. Les jeunes filles remplacent cette coiffure par une calotte ordinaire, garnie de sequins.

Elles ont pour habillement une petite tunique qui, chez les riches, est faite d'étoffe précieuse, une paire de pantalons qui s'attachent au-dessus de la cheville, une tunique de brocart ou d'étoffe brodée et garnie de dentelles. Elles ne portent point de bas, elles se contentent de leurs babouches. Elles chargent leurs poignets, le dessus de leurs chevilles, leurs doigts et leurs oreilles de bijoux en or, en argent ou en cuivre, suivant leur condition, qu'on reconnaît à leurs pantalons de plusieurs couleurs. Selon les circonstances, elles revêtent le burnous, espèce de grand manteau d'hiver, ayant la forme d'un cercle, au milieu duquel est un capuchon, ou l'hyke, ancien costume de la Libye, très-ample, mais peu commode à porter. Lorsqu'elles sortent, un voile bleu descend de leur tête jusqu'à terre, de sorte qu'on les prendrait volontiers pour des fantômes.

Les femmes algériennes ne se visitent qu'entre elles, soit dans leurs maisons, soit dans l'après-midi aux bains qui leur sont réservés. Une fois réunies dans leurs demeures, elles écartent tous les hommes, et se livrent à la gaieté pendant plusieurs jours, sans que personne trouble jamais ces divertissements.

J'ai vu quelques Mauresques sortir en palanquin, mais on m'a assuré que cet usage commençait à disparaître.

Je crois, ma chère Marie, vous avoir donné assez de détails sur le costume des femmes, pour avoir le droit de parler un peu de celui des hommes, en faveur de Gustave. Il se compose d'une culotte à larges plis, et de plusieurs vestes avec ou sans manches. Elles s'ouvrent par devant, et sont ornées de boutons et de broderies. Le turban et les pantoufles complètent l'habillement. Quelquefois les Maures ont une ceinture à laquelle sont suspendus les pistolets et le yatagan. J ai remarqué que les vieillards portaient des bas, mais seulement dans les temps froids. Je vous ferai observer que ce costume change suivant les rangs et les saisons.

La qualité des habitants se distingue à la forme, aux plis, à la couleur et à l'étoffe du turban.

Par-dessus le vêtement on porte le burnous ou l'hyke. Les peuples de l'intérieur ont généralement adopté l'hyke, les caleçons et le turban ou les petites calottes de laine rouge, dont Tunis fait un si grand commerce. Les Arabes font de l'hyke un manteau pour le jour et une couverture pour la nuit. Ce vêtement est peu aimé des Algériens, qui le trouvent incommode; et je pense, avec eux, qu'il n'est vraiment bon que comme couverture de lit.

Je vous ai parlé assez longuement déjà de l'existence extérieure des Maures, j'ajouterai un mot sur leur vie intérieure. Chez eux, la joie de famille ne se répand point en public, comme chez les Européens; elle se concentre toute dans l'enceinte des maisons. Chez nous, l'éclat, la magnificence brillent au dehors, à la porte, dans les rues; à Alger, tout cela est renfermé, caché à tous les yeux : c'est qu'il y a probablement moins de vanité chez les Maures que chez les nations de l'Europe; ou bien encore, c'est que sous le despotisme des Turcs il y avait un danger éminent à laisservoir une demeure opulente et commode, qui pouvait faire naître l'envie.

Alger, comme je vous l'ai écrit, n'a que de la boue dans ses rues ; mais tout est propre et souvent très-riche dans l'intérieur des maisons. Là, le maître jouit en paix de tout son bonheur, la famille se livre sans contrainte et sans témoins à ses doux épanchements. Je ne puis vous faire mieux connaître une maison algérienne qu'en vous citant la description suivante :

« Toutes les maisons, dit M. Schaller, dans ses Esquisses sur l'état d'Alger, sont bâties sur le même plan. Par la description de celle que j'habite, on aura une idée juste des autres, puisqu'il n'y a de différence entre elles que par la grandeur et la qualité des matériaux qui ont servi à leur construction. Ma maison a environ soixante-quatre pieds sur chaque façade, et quarante-deux de haut. Un tiers est occupé par le rez-de-chaussée, où se trouvent à la suite les uns des autres, des magasins, des citernes, des écuries, et des arcs-boutants qui supportent le bâtiment. Dans les autres vingt-huit pieds sont compris deux étages se formant en cercle autour d'une cour pavée en marbre, qui a trente pieds carrés. La cour est entourée d'une galerie couverte, large de six pieds, et supportée, à chaque étage, par douze colonnes de marbre d'Italie, de l'ordre ionique. Chacune de ces colonnes sert de soutien à douze arches elliptiques, et ainsi se dessine, autour de la cour, une double colonnade d'une élégance remarquable. Le toit est plat et en forme de terrasse, avec un parapet de quatre pieds et demi de hauteur. Du côté qui regarde la mer, il y a une troisième galerie couverte, où sont plusieurs appartements.

« La grandeur de la cour fait que les appartements de la maison, qui a quatre façades, sont excessivement étroits, et longs outre mesure. Ils sont très-bien entendus pour le climat, mais ils seraient très-incommodes dans un pays moins chaud. Deux côtés de cette maison font face à la mer, et à chacun il y a des croisées; mais généralement les maisons d'Alger ne reçoivent le jour que par la cour, parce qu'on ne permet pas d'avoir des fenêtres extérieures, quand elles ont vue sur d'autres habitations. Les fenêtres de la rue, comme celles de la cour, sont garnies de fortes grilles en fer, ce qui donne aux maisons la triste apparence de prisons. Dans celles où sont construites de grandes citernes, lors de la saison des pluies, on se procure assez d'eau pour les besoins de la famille.

« A cette maison, comme à quelques autres, qui sont de la même importance, se rattache un second bâtiment qui en dépend. Il est petit, renfermé dans l'enceinte du premier, et pourtant il forme réellement, sous d'autres rapports, un bâtiment à part. Il est ordinairement destiné aux femmes, à une famille indépendante, ou à un fils marié. Dans le système d'économie domes-tique, tel qu'il est entendu ici, il sert pour la cuisine, les offices, les bains, etc.

« On entre dans la maison par une porte aussi solide que celle d'une forteresse, et, sous cette protection, les personnes qui l'habitent peuvent se reposer tranquillement, sans crainte d'être troublées dans leur intérieur. Tous les étages ont un pavé de marbre ou de tuiles de Hollande, sur lesquelles est un vernis, et souvent même les ap-partements en sont garnis sur les côtés, à la hauteur d'environ quatre pieds : mais alors les tuiles sont plus belles que celles du parquet. Dans toutes les maisons d'Alger, il y a un petit ap-partement placé à la porte extérieure, au dehors de l'enceinte du bâtiment. C'est là que le maître reçoit les visites et s'occupe d'affaires ; car, à cause des femmes, un étranger n'entre jamais dans la demeure d'un Algérien, il faut pour cela des circonstances extraordinaires. Cet apparte-ment, qu'on appelle le skiffa, est très-grand et très-beau dans la maison que j'occupe. Dans leurs jours de prospérité, les Algériens étaient très-jaloux de bâtir de belles demeures, et il serait facile d'en trouver plusieurs qui, sous ce rapport, l'emportent de beaucoup sur celle que j'habite.»

La ville d'Alger est divisée en quatre quartiers séparés, dont les portes se fermaient, avant 1830, aussitôt après les prières du soir ; alors , près de ces portes , veillaient des aveugles , qui les ouvraient aux personnes que la nécessité forçait d'y passer pendant la nuit , en se conformant à l'ordonnance de police. Cette ordonnance portait qu'un musulman ou un chrétien, qui allait dans les rues quand il était nuit, devait avoir une lanterne allumée ; mais un Juif devait porter une lumière sans lanterne; car dans toutes occasions les Juifs étaient frappés de distinctions humiliantes. Toute personne qui ne se conformait pas à l'ordonnance était arrêtée et punie. Les portes étaient fermées au coucher du soleil, et ouvertes à son lever.

Les Algériens sont un peuple superstitieux, c'est pourquoi chez eux s'était établie la croyance que leur ville ne pouvait être prise qu'un vendredi par les chrétiens ; aussi , ce jour-là , les portes restaient-elles fermées de onze heures du matin à une heure de l'après-midi.

Les fêtes publiques des Algériens ont toujours été célébrées avec une grande solennité. Celles qui terminent le Ramadan , ou jeûne des Mahométans , et celles du Beyram , qui répond en quelque sorte à la Pàque des chrétiens, et qui a lieu quarante jours après le Ramadan, étaient annoncées au bruit du canon.

Dans ces grandes occasions, on célèbre des jeux publics, et tout prend le caractère de la joie et des plaisirs. Avant notre conquête, les consuls étrangers étaient contraints d'assister à ces fêtes, moins comme représentants des nations les plus puissantes de la terre, que comme des vassaux. Ils restaient confondus parmi les spectateurs, n'ayant aucune place honorable auprès du dey, qui exigeait d'eux qu'ils baisassent sa main, chaque fois qu'ils se présentaient devant lui. La France et l'Angleterre furent les premières à se soustraire à cette humiliation ; les autres puissances suivirent cet exemple.

Le gouvernement algérien n'était pas moins hautain avec les naturels, et voici comment, dans une cérémonie qui avait lieu au printemps, les Turcs se conduisaient envers le peuple. Le khaznadji, en sa qualité de lieutenant du dey, établissait son camp hors des murs, à l'une des portes de la ville. Des trois queues de cheval qui étaient les insignes de sa puissance, deux étaient déployées devant sa tente. L'aga, qui, dans ce moment, représentait un cheik du pays, paraissait en suppliant devant le khaznadji pour lui rendre hommage. Aussitôt on lui ordonnait

d'une voix menaçante de fournir, pour rafraîchir
l'armée, cent ou deux cents moutons, et d'en
tuer un lui-même à l'instant, pour être servi à
la table de Son Excellence. Ces réquisitions
étaient immédiatement fournies. Des provisions
de volailles, d'œufs et d'autres objets étaient
ensuite demandées, et l'humble cheik s'em-
pressait d'obéir, sans faire entendre le moindre
murmure; enfin on lui ordonnait de payer une
certaine somme d'argent pour la solde des troupes. A cette demande, l'Arabe cherchait des
excuses, parlait de sa pauvreté et d'une foule
de malheurs qui le mettaient, malgré sa bonne
volonté, hors d'état d'acquitter le tribut qu'on
réclamait. Le khasnadji feignait alors la plus
grande colère, il le menaçait de lui trancher la
tête sur le lieu même, et finissait par ordonner
qu'on l'enchaînât et qu'on lui donnât la bas-
tonnade; mais, au moment où l'on se disposait
à exécuter cet ordre, l'Arabe cherchait à capituler, en offrant une somme inférieure à celle qu'on
lui demandait, puis une autre qui s'en rappro-
chait davantage; enfin, comme aucune de ses
propositions n'était acceptée, les anciens de la
tribu se cotisaient entre eux pour l'aider à atteindre le chiffre auquel il avait été taxé, et le tout
était déposé aux pieds de Son Excellence. Le khasnadji prenait alors l'air le plus affable, donnait au

cheik sa main à baiser, l'appelait son ami, le plaçait près de lui et lui faisait servir du café.

Permettez-moi, maintenant, mes chers amis, dans l'intérêt de votre instruction, quelques observations sur l'origine et l'accroissement d'Alger.

Les savants trouveront toujours, dans l'histoire des États barbaresques, un point difficile à éclaircir, lorsqu'ils voudront établir d'une manière positive quelles sont les relations qui existent entre les villes modernes des côtes de l'Afrique, et celles qui, sous les Romains, ont laissé leur nom dans l'histoire.

Il est certain que plusieurs villes célèbres ont été retrouvées sous le vêtement récent dont les avait recouvertes un peuple barbare ; quelques-unes tiennent encore les archéologues dans le doute, et ne seront pas de sitôt reconnues. Les Vandales ont tout détruit sur la terre d'Afrique, et les merveilles que la munificence et la grandeur romaines avaient créées ont disparu en grande partie. Les Arabes se sont peu souciés de recueillir ces précieux souvenirs, ils ont laissé s'éteindre toute tradition, de sorte que la science marchera longtemps en Afrique au sein de ténèbres profondes.

J'ai remarqué néanmoins que les traces d'antiquité ne sont pas tellement effacées dans l'Algérie, qu'on n'en retrouve encore d'assez considérables sur divers points.

Ainsi, le long de la Méditerranée, à l'ouest d'Alger, l'ancienne *Arsenaria*, surnommée *Portus Magnus*, et siége d'un évêché dans les premiers siècles de l'ère chrétienne, est aujourd'hui connue sous le nom d'Arzew. Les restes de vastes citernes et les vestiges d'un grand nombre de constructions romaines attestent son importance primitive.

A l'est, se trouve la *Coba* des Latins, remarquable par son port, maintenant appelée Bougie, ville fameuse surtout par l'invention des chandelles de cire auxquelles on a donné son nom.

Bône ou Bonnah (Beled-el-Aneb) montre encore auprès de ses murs les ruines d'Hippone, célèbre par l'épiscopat de saint Augustin.

Dans l'intérieur des terres, Constantine (Kosthanthynah) est unanimement reconnue par tous les géographes pour être l'antique *Cirta* des Romains, métropole de toute la Numidie, que l'empereur Claude nomma Mauritanie Césarienne : quoique bien déchue de son ancienne splendeur, elle est cependant peuplée encore de 25 à 30,000 habitants. Il existe aux environs de la ville un pont sur le Soufegamar, bâti par les Romains. Un arc de triomphe, des pierres sépulcrales, des ruines d'autels, des bas-reliefs, des aqueducs et des colonnes fort belles rappellent les magnifiques constructions qui la décoraient. Je ne veux pas omettre de rappeler à Gustave que cette antique cité donna naissance à deux puissants rois de Numidie, Massinissa et Jugurtha.... Ces noms ne doivent pas être inconnus à mon cher neveu, lui qui de bonne heure a fait ses délices de l'histoire romaine.

Dans le Beylich de Titery, l'ancienne Medea (Mehdyach) est située dans un territoire délicieux et fertile.

Parmi les villes ou stations romaines qui, dans la Numidie Royale, ou Mauritanie Césarienne, c'est-à-dire dans la ci-devant régence d'Alger, ont conservé leurs noms anciens, ou qui du moins les ont assez peu altérés pour les laisser reconnaître, Danville cite Sgigada (Rusicade), Siguenick (Sigus), Tifas (Tipasa), Bagaï (Baga), La Calle (Calaa), ville qui tire sa principale industrie de la pêche du corail, que l'on trouve en grande abondance sur les rochers de ses côtes.

On ne peut pas remonter ainsi à l'existence primitive d'Alger, car on en est même réduit à se demander si cette ville fut d'origine romaine. C'est là une question à laquelle les recherches les plus savantes n'ont encore pu donner une solution satisfaisante. Je penche pourtant avec nos meilleurs écrivains vers l'opinion qui attribue aux Romains la fondation de cette place, et cette supposition devient une probabilité quand on réfléchit à la situation avantageuse de la ville, au milieu de tant de cités romaines, et à toutes ces voies également romaines qui y aboutissent. Les anciens avaient un système de colonisation trop bien entendu pour avoir négligé cette position.

Quelques écrivains ont avancé qu'Alger était l'ancienne *Ruscuro*, capitale de la Mauritanie au temps du roi Juba ; mais d'autres prouvent que cette dernière ville était située au cap Matifou, où gisent encore des ruines romaines.

Plusieurs font de notre capitale en Afrique, la ville d'*Icosium*, et quelques Espagnols vont même jusqu'à y retrouver *Julia Cæsarea*, ce qui est une grande erreur, car on ne peut plus douter aujourd'hui que cette antique cité ne soit *Cherchel* ou *Sercel*, fondée, selon les Grecs, par les compagnons d'Hercule.

La ville d'Alger, détruite par les Vandales, aura été rebâtie, en partie du moins, avant l'invasion des Arabes. Le nom de *al-Djezayron*, de *Gésaïr-beni-Mezghanná*, qu'elle porte, prouve assez que les Berbères ont été les premiers à la rétablir, puisque ce nom désigne une tribu qui existait dans cette partie de l'Afrique, avant l'arrivée des Arabes. Elle devint, pour ainsi dire, le centre d'une patrie nouvelle pour ces derniers, qui avaient besoin d'un établissement propre à favoriser leurs pirateries, et qui pût les mettre à l'abri de toutes poursuites de la part des nations dont ils inquiétaient le commerce.

Les Arabes donnèrent à la ville de Beni-Mezghannâ, ou des Berbères, qu'ils avaient agrandie, le nom de *Gésaïr*, l'île, parce que cette cité est bâtie devant une petite île, ou plutôt devant un amas de rochers qui en forme le port. De là vient encore le nom de *Al-Gésaïr de Mezghannâ*, qui réunit les deux dénominations adoptées successivement par les Berbères et par les Arabes. Plus tard, les Turcs lui conservèrent le nom de *Al-Gésaïr*, auquel ils ajoutèrent l'épithète de *Al-Gasie*, la *Guerrière*. Les Levantins l'appelaient *Al-Gésaïr Mégabie*, c'est-à-dire l'île de l'Ouest, pour la distinguer d'un autre *Al-Gésaïr* qui est dans le Levant. De ce nom, les Européens ont fait *Argel*, *Argier*, *Algier*, et enfin *Alger*.

Cette ville fut, dans les premiers temps, dépendante d'un royaume formé de toute la Mauritanie Césarienne et d'une grande partie de la Numidie : Tlemcen en était la capitale. Mais lorsque la piraterie eut pris un grand développement dans Alger, il s'empara du premier rang parmi les cités barbaresques ; il devint en quelque sorte un vaste bazar, où se vendaient les productions de l'Europe et les esclaves chrétiens. Ce qui contribua beaucoup à le rendre plus important que Tlemcen, ce fut l'expulsion des

Maures d'Espagne. Il les accueillit en grand nombre, et c'est à cette époque que l'on doit faire remonter les premières fortifications de la ville, ainsi que la construction du plus bel édifice religieux qui existe encore aujourd'hui, qui porte le nom de Grande-Mosquée, et dont je vous ai déjà parlé.

Quant aux fortifications de cette époque, il n'en est resté que de rares vestiges.

Je vous demande grâce, mes bons amis, pour tous les détails scientifiques que je viens de vous faire lire. Je vous avais promis une lettre intéressante pour vous, et j'ai mal tenu ma promesse. J'ai commencé par des détails sur le costume, et je finis par de l'érudition. J'ai de plus le regret de vous apprendre que nous aurons peu d'occasions de nous occuper de sujets agréables dans le cours de nos excursions historiques, car, hélas! les annales de l'Algérie n'offrent guère que des scènes tragiques ou sanglantes. Toutefois, rassurez-vous, ma nièce, nous passerons rapidement sur cette foule de hideux tableaux; mais je ne m'engage pas à glisser aussi légèrement sur les faits instructifs qui se présenteront à nous; parfois je ferai encore le savant, dans l'intérêt surtout de Gustave, et je vous préviens tout d'abord, mes bons amis, que dans ma prochaine lettre je vous donnerai la topographie des lieux.

Puis, je vous entretiendrai de l'origine de la piraterie, de la vente et du rachat des esclaves. Ces
matières, graves de leur nature, et précisément
parce qu'elles ont ce caractère, méritent que nous
nous y arrêtions, pour en tirer des enseignements
qui profiteront à votre jeune intelligence, et sa-
tisferont votre louable curiosité, tout en vous at-
tachant plus vivement à notre sainte religion.

Lettre Quatrième.

A GUSTAVE.

LIMITES, ÉTENDUE DU TERRITOIRE D'ALGER ; CLIMAT, PRODUCTIONS, ANIMAUX, RIVIÈRES ET VILLES. — DIVISION ET SUBDIVISION DE LA RÉGENCE. — SON GOUVERNEMENT SOUS LE DEY. — HISTOIRE ANCIENNE DU PAYS JUSQU'AU SEPTIÈME SIÈCLE.

Alger, mars 1832.

Les historiens et les géographes ont toujours désigné, mon cher Gustave, sous le nom de royaume ou régence d'Alger, cette partie de la Barbarie, bornée à l'ouest par l'empire de Maroc, au nord par la Méditerranée, à l'est par le royaume de Tunis, et au sud par le *Saahrá*, *Záara*, ou grand désert.

On considère le territoire d'Alger comme s'étendant sur une surface d'environ trente milles carrés. Il est inégal et traversé par des chaînes de montagnes allant de l'ouest à l'est. Ces montagnes sont très-élevées et habitées par les Cabyles ou Cabaïles, peuplades belliqueuses et féroces.

La partie la plus belle de cette magnifique contrée est située entre le 34e et le 35e degré de latitude nord ; elle jouit d'une agréable température ; les étés y sont sans chaleurs accablantes, et les hivers sans froid rigoureux. Remarquons cependant que le temps du grand désert y apporte pendant quelques jours une chaleur intense. D'avril à septembre, le vent est ordinairement humide ; mais les pluies ne commencent qu'au mois de novembre. Décembre est fort désagréable, mais janvier et février sont ordinairement beaux, et je m'en suis aperçu avec plaisir.

La fertilité du pays paraît être vraiment extraordinaire ; il n'a rien perdu de son ancienne fécondité. L'orge et le blé sont la première culture ; le blé d'Alger est commun, la farine qu'il produit ressemble à du sable, et se pétrit avec peine, mais il n'en fait pas moins d'excellent pain, et surtout de délicieux macaroni ; aussi les Italiens le recherchent beaucoup.

On ne voit point de forêt sur le territoire d'Alger, et il en a toujours été ainsi, au rapport des historiens. Mais on y rencontre partout des oliviers, des palmiers, des citroniers et des orangers. Généralement, il produit les fruits des climats tempérés; mais ils n'y sont pas toujours aussi bons qu'en France. Les haies de jasmins, de genêts et de rosiers n'y sont pas rares, et les fleurs de tous les genres y abondent.

Les montagnes renferment des mines de fer et de plomb, et surtout de sel. Les belles campagnes du royaume d'Alger sont des lieux de délices; elles sont arrosées par une multitude de petits ruisseaux et de sources d'eau vive; mais on n'y voit point de rivières dignes de ce nom. La plus considérable est le Chéliff, qui prend sa source dans le Saahrâ, et tombe dans la Méditerranée; dans la saison des pluies, cette rivière déborde et forme une redoutable barrière entre Oran et Alger.

Les troupeaux sont la principale richesse des habitants de l'intérieur, et ils ne manquent pas d'excellents pâturages. Les bœufs sont petits, et les vaches donnent très-peu de lait; mais les moutons procurent une laine très-estimée. Les animaux domestiques y sont nombreux, ainsi que les sangliers, les lièvres, les perdrix, les cailles, les coqs de bruyère, les bécasses, les sarcelles et les canards sauvages. Les daims, les chevreuils et les gazelles se tiennent plus communément sur les limites du désert. Le lion, la panthère, le léopard, l'hyène, le chat sauvage et le sanglant chacal sont les hôtes terribles de la contrée, mais ils se montrent rarement et sont moins incommodes que les mouches, l'une des calamités d'Alger. Il y a peu de pays au monde où elles soient plus fatigantes et plus nombreuses; c'est un supplice de tous les moments, depuis le point du jour jusqu'à l'arrivée de la nuit; alors commence un autre tourment : les moustiques, les cousins et les insectes s'emparent de vous, troublent et agitent votre sommeil par l'irritation la plus douloureuse. Ces inconvénients se font sentir dans le palais du plus riche, comme dans la maison du Juif le plus misérable.

Avant la conquête de 1830, la régence d'Alger formait quatre divisions politiques: la province de Constantine à l'est, la province d'Oran à l'ouest, gouvernées chacune par un bey, d'où venait le nom de Beylick. Le centre de l'Algérie formait deux provinces; savoir, celle de Titery, dont *Tlemcen* ou *Tremecen* était la capitale; et celle d'Alger, gouvernée immédiatement par les officiers de la Régence. Tlemcen, après avoir été longtemps la maîtresse, puis la rivale d'Alger, tomba peu à peu de sa grandeur. Oran est situé à cinquante-quatre milles nord-est de Tlemcen sur un isthme et dans un pays très-fertile. Sa

position en fait la seconde ville du royaume. A
peu de distance d'Oran est Mustaganem, qui a eu
ses jours de splendeur sous les Maures. Je ne ferai
que rappeler Constantine, située sur la rivière
appelée Rummel, à quarante milles environ de
la mer; Bone, qui était avant la prise d'Alger le
rendez-vous du commerce français en Afrique;
Bougie, qui possède le meilleur port de la côte, et
qui était autrefois le principal dépôt naval de la
Régence. Plus tard, j'aurai occasion, je l'espère,
de vous parler de toutes ces villes d'une manière
plus particulière et plus instructive.

Chaque province était subdivisée pour l'administration en districts nommés *otans*, et confiés à
des fonctionnaires nommés *kaïds*. Dans chaque
district, les tribus qui les composaient avaient à
leur tête des *cheiks* commissionnés par le dey,
sur la présentation faite au kaïd par les notables
habitants, et par le kaïd au dey. Les uns et les
autres étaient ordinairement révocables; mais un
bey destitué était ordinairement étranglé.

Le bey de Titery avait quatorze kaïds; la province d'Alger, neuf, dont cinq dans la montagne
et quatre dans la plaine. La grande province de
Constantine en avait environ quarante, et celle
d'Oran à peu près autant.

Le gouvernement de la Régence appartenait
aux soldats de la milice turque, appelés *janis-*

saires ou *koulouglis,* et dont le dey n'était que le chef suprême. Ce souverain électif était maître absolu du pays; il récompensait et punissait, disposait à son gré des emplois, décidait la paix ou la guerre, et ne devait compte de sa conduite à personne. A toute heure, il était visible et rendait lui-même la justice.

La seconde dignité, du moins comme grade honorifique, était celle d'*aga* de la milice générale des troupes. Elle appartenait de droit au plus ancien soldat, mais elle ne durait que deux mois, et celui qui en avait exercé les fonctions une fois devenait *mezoul,* c'est-à-dire vétéran. Cette place passagère avait cet avantage pour le dey, qu'il se débarrassait ainsi, sans acte de violence, de ses rivaux futurs. A la qualité de *koulouglis* était attaché le titre d'*effendi* ou seigneur. L'avancement parmi eux était toujours accordé à l'ancienneté. Lorsqu'un des officiers était parvenu au grade correspondant à celui de colonel, il devenait de droit membre du divan. Les grades élevés étaient donnés de préférence aux Turcs. Les koulouglis étaient exempts de taxes et d'impôts, et jouissaient du privilége de n'être pas punis en public. En cas de trahison, on les étranglait secrètement dans la maison du premier aga.

Je suis pressé, mon cher ami, d'arriver à l'histoire d'un pays si célèbre par les exploits de ses premiers habitants, et par les crimes de ses derniers maîtres.

Commençons par l'histoire ancienne.

Les limites que je dois forcément me prescrire ne permettent pas d'entrer dans de grands développements; mais mon rapide aperçu n'en suffira pas moins pour encadrer les faits généraux les plus essentiels à connaître.

La régence d'Alger comprenait trois beylicks, dont le plus éloigné, celui de Constantine, faisait partie de l'ancienne Numidie. Le territoire de ceux d'Oran et de Titery appartenait à la Mauritanie. Elle forme une bande d'environ deux cent vingt lieues de long, sur une profondeur moyenne de quarante à cinquante lieues, et elle est traversée parallèlement à la mer par la chaîne de l'Atlas, point de départ des rivières qui l'arrosent et qui viennent se jeter dans la Méditerranée.

La Numidie confinait du côté de l'ouest à l'Afrique proprement dite, et du côté de l'est à la Mauritanie : comme province romaine, elle était plus resserrée. Ses villes les plus remarquables étaient *Cirta* ou *Constantine*, capitale et résidence de ses rois; *Hippo-Reggrias* (*Hippone*), peu distante du lieu où est actuellement Bône, et qui eut saint Augustin pour évêque; *Tagaste* (*Tajilte*), patrie de ce grand docteur de l'Église; et *Tipsa* (*Tifas*).

La Mauritanie s'étendait depuis la Numidie, à l'est, c'est-à-dire de l'embouchure de l'El-Ampsaga, jusqu'à la côte baignée par l'Océan.

Dans la suite elle fut divisée d'abord en deux parties, sous la dénomination de Mauritanie Césarienne, dont *Julia Cæsarea* (*Césarée*) était la capitale, et de Mauritanie Tingitane, représentée aujourd'hui par les royaumes de Fez et de Maroc.

Plus tard, une autre division démembra une partie de son territoire, à laquelle fut donné le nom de Mauritanie Sitisence, de la ville de *Sitisi*, qui en était la métropole. C'est dans cette dernière que se trouvait la ville de Bougie.

On ne sait pas d'une manière certaine en quel temps ces vastes contrées furent peuplées. Nous avons cependant des données historiques, fondées sur les témoignages de l'Écriture, relatifs à la dispersion des tribus chaldéennes après la confusion de Babel. Les livres sacrés autorisent à croire que leurs premiers habitants furent des peuplades ayant pour tige les fils de Mezraïm, premier roi connu des Égyptiens, lui-même fils de Cham, par conséquent petit-fils de Noé. Quelques auteurs pensent même que le troisième fils de Cham, appelé Put, aurait le premier conduit une colonie, partie du pays de Havilah, dans la Mauritanie. Des migrations de Chananéens paraissent s'y être portées aussi, à l'époque où

Josué passa le Jourdain pour partager la terre de Chanaan, et en faire prendre possession aux Israélites.

D'un autre côté, Puffendorff, dans son *Introduction à l'histoire universelle,* dit que les auteurs africains les plus renommés prétendent qu'une partie des anciens habitants de la Numidie et des Mauritanies étaient des tribus de Sabéens, au nombre de cinq, qui passèrent de l'Arabie en Afrique, avec leur roi Meleck-Iphirick, peu après la migration chananéenne. Du mélange de ces diverses populations se forma la grande nation des Gétules, dont l'histoire est très-peu connue. Seulement on sait qu'elle occupait toute la chaîne de l'Atlas. Les Numides et les Mauritaniens en descendaient.

Quoi qu'il en soit, les uns et les autres ont été longtemps nomades et sans demeures fixes. Ils vivaient sous des tentes, et changeaient assez souvent de stations, selon que leurs cheiks ou chefs le jugeaient utile.

On suppose avec fondement qu'à mesure que le plus grand nombre de ces tribus errantes se livra aux travaux de l'agriculture sur les terres qu'elles reconnurent le plus propres à fournir les productions nécessaires aux besoins de la vie, elles se constituèrent en gouvernements monarchiques réguliers; car, à l'époque de la seconde

guerre punique avec les Romains, et même lors
de la première, les deux Mauritanies avaient des
rois : la Tingitane était gouvernée par Gaba, et
la Césarienne obéissait à Syphax. Ces deux princes
agrandirent leur royaume de divers petits États
soumis alors à de petits souverains, qui y régnaient depuis très-longtemps.

Je ne vous entretiendrai point, mon cher Gustave, des rois célèbres de la Numidie, ni de ceux
des Mauritanies, c'est-à-dire de Massinissa, ce
fidèle et constant allié des Romains ; de Jugurtha,
trahi par Bochus, qui usurpa son trône, et de
Syphax, leurs implacables ennemis ; non plus que
de Juba Ier, dont le fils, Juba II, élevé à Rome,
après avoir servi d'ornement au triomphe de Scipion, étant encore en bas âge, profita si bien de
l'éducation qu'il y reçut, qu'il devint l'un des
plus savants hommes de son siècle, et qui, rendu
à ses sujets par Auguste, en mérita l'affection par
la douceur de son règne. L'étude de l'histoire romaine vous a fourni l'occasion de connaître leur
vie, ainsi que celle des autres princes numides
et mauritaniens.

Enfin, la Numidie et les Mauritanies furent
réduites en provinces romaines par Jules César,
sauf le royaume de Juba, qu'Auguste rendit à
son fils, dont je viens de parler ; mais à sa mort

ce royaume rentra dans les possessions de l'empereur, et en partagea les destinées ultérieures.

Le christianisme alors commençait à poindre en Orient... Peu d'années s'étaient écoulées, que déjà saint Pierre en vint porter la *bonne nouvelle* à la Babylone de l'Occident, au centre de l'idolâtrie et des superstitions païennes..... De là, l'Évangile projeta ses divines clartés sur les provinces les plus éloignées de l'empire, et l'Afrique numidienne et mauritanienne en fut illuminée dès le premier siècle.

Ses progrès y furent si rapides, qu'au commencement du cinquième siècle on y comptait, selon l'abbé de Commanville (*Histoire de tous les évéchés de l'univers*), 672 siéges épiscopaux, dont il donne le catalogue nominatif. Ces évêchés d'Afrique avaient six métropoles, savoir : Julia-Cæsarea, Sitifis, Cirta, Carthage, Adrumet, Tripoli. Il ne faut pas s'étonner de ce grand nombre de siéges épiscopaux, parce que leur juridiction avait très-peu d'étendue, et que la réunion d'un petit nombre de villages formait un diocèse. De là, ces conciles si célèbres de Carthage, de Milève, de Ruspe, et d'Hippone, qui, pendant cinq siècles, défendirent avec tant de succès la pureté de la foi orthodoxe contre les hérésies des donatistes, des ariens, des manichéens, et des pélagiens. De là, ces martyrs en si grand nombre, à la tête desquels se présente l'illustre saint Cyprien.

Tout autre que vous, mon cher Gustave, se-rait peut-être surpris de trouver ce genre d'éru-dition dans un militaire; mais vous savez combien j'ai toujours aimé l'histoire ecclésiastique, si ju-dicieusement dite l'histoire des peuples.

Mais je me sens le cœur oppressé, mon cher ami, en voyant approcher le temps où cette pros-périté mémorable du christianisme va graduelle-ment déchoir, et où les ténèbres remplaceront bientôt les lumières de l'Église d'Afrique, jusque-là si glorieuse.

Boniface, gouverneur des provinces numides et mauritaniennes pour Placidia, régente de l'em-pire pendant la minorité de son fils Valentinien III, ayant été accusé, auprès de cette princesse, d'as-pirer à l'indépendance, reçut l'ordre de venir auprès d'elle. Il refusa d'obéir, et cette conduite imprudente semblait justifier les calomnies dont il avait été l'objet. L'impératrice, irritée, envoya Arbal avec des troupes pour le remplacer dans son commandement. Boniface, se croyant perdu dans l'esprit de la cour, aggrava ses torts appa-rents par un acte de trahison réelle : il appela en 428 les Vandales établis en Espagne depuis quelques années. Genséric, leur roi, accourut; il s'empara de l'Afrique, et sut s'y maintenir, ainsi que ses successeurs, jusqu'à Gelimer.

Bélisaire, général des armées impériales de Justinien, vainquit Gelimer à la bataille de Tricameron en 534, et l'emmena captif à Constantinople.

Les Vandales étaient ariens, et, pendant leur trop longue domination en Mauritanie, ils y répandirent par toute sorte de moyens, même par les violences et les persécutions, les funestes erreurs de l'hérésie dont ils étaient infectés.

Enfin, sous Héraclius, c'est-à-dire vers le milieu du septième siècle, les califes arabes de Bagdad conquirent la Syrie, l'Égypte et les Mauritanies, sans éprouver de grands obstacles.

La catholicité africaine ne put résister à ce nouvel assaut des Arabes orientaux, et il était réservé aux enfants du royaume très-chrétien de ramener la foi, après un exil de plus de dix siècles, sur une terre qui l'avait accueillie d'abord avec un saint enthousiasme. Que Dieu soit loué de la grâce qu'il a bien voulu accorder au nom français en cette solennelle circonstance!

Lettre Quatrième.

A GUSTAVE.

PRINCES ARABES-MORABITES. — MOHADES. — BENIMERINS. — ALBUFÉREZ.—
ABDALANALIZ. — PRISE D'ORAN. — EXPÉDITION DE NAVARRE. — PRISE
DE BOUGIE. — SÉLIM EUTÉNIC. — PÉNON D'ALGER. — AROUDJI
BARBEROUSSE.— SES CRIMES.— SES EXPLOITS.— SA MORT.

Alger, juin 1832.

Quand la rivalité des Vandales et des Grecs
eut cessé sur le sol africain , il passa sous la domination d'une foule de souverains arabes qui
avaient le titre de cheiks. Vers l'an 663 , leur
joug commença à peser sur l'Algérie, et il ne fut
brisé qu'après une longue série de luttes sans
cesse renaissantes.

Il serait difficile de faire connaître exactement
les divers peuples qui, dans le cours de quelques
siècles, se rendirent maîtres des côtes de l'Afrique.
Il ne serait pas moins difficile de dire quels furent les princes qui régnèrent dans ces temps de
trouble et de confusion. Nous remarquons cependant que les lignes d'Idris et d'Abdérame gou-
vernèrent longtemps. Leur gloire fut portée haut,
surtout par leurs conquêtes en Espagne. A ces
deux races et à la famille des Zénètes et des Mé-
quinèces qui les expulsa du pouvoir, succédèrent
les Magaroas qui conservèrent la souveraineté
jusqu'en 1051. A cette époque, Alied Texfin, de
la tribu des Zinghagiens, dompta les Arabes et
prit le nom d'*émir al Muminim,* ou empereur des
fidèles. Il avait été vaillamment secondé dans sa
conquête par des marabouts courageux : c'est en
leur honneur qu'il voulut que son peuple reçut
le nom de *Morabite,* par corruption *Almora-
vide.*

Un peu plus d'un siècle après, ces conquérants sont vaincus par le prêtre Mohavedin, et
Brahen-Ali, dernier empereur des Almoravides,
périt avec sa famille au milieu des montagnes où
il avait cherché un refuge. Mohavedin, et après
lui ses descendants, appelés Mohavédins, puis
Mohades, régnèrent en Afrique jusqu'au moment où Abdulac, à la tête de la tribu des Zénètes,

connus sous le nom de bénimerins, se rendit maître de la puissance souveraine.

A ces derniers succédèrent les Bénivates, autre branche de la tribu des Zénètes, qui bientôt se retirèrent devant les chefs des Hesceins. Ces chefs, qui descendaient des anciens rois arabes, se partagèrent l'empire de l'Afrique. Les provinces de Tenez, d'Alger, de Bougie et de Tlemcen reconnurent chacune un roi. Celui de Tlemcen était le plus puissant. Cette division subsista plusieurs siècles; mais le roi de Tlemcen, ayant manqué aux engagements que les princes s'étaient réciproquement imposés, l'ambitieux Albuférez, souverain de Tenez, profita de cette occasion pour lui déclarer la guerre et le forcer de souscrire à une paix humiliante. Albuférez étant mort, ses quatre fils se partagèrent son royaume et ses nouvelles conquêtes.

Abdalanaliz, maître de Bougie, ayant battu, quelque temps après, le roi de Tlemcen, les Algériens, qui jusqu'ici avaient été tributaires du prince vaincu, s'engagèrent à le reconnaître pour leur seul protecteur. Les contrées voisines eussent sans doute suivi cet exemple si l'Espagne, qui jouait à cette époque un grand rôle dans les affaires de l'Afrique, ne se fût soudain opposée à la puissance nouvelle d'Abdalanaliz.

Ferdinand V, roi d'Aragon, envoya en 1505,

d'après les avis du cardinal Ximenès, une puissante armée en Afrique, sous le commandement du comte de Navarre, qui eut le bonheur de réduire plusieurs places fortes. Quatre ans plus tard, le cardinal Ximenès, zélé pour les intérêts de la religion et du pays où il jouissait de la dignité de premier ministre, se mit lui-même à la tête d'une nouvelle expédition, malgré la mauvaise volonté de la cour, et se rendit maître d'Oran, qui était habitée par les Maures, chassés d'Espagne en 1492. Non content de ce beau triomphe, qui honorait tant le courage des chrétiens, il ordonna au comte de Navarre, qui l'avait puissamment secondé dans son entreprise, de poursuivre la guerre contre les Maures, et d'aller soumettre plusieurs places qui accueillaient habituellement les pirates dans leur port.

Pierre de Navarre réunit aussitôt vingt à vingt-cinq vaisseaux portant plus de cinq mille hommes, et mit à la voile pour Bougie, le 1er janvier 1510. Peu de temps après, l'armée espagnole mouilla devant la ville. Le débarquement se fit avec succès. Bougie, abandonnée par Abdalanaliz, ne tarda pas à se rendre aux Espagnols, qui recueillirent un butin immense. Après quelques jours de repos, ils marchèrent contre les Maures et en firent un grand car-

nage. Ces succès retentirent au loin et jetèrent
l'épouvante dans toute la Barbarie. Les populations de la côte furent surtout effrayées, et
finirent par se rendre tributaires de la couronne
d'Espagne.

Les Algériens, non moins épouvantés que
leurs voisins, s'adressèrent au prince arabe
Sélim Euténic, renommé par sa valeur, et le
prièrent de les préserver du joug de leurs plus
mortels ennemis. Euténic se rendit à leurs
vœux et se renferma dans la ville, avec un
grand nombre de vaillants Arabes des plaines de
la Métidja. Ce secours ne releva pas le courage
abattu des habitants, et quand Pierre de Navarre se présenta dans le port, à la tête d'une
flotte nombreuse, ils capitulèrent. Ils furent
contraints d'envoyer au roi d'Espagne des députés qui vinrent débarquer à Valence, avec
cinquante esclaves chrétiens, remis par eux en
liberté, comme premier gage de soumission.
Ces envoyés s'engagèrent à payer un tribut annuel pendant l'espace de dix années, et promirent de ne plus faire de courses en mer. Les
Espagnols, se fiant peu à ces promesses et voulant cependant en assurer l'exécution, bâtirent
sur l'île une forte tour, et y mirent quelques
canons avec deux cents hommes de garnison,
sous les ordres d'un gouverneur. Cette tour

pouvait battre la ville, car elle n'en était pas à plus de deux cents mètres. Les navigateurs de ce temps la désignaient sous le nom de *Pénon d'Alger*.

Ces conditions, imposées par les vainqueurs, devinrent bientôt un joug insupportable pour les Algériens, dont la fortune décroissait de jour en jour, privés qu'ils étaient de la piraterie, la seule industrie dont ils sussent vivre. Aussi songèrent-ils naturellement à changer cet état de choses. La mort de Ferdinand V, arrivée en 1516, leur parut une occasion favorable pour recouvrer leur indépendance. Ils s'adressèrent de nouveau à Sélim Euténic, cheik de la plaine de la Métidja, qui vint aussitôt à Alger, où il prit la direction des affaires. S'étant concerté avec les principaux habitants, il reconnut avec eux que, privés de canons pour combattre le Pénon du côté de la mer, ils ne réussiraient que très-difficilement dans leur entreprise, si on n'avait recours à la puissance de quelque étranger déjà redoutable aux chrétiens par ses exploits et ses forces navales. C'est alors qu'il pensa au fameux corsaire Aroudji, dont la renommée courait toutes les mers, et qui faisait sa résidence à Gigelli, où les députés algériens le rencontrèrent.

Aroudji ou Aruch, surnommé Barberousse,

né à Mitylène, ville de l'Archipel, ne pouvait manquer d'être flatté de cette démarche. Sa vaste ambition lui montra soudain l'empire de l'Algérie, dont il lui serait facile de se rendre maître. Voici comment le père Dan, de l'ordre de la Sainte-Trinité, s'exprime dans son simple langage sur ce point important de l'histoire d'Alger :

« Quand les députés d'Alger furent le trouver, il était à Gigelli, petite ville où il y a un bon port, à cent vingt milles d'Alger. Toute la prière qu'ils lui firent fut de ramasser tous ses vaisseaux et toutes ses forces pour les venir délivrer de la puissance des chrétiens, avec promesse que, s'il leur faisait cette faveur, ils sauraient bien la reconnaître. Barberousse, infiniment aise de cette démarche, qui lui semblait la meilleure de toutes les occasions qu'il ait su avoir d'acheminer son dessein et de contenter la secrète ambition qu'il avait de se rendre souverain d'Alger, ne se laissa pas beaucoup solliciter par les prières de ces gens-là, et leur promit très-volontiers toute sorte d'assistance. »

Il dépêcha aussitôt à Alger dix-huit galères et plusieurs barques chargées d'artillerie et de munitions de guerre, pendant qu'il marchait lui-même par terre vers la même ville, à la tête d'une armée composée de Turcs et de Maures.

Euténic, apprenant l'approche de Barbe-rousse, alla au-devant de lui jusqu'à une journée de chemin, et lui rendit toutes sortes d'honneurs. Le redoutable corsaire entra dans la ville, au milieu des acclamations des habitants, et fut installé au palais même de Sélim, avec une grande pompe. Ce jour-là, Sélim Euténic cessa d'être le seigneur d'Alger; il venait de lui donner un autre maître. L'infortuné le comprit trop tard.

Barberousse, cependant, pour tromper les Algériens sur ses projets, parut vouloir agir tout de suite contre les Espagnols. Il commença à battre le fort du Pénon; mais son canon n'étant pas assez gros, et ayant vainement attaqué la place, il s'arrêta et renvoya l'expédition à un autre temps. Avant tout, il voulait se rendre maître d'Alger, où les Turcs, ses soldats, se conduisaient déjà en conquérants. Les habitants se lassèrent enfin des exactions de leurs alliés et s'en plaignirent hautement; c'est alors que le perfide Barberousse crut pouvoir mettre ses desseins à exécution. Sélim le gênait; il résolut de s'en défaire. Voici comment une chronique arabe, d'accord avec l'histoire, fait connaître l'affreux moyen dont Barberousse se servit pour venir à bout de son projet criminel;

« Un jour, vers midi, comme le cheik Sélim Euténic était entré au bain, en son palais, afin d'accomplir l'ablution qu'on doit faire avant la prière de cette heure, Aroudji entra traîtreusement dans le bain, et y trouvant le prince seul, il l'étouffa, avec l'aide d'un autre Turc, et le laissa étendu à terre. Il cacha ce qui s'était passé pendant quelques instants, puis, venant à entrer une seconde fois dans le bain, il commença à appeler à grands cris le secours des gens du palais, et à dire que le cheik était mort, que c'était la chaleur du bain qui l'avait étouffé ; et cela étant publié immédiatement dans la ville, tout le monde attribua le crime à Barberousse, qui, de terreur, se renferma chez lui. Les Turcs, qui avaient été prévenus, prirent à l'instant les armes et se joignirent aux Maures de Gigelli. Ils firent chevaucher leur chef sur son cheval, et le conduisant par la ville, avec grandes acclamations, ils l'intronisèrent roi d'Alger. Cela fut fait sans qu'aucun habitant osât ouvrir la bouche et dire une parole d'opposition.

Les troupes de l'usurpateur se répandirent ensuite dans les principales maisons de la ville, pour en forcer les maîtres à se rendre auprès de Barberousse et à lui prêter serment de fidélité. Il leur fut facile d'obtenir tout ce qu'elles

voulurent, et une apparente soumission régna
dans Alger.

Cependant Barberousse, voulant faire croire
à son innocence, osa se souiller d'un nouveau
crime : il fit accuser plusieurs individus de l'assassinat de Sélim, et ordonna qu'on les étranglât
sans pitié. Personne ne fut dupe de cette horrible
comédie ; la haine publique n'en devint que plus
forte, et une puissante coalition se forma contre
le tyran.

Les Arabes de la plaine de la Métidja n'avaient
pas oublié la fin malheureuse de leur ancien chef
Euténic ; ils résolurent de le venger et de se
soustraire au joug dont on les menaçait. Ils s'adressèrent à un certain Hamid-al-Abde (Harmida le
Noir), de race arabe comme eux, et qui était roi
de Tenez. Ce prince leva aussitôt une armée de
dix mille cavaliers, qu'il joignit aux Arabes de la
Métidja.

Barberousse, à cette nouvelle, se hâta de
marcher à la rencontre de l'ennemi avec presque toutes ses troupes, après avoir laissé son
frère Khaïreddin pour gouverner Alger en son
absence. Les armées se rencontrèrent, au mois
de juillet 1517, sur les bords de l'Ouedjer, à
quelques lieues de Bélida. Le combat s'engagea aussitôt avec fureur, mais la victoire se
déclara pour les Turcs ; ils s'avancèrent en vain-

queurs jusqu'à Tenez, qu'ils prirent et sacca-
gèrent.

La ville de Tlemcen, apprenant le triomphe
de Barberousse, se soumit à sa puissance ; mais
elle ne tarda pas à s'en repentir, car elle fut
traitée en ville conquise par celui qu'elle avait
appelé comme un protecteur.

Cependant les Espagnols faisaient de grands
préparatifs pour marcher sur Tlemcen. Don
Diégo de Cordoba, marquis de Gomarès, se mit
à la tête de dix mille soldats de vieilles troupes,
et s'avança vers son ennemi renfermé dans la
ville ; mais, avant le siége même, Barberousse
perdit dans une escarmouche son frère Moha-
med et Escauder, chef des troupes turques. Ce
malheur l'affecta vivement ; désespérant de
pouvoir résister à ses ennemis, il résolut d'a-
bandonner la ville avec ses soldats. Sa retraite
fut bientôt connue des Espagnols, qui sur-le-
champ se mirent à sa poursuite ; ils l'atteigni-
rent, l'attaquèrent avec ardeur, et le mirent en
déroute. Accablé de fatigue et de soif, le cruel
corsaire se réfugia dans un parc à chèvres,
qu'entourait une faible muraille de pierres
amoncelées sans ciment. Là, il se mit en défense
avec ceux qui ne l'avaient point quitté, et il
combattit vaillamment ; mais un brave soldat

espagnol, nommé Garzia de Tinéo, lui donna
un coup de pique qui le renversa; ensuite il se
jeta sur lui, lui coupa la tête et l'emporta en
triomphe à Oran. Tinéo fut blessé à un doigt de
la main droite, son ongle était fendu; la marque
lui en resta toute la vie; il en était très-fier et
se plaisait à répéter que Barberousse, étant renversé et sur le point de rendre l'âme, lui avait
fait cette blessure.

C'est ainsi que mourut, en 1518, un des
plus redoutables ennemis des chrétiens. Il était
alors âgé de quarante-quatre ans environ. Sa
taille n'était pas très-élevée, mais il était fort,
robuste; sa barbe était rousse, d'où lui est venu
son nom; il avait les yeux très-brillants et jetant
pour ainsi dire la flamme; son nez était romain
et son teint basané. Il avait perdu un bras, mais
cela ne l'empêchait pas de combattre. Pour remplacer le membre qui lui manquait, il en avait
fait fabriquer un en fer par un ouvrier chrétien très-habile. Quelques écrivains rapportent
que ce bras était en argent. On faisait voir jadis publiquement à Cordoue, dans le couvent
de Saint-Jérôme, un riche vêtement de brocart cramoisi, connu sous le nom de *capa de
Barbaroxa*.

Aroudji mourut sans postérité, après avoir
vécu quatorze ans dans les États barbaresques.

Sa succession tomba entre les mains de son frère Khaïr-ed-din, ou Cheredin, dont je vous entretiendrai dans ma prochaine lettre.

Lettre Sixième.

A GUSTAVE.

KHAÏR-ED-DIN, OU CHEREDIN. — SA SOUMISSION A LA SUBLIME-PORTE. —
EXPÉDITION DE MONCADE. — ATTAQUE DU PÉNON. —
MARTIN DE VARGAS.

Alger, juillet 1832.

La mort d'Aroudji-Barberousse jeta la terreur
parmi les Turcs, qui ne virent de salut pour eux
que dans l'abandon de l'Afrique; mais Khaïr-
ed-din, ou, comme nous avons dit, Cheredin,
frère de Barberousse, portant lui-même ce nom,
ne s'effraya pas de la perte qu'il venait de faire;
il rassura les soldats, contint Alger dans l'obéis-
sance, et se fit reconnaître roi à la place du redoutable Aroudji.

La retraite des Espagnols à Oran l'affermit dans sa résolution de se maintenir à Alger; toutefois, craignant de nouvelles invasions et comptant peu sur la stabilité de la puissance humaine, il eut recours à un moyen décisif pour assurer son repos et calmer ses craintes sur l'avenir. Il expédia à Constantinople un officier turc, chargé de porter au grand-seigneur de riches présents et de lui faire hommage de sa puissance et de ses Etats.

L'empereur ottoman, Sélim Ier, s'empressa d'accepter l'offre de Cheredin, auquel il envoya sur-le-champ des munitions de guerre, de l'argent, des troupes, et le titre de pacha, que le seigneur d'Alger échangea contre celui de roi. Cet événement se passait en 1518 : c'est donc à partir de cette époque que date la prise de possession d'Alger par la Turquie.

Cheredin, animé par les renforts qu'il venait de recevoir, recommença la guerre avec succès sur tous les points. Un moment il s'inquiéta d'une nouvelle expédition que l'empereur Charles-Quint envoya contre lui, sous les ordres de Hugo de Moncade, son vice-roi de Sicile et général célèbre. La flotte, forte de trente navires, de huit galères, et de quelques brigantins de transport, mouilla dans le fond de la baie d'Alger, le 17 août 1518; mais huit jours après, une violente tempête du nord s'étant élevée, vingt-six navires furent jetés sur le rivage. « Dans cette tempête, qui eut lieu le jour de Saint-Bartholomée, dit un témoin espagnol, il se noya plus de quatre mille hommes, perte immense et déplorable qui déchirait le cœur, car on voyait les navires se fracasser les uns contre les autres et se disperser ensuite en morceaux, comme s'ils eussent été construits d'un verre fragile. Il était horrible d'entendre tout ce monde poussant des cris et se lamentant d'une fin si misérable. »

Du haut de leurs terrasses, les Algériens purent contempler à leur aise cette scène de désolation, qui fut pour eux le plus agréable de tous les spectacles.

Moncade, qui était sur la plage avec quinze cents hommes, assista à cette catastrophe, le cœur navré; obligé de quitter ensuite ses retran-chements, il abandonna un matériel immense et eut les plus grandes difficultés à surmonter, avant de pouvoir se rembarquer, avec un petit nombre de soldats, sur les navires que la tempête avait épargnés.

Cheredin sut tirer parti du malheur arrivé aux chrétiens; il passa aux yeux des Arabes pour leur sauveur, quoiqu'ils ne dussent leur salut qu'aux éléments. Il fit recueillir avec soin l'artillerie délaissée par Moncade et se servit im-

médiatement des débris de la flotte espagnole ,
pour armer des galiotes qu'il envoya , sous le
commandement de Car-Hassan , ravager les côtes
du royaume de Valence. Il songea ensuite à la
conquête du fort que les Espagnols avaient bâti
sur le plus grand des îlots , en face d'Alger. La
prise du Pénon occupait sa pensée depuis bien
longtemps , car cette forteresse était un obstacle
continuel à ses projets. Il préparait donc ses
moyens d'attaque , lorsqu'un Espagnol du château , trahissant ses devoirs , vint secrètement à
la nage le trouver et lui apprendre que la famine désolait la place. Cette circonstance décida
Cheredin à hâter l'entreprise ; mais avant d'employer la force , il fit proposer au gouverneur ,
Martin de Vargas , une capitulation honorable.
Cet intrépide guerrier répondit avec une noble
fierté et de manière à enlever au chef des Algériens tout espoir d'une capitulation : « Trop
heureux d'imiter la valeur de pères chrétiens et
soldats comme moi , dit-il à l'envoyé , j'attendrai
Barberousse avec mon épée , et jusqu'à la fin je
resterai fidèle à mon Dieu et à mon roi. »

L'attaque fut donc résolue, la canonnade commença de toutes parts et se prolongea durant
plusieurs jours et plusieurs nuits. Battus par
mer et par terre, les murs de la citadelle s'é-
croulèrent en divers endroits, et l'on vit tomber

sur les remparts leurs intrépides défenseurs, frappés par la mousqueterie. Ceux qui restaient étaient harassés de fatigue et mouraient de faim. Cheredin, à la tête de treize cents Turcs, vint mettre pied à terre sur les rochers du fort, sans que le moindre obstacle l'arrêtât. Alors les Algériens se portèrent en masse vers la brèche, où ils virent tout à coup Martin de Vargas, seul, l'épée à la main, et voulant cependant s'opposer à leur passage. Atteint de plusieurs blessures, près de défaillir, il fut saisi par ordre de Barberousse, et l'on parvint à s'emparer de sa personne, sans que sa vie fût en danger. Pour la garnison, une partie fut massacrée et l'autre jetée en esclavage. Le Pénon fut saccagé, et, s'il faut en croire les récits arabes, cette forteresse fut rasée de telle sorte que l'on fit depuis un jardin au lieu où elle s'élevait jadis.

Cheredin honora le malheur de son ennemi par des paroles dignes d'un vainqueur généreux, et se montra disposé à faire ce que celui-ci lui demanderait; le général espagnol réclama la punition du traître qui, s'étant échappé du Pénon, avait fait connaître l'état de détresse dans lequel cette forteresse se trouvait. Cheredin y consentit : ayant fait venir ce misérable, il le fit d'abord fouetter en présence de Vargas, puis ordonna qu'on lui coupât la tête; ce qui fut im-

médiatement exécuté. Tout le monde approuva
une telle conduite; et ce fut une preuve
ajoutée à tant d'autres, qu'un traître ne saurait attendre de pitié ni de ceux dont il a
causé la ruine, ni même de l'ennemi qu'il a
servi.

Mais, depuis cet événement, Cheredin, abu-
sant de la reconnaissance qu'il pensait mériter
de la part du commandant espagnol, ne cessa
de le presser de renier la foi catholique, lui
promettant de le faire capitaine de ses gardes.
Vargas répondit qu'après avoir réclamé le châtiment d'un homme qui avait violé sa foi, il ne
voulait pas répudier la sienne, et qu'il lui obéi-
rait en toute autre chose s'il le lui demandait.
Les instances de Cheredin durèrent plusieurs
mois, pendant lesquels il employa à l'égard de
son prisonnier tous les moyens de séduction qu'il
avait en son pouvoir, en y ajoutant même les
menaces; à la fin, irrité de tant de résistance,
il fit mourir l'héroïque et fidèle chrétien dans
un horrible supplice : ce fut sous le bâton qu'expira ce noble martyr de la foi.

Le cruel Cheredin reprit aussi Bougie sur les
Espagnols et contraignit les villes de Tunis et de
Tripoli à reconnaître son autorité. Mais ses con-
quêtes inquiétèrent le divan de Constantinople.
On craignait qu'encouragé par ses victoires, il

ne songeât à recouvrer son indépendance première ; c'est pourquoi on l'éloigna d'Alger, en
lui conférant la haute dignité de capitan-pacha.

Lettre Septième.

PLAINE DE LA MÉTIDJA. — HASSAN-PÁCHA. — EXPÉDITION
DE CHARLES-QUINT.

De la plaine de la Métidja, mars 1833.

Vous savez, mes chers amis, les raisons qui
m'ont forcé de retarder pendant plusieurs mois
notre petit cours d'histoire : je suis heureux
de le reprendre aujourd'hui; mais je veux vous
annoncer d'abord que je viens d'être promu au
grade de lieutenant, après quelques escarmouches contre les Bédouins, dans lesquelles on m'a
fait l'honneur de me dire que je m'étais bien
montré.

Hier encore, ma compagnie fut commandée

avec quelques autres pour explorer la plaine de la Métidja et en chasser quelques Arabes qui venaient marauder sur le territoire des tribus alliées.

Nous partîmes à quatre heures du matin, par le plus beau temps du monde, et nous entrâmes dans cette plaine magnifique dont je chercherais vainement à vous donner une description exacte, car elle offre un de ces spectacles dont on admire toute la beauté, sans pouvoir convenablement la décrire.

Nous suivîmes des chemins bordés d'orangers, de palmiers, et de bananiers. Les haies, formées partout d'aloès, de lauriers-roses, exhalaient les odeurs les plus suaves. Ce pays a l'aspect d'un paradis terrestre, il ne lui manque que la culture des Européens pour être une des plus belles plages du monde. Nous goûtions une douce fraîcheur au sein de cette campagne ombragée par des massifs d'oliviers et de figuiers sauvages; et dans les élans de notre joie, nous ressemblions à ces prisonniers qui, après un long séjour dans les cachots, sont rendus à la liberté et s'abandonnent aux transports les plus vifs. Tout en marchant en bon ordre, nous causions bruyamment, nous nous montrions l'un à l'autre les beautés de la plaine, et les sommets de l'Atlas qui la borne, et cette chaîne de montagnes dont les pitons élevés et inégaux, réfléchissant le soleil comme une surface métallique, formaient de magnifiques jets de lumière.

Notre longue promenade à travers ces campagnes délicieuses eut lieu sans péril et sans combat, car nous ne rencontrâmes aucun ennemi. Nous fîmes plusieurs haltes pour nous reposer et nous mettre à l'abri d'un soleil dévorant.

C'est à l'ombre d'un dôme de verdure, mes chers amis, que je vous écris celte lettre, et que j'entreprends de continuer notre histoire de l'Algérie.

Dans ma dernière lettre à Gustave, je me suis arrêté, je crois, à la fin du règne de Cheredin, que le divan de Constantinople avait fait capitan-pacha.

A cet heureux brigand succéda, dans le gouvernement d'Alger, un renégat sarde, Hassan-Pacha, célèbre dans le Levant par sa valeur.

A la même époque, Tunis et Tripoli reçurent de nouveaux maîtres, dont l'un, celui de Tunis, fut bientôt renversé par Charles-Quint, qui mit en sa place un prince africain, devenu son tributaire.

Cependant Hassan, qui aimait les brigandages de mer, augmentait journellement le nombre de ses vaisseaux et infestait de ses corsaires toute la Méditerranée. Les côtes de l'Espagne et de l'Italie souffraient principalement des ravages des infidèles. Ceux-ci ne respectaient aucune puissance, aucun pavillon, excepté celui de la France, qui imposait encore à leur audace.

Charles-Quint, dont la gloire était alors dans toute sa splendeur, résolut de mettre un terme aux excès dont ses peuples étaient toujours les premières victimes.

Avant de s'embarquer au golfe de la Spézia, où il avait donné rendez-vous à une partie de sa flotte, il désira avoir une entrevue avec le souverain pontife, pour recevoir ses conseils et ses bénédictions.

Paul III attendit l'empereur à Lucques; il approuva tous ses desseins, et célébra une messe solennelle, où Charles, la cour et tous les ambassadeurs assistèrent. Après cette imposante cérémonie, l'empereur alla gagner sa flotte que commandait Doria. A Mayorque, cette flotte fut jointe par les divisions de Malte, du souverain pontife, et du roi de Naples. L'empereur eut bientôt sous ses ordres soixante-cinq galères et quatre cent cinquante et un navires de transport, en tout cinq cent seize voiles. L'armée comptait environ trente-six mille hommes à la tête desquels se trouvaient une foule de généraux illustres. L'étendard de la France était absent, par suite de l'inimitié qui divisait François Ier et Charles-Quint.

La flotte mouilla dans la baie d'Alger le 23 octobre 1541. Hassan, qui avait eu depuis long-temps avis de ces préparatifs de guerre, était disposé à repousser les chrétiens avec vigueur. Voyant les Algériens inquiets et effrayés, il voulut relever leur courage et leur confiance; dans ce but, il donna une grande fête où rien ne fut épargné pour amuser le peuple et le distraire de la panique qui s'était manifestée chez lui. Quand les réjouissances eurent cessé, il visita toutes les fortifications, en fit élever de nouvelles par les esclaves chrétiens, et ordonna ensuite le recensement des hommes en état de porter les armes. Tous les habitants qui pouvaient combattre furent inscrits pour être enrôlés au besoin.

Après ces premières dispositions, il fit dévaster les campagnes et défendit sous peine de mort de quitter la place, ou seulement d'en faire sortir les meubles : les femmes, les enfants même durent se conformer à cette mesure. Ayant appris l'arrivée de la flotte ennemie, il monta sur un cheval magnifique, parcourut la ville, plaça lui-même chaque troupe à son poste, et attendit ensuite de pied ferme que les opérations du siége commençassent.

Charles-Quint, après un repos de quelques jours, entreprit le débarquement sur ce point que nous indiquent encore aujourd'hui les ruines d'un vieux fort, situées sur le rivage à un mille sud-est d'Alger.

Se tenant sur la poupe du vaisseau *la Réale*, il s'avança lui-même vers l'endroit indiqué, afin que les troupes remorquées dans des bateaux par les galères passassent sous ses yeux et pussent également le voir. *La Réale* portait l'étendard impérial en tête du grand mât, et l'on y avait placé un crucifix; à l'extrémité de chaque antenne pendait une bannière parsemée de croix.

Les Arabes tentèrent de s'opposer au débarquement, mais le feu bien nourri de plusieurs galères, auxquelles on avait donné l'ordre de se tenir tout à fait rapprochées de la côte, les obligea bientôt à laisser la plage libre. Toutes les troupes ayant pris position sur terre, l'empereur envoya un parlementaire à Hassan pour l'engager à se rendre; sur le refus de celui-ci, l'armée reçut l'ordre de s'ébranler, mais elle s'arrêta bientôt et attendit le lendemain pour continuer sa marche, que harcelaient sans cesse les Arabes venus de la plaine et des montagnes. Une colline, celle où se trouve aujourd'hui le château l'Empereur, devint le quartier général de Charles-Quint.

Pendant que l'armée de terre affrontait ainsi les premiers périls, la marine ne restait pas oisive; Doria s'approchait d'Alger pour battre les

môles et jeter, s'il était possible, le désordre
dans la place.

Ce déploiement de forces aurait certainement
intimidé les Algériens, s'ils n'avaient compté sur
le secours si puissant des tempêtes. Un écrivain
rapporte un fait qui donne une idée très-juste de
la disposition morale dans laquelle devaient être
les Turcs. Toute l'armée, dit-il, s'étant appro-
chée d'Alger, un mottigère en sortit pour donner avis à l'empereur qu'il ne fallait pas ceindre
toute la ville, afin de laisser une porte libre aux
Maures qui songeaient à abandonner Hassan et à
se retirer. Mais les assiégés remarquèrent, sur le
soir, des nuées obscures qui, se levant autour du
soleil couchant, leur indiquaient que bientôt sur-
viendrait quelque grande tempête; ce qui leur
fit changer d'avis.

En effet, un de ces événements qui peuvent
rendre tout à coup inutiles les mesures les plus
sagement combinées, vint détruire en quelques
heures une noble et belle espérance....

Dès l'après-midi du 25, le ciel s'était montré
couvert de nuages qui chassaient du nord avec
rapidité. Vers le soir, le temps devint extrêmement froid; les soldats, privés de tout ce qui
pouvait être nécessaire dans cette circonstance,
souffrirent beaucoup de la pluie qui, tombant en
abondance, ruinait les chemins, grossissait les

torrents et paralysait les opérations de l'armée.
Après le coucher du soleil, la tempête était déclarée. La nuit fut terrible pour l'empereur, et
cependant il ignorait encore tous les maux qui
venaient fondre à la fois sur sa flotte. Il cherchait
à rassurer ses soldats, et lui-même puisait toute
sa confiance dans le secours du Ciel. On rapporte
qu'il fit appeler un pilote, et lui dit : « Combien
de temps la flotte peut-elle encore supporter la
tempête ? — Deux heures, repartit le marin. —
Quelle heure est-il ? — Onze heures et demie.
— Ah ! tant mieux, reprit le monarque d'un air
satisfait ; c'est à minuit que nos saints religieux
se lèvent en Espagne pour faire la prière ; ils
auront le temps de nous recommander à Dieu. »

Non-seulement en Espagne, mais dans toute la
chrétienté, la nuit et le jour, on priait pour les
vengeurs de notre sainte religion. Le Ciel, qui
avait ses desseins, ne devait pas encore écouter
les vœux de ses enfants ; avant qu'ils fussent délivrés de leurs plus cruels ennemis, plusieurs
siècles d'expiation devaient s'écouler encore.

Le jour commençait à peine à paraître, que des
clameurs épouvantables se firent entendre vers le
bas de la montagne, non loin d'Alger. Ces cris
annonçaient qu'une foule de Maures et de Turcs
venaient attaquer l'armée plongée dans la douleur
et l'engourdissement. Ils sont déjà dans le camp,

6

où ils font pleuvoir une multitude de traits.
Écoutez, mes chers amis, le récit d'un historien
que j'ai toujours pour compagnon dans mes promenades, et qui prit part à la lutte des Espagnols
et des Algériens.

« Surpris de cette attaque, dit Villegagnon,
recevant la pluie et le vent dans le visage, nous
courons cependant à nos armes. A mesure que
chaque chrétien se présente, on le pousse vers
l'ennemi, qui lâche d'abord pied; mais c'est pour
nous attirer dans l'embuscade qu'il a préparée,
et où, en effet, nous allons donner, dans une
imprudente ardeur. Nous étions supérieurs en
nombre, égaux en courage, mais les armes de
nos adversaires et leur position étaient préférables
aux nôtres et leur donnaient l'avantage. D'un
point élevé, où l'ennemi s'était placé, il nous
accablait de flèches et de pierres, pour nous empêcher de monter jusqu'à lui. La pluie nous
privant de l'usage de nos armes, nous n'avions
aucun projectile à lui envoyer. Il nous fallait donc
combattre avec nos lances, et, pour ainsi dire,
corps à corps. Mais nous étions retardés par notre
ignorance des lieux et la légèreté de l'ennemi qui
fuyait devant nous, s'arrêtant parfois pour nous
envoyer de loin des flèches et des pierres. Ce
genre de combat était tout nouveau pour nous.

« Voici quelle est l'habitude de ces guerriers :

ils n'en viennent jamais aux mains pour se mêler avec nous et combattre de pied ferme ; mais ils nous chargent à cheval, en petit nombre, et nous lancent des flèches pour nous faire quitter nos rangs ; si nous les abandonnons pour nous mettre à leur poursuite, ils reculent à dessein et prennent la fuite, espérant que nous les poursuivrons avec trop d'ardeur, loin de nos rangs, car alors ils tournent bride et reviennent en grand nombre entourer et massacrer nos soldats épars.

« Dans cette affaire, les cavaliers sortis de la ville avaient amené avec eux un nombre égal de fantassins qui couraient au milieu d'eux avec une telle vitesse, qu'ils suivaient le galop des chevaux. Trompés par ce genre de combat, nos soldats, croyant l'ennemi en fuite, le poursuivirent imprudemment hors des rangs, jusque sous les murs de la ville ; mais à peine l'ennemi fut-il entré, qu'il accabla les nôtres de flèches et de balles ; il en fit un grand carnage. Parmi les Italiens, ceux qui n'avaient pas une grande habitude de la guerre, furent mis en fuite ; ce qui fit que les chevaliers de Rhodes restèrent seuls aux portes de la ville, avec quelques braves Italiens que leur courage avait retenus au combat. Quant à nous, soupçonnant que l'ennemi, voyant la débandade des nôtres, pourrait nous attaquer de nouveau,

nous allâmes planter nos drapeaux dans un défilé
situé entre les tertres et une colline, où quelques
soldats pouvaient combattre un grand nombre
de leurs adversaires.... Nos soupçons ne nous
trompèrent pas ; à peine fûmes-nous engagés
dans le défilé que l'ennemi s'élança hors de la
ville, exécutant sa charge en courant sur nous
dans le plus grand désordre. Quand il se vit suffisamment rapproché, il lâcha pied, selon sa
coutume, pour nous attirer hors du défilé, nous
entourer et nous massacrer dans la plaine. Voyant
que la ruse ne leur servait à rien, les Maures
firent monter des fantassins sur la colline et sur
les hauteurs qui nous dominaient, afin de pouvoir de là nous jeter des pierres et des flèches.
Ceux d'entre nous qui n'avaient pas d'armures
ne pouvaient éviter leurs coups. Il en résulta que
beaucoup quittèrent le champ de bataille, et que
notre nombre se trouva fort diminué. L'ennemi
s'irrita de voir une si petite troupe résister à tant
de monde, et résolut de nous combattre de près.
Il lança donc ses chevaux et nous attaqua avec
la pique, mais alors nos armures nous proté-
gèrent.

« Voyant qu'il n'y avait plus d'autre ressource
à attendre pour nous que de notre courage, nous
pensâmes que nous devions plutôt mourir en
laissant un noble souvenir de notre valeur et en

faisant payer cher notre mort à l'ennemi, que de nous laisser atteindre honteusement en fuyant. Ce qui nous affermissait dans cette résolution, c'était l'idée que nous serions peut-être secourus par l'empereur. Soutenus par cette espérance, nous continuions, en employant la lance, à repousser les charges de l'ennemi. Quand il se mêlait à nous, nous l'enveloppions, et les coups devenaient d'autant plus faciles que ces hommes vont nus au combat. Voyant notre résistance, les Algériens reculèrent un peu, mais seulement hors de la portée de nos lances. Alors, de cette distance, visant les parties découvertes de nos corps, ils nous envoyaient des traits et des javelines. Serrés comme nous l'étions, nous ne pouvions les éviter; notre courage nous devenait donc inutile; aussi bientôt plusieurs de ceux qui avaient combattu au premier rang, affaiblis par leurs blessures, quittèrent leur poste et rendirent ainsi moins forte notre ligne. En ce moment, l'empereur arriva à notre secours avec toutes ses troupes allemandes. En l'apercevant, l'ennemi s'arrêta un peu et nous laissa le temps de reprendre haleine. Charles avait placé ses troupes à l'endroit où les collines s'écartaient les unes des autres; l'ennemi n'osa renouveler le combat; il se retira en nous envoyant quelques boulets. »

L'honneur de la journée resta aux chevaliers

de Malte. Parmi eux se trouvaient beaucoup de Français dont les historiens ont exalté la valeur ; s'ils avaient été plus nombreux ou tout au moins soutenus, c'en était fait de la ville d'Alger, l'armée chrétienne s'en emparait.

Cette poignée de braves marchait à pied, précédée simplement de l'enseigne de l'Ordre, que portait Ponce de Savignac. On voyait battre en retraite devant eux le gros de l'armée algérienne, presque uniquement composée de cavaliers. Parvenus à l'entrée du faubourg, la mêlée s'engagea, et l'on ne combattit plus qu'à coups de lance et d'épée. Cette échauffourée fut surtout fatale à une foule de Musulmans qui y périrent. Pendant que les troupes se rapprochaient insensiblement des murs de la ville, le désordre et la confusion furent si grands que les chevaliers de Malte, qui s'étaient avancés bien avant d'une portée de fusil de l'armée musulmane, se consultèrent un instant pour savoir s'ils ne pénétreraient pas pêle-mêle avec les Maures dans la place ; toutefois, après avoir considéré leur nombre, ils renoncèrent à ce projet. Hassan, d'ailleurs, ne leur laissa guère le loisir de la réflexion. Rentré avec la plus grande partie des siens, et se voyant pressé par les habits rouges (c'est ainsi qu'il appelait les chevaliers de Malte, qui inspiraient une grande terreur), il fit promptement fermer la porte de

Bab-Azoun, laissant ainsi beaucoup d'Algériens à la merci de l'ennemi. Le plus grand nombre fut massacré au pied même de la redoutable phalange chrétienne. Ce fut en ce moment que le chevalier de Savignac, tenant l'enseigne de la Religion d'une main, enfonça de l'autre son poignard dans la porte et l'y laissa fiché; noble action que se plaisent à rapporter les vieilles chroniques, et que les historiens modernes ont trop souvent oubliée.

Cependant Hassan se décida à faire une sortie contre les chevaliers exténués de fatigue et réduits à un petit nombre. Groupés à l'entrée du faubourg de Bab-Azoun, ces braves essayèrent de tenir tête à l'ennemi, espérant qu'il leur arriverait du secours. C'est alors que le courageux Ponce de Savignac fut blessé d'un trait empoisonné; emporté hors du champ de bataille par plusieurs soldats de Malte, il ne voulut point abandonner l'enseigne de la Religion tant qu'il conserverait quelque force; aussi ne lui échappat-elle qu'au moment où il rendit le dernier soupir.

L'un après l'autre, tous ces intrépides chevaliers eussent péri en combattant, si l'empereur ne se fût montré tout à coup. Voyant fuir les Italiens et les Allemands en présence des Turcs, il s'enflamma d'une noble colère, et tenant son épée nue à la main, il força son état-major et ses soldats à le suivre jusqu'aux lignes de l'ennemi, qui ne tarda pas à tourner le dos et à rentrer en toute hâte dans la ville. Ainsi se termina cette lutte acharnée où succombèrent une foule de héros.

Pendant que l'armée de terre se trouvait dans la position la plus déplorable, la flotte devenait la proie de la tempête. Cent cinquante navires de diverses grandeurs furent brisés sur la plage, et des hommes qui le montaient, les uns périrent dans les flots, les autres furent massacrés par les Arabes sur les côtes où ils avaient espéré rencontrer un refuge. Seize galères se perdirent avec leur artillerie, leur armement, et les objets précieux qu'elles renfermaient.

L'armée contemplait avec stupeur ces navires brisés, et considérait avec presque autant de découragement ceux qui restaient encore sur leurs ancres, mais dont la tempête les séparait.

La famine se faisait déjà sentir; comme on ne pouvait amener de vivres à terre, on fut obligé de tuer plusieurs chevaux pour nourrir les soldats, et Charles-Quint donna l'exemple, en sacrifiant des coursiers d'un haut prix qu'il avait amenés pour son usage. Voyant un jour sa table couverte avec profusion : « Eh quoi! dit-il à son maître d'hôtel, ne rougissez-vous pas de me servir ainsi, pendant que mes compagnons meurent de faim ? » Et aussitôt il va distribuer lui-même tous ces mets aux malades et aux blessés.

Ce prince ne perdit rien de son énergie au milieu d'un semblable désastre; tous ses projets étaient anéantis, il fallait renoncer à la conquête d'Alger, et se retirer après avoir éprouvé de si grandes infortunes; il se montra calme et résigné : témoin de la tristesse de quelques seigneurs, il prononça à haute voix ces paroles, en élevant sa pensée vers Dieu : *Fiat voluntas tua.*

Deux généraux fameux, Fernand Cortez, le conquérant du Mexique, et le comte d'Alcandette, gouverneur d'Oran, voulaient qu'on n'abandonnât point l'Afrique et promettaient à l'armée une noble vengeance; mais ils ne furent pas écoutés, et de toutes parts on pressa l'embarquement, qui s'opéra sur la pointe du cap Matifou. A peine l'armée se trouva-t-elle réunie à bord de la flotte, que de nouveaux malheurs l'accablèrent. Un vent violent, soufflant de l'ouest, dispersa tous les navires. Quelques-uns furent engloutis dans la mer, et ce ne fut qu'après bien des dangers que les autres regagnèrent les côtes de l'Espagne. Les Espagnols perdirent dans cette expédition tout le matériel qu'ils avaient débarqué; la moitié de l'armée environ succomba ou fut traînée en esclavage.

Tel fut le résultat de cette grande entreprise qui avait rempli d'espérance toute la chrétienté. Elle ne servit qu'à accroître l'insolence et l'audace des Algériens. Pour châtier un tel peuple et réprimer ses crimes, l'Europe avait besoin d'un autre bras.

Je suis fâché, pour ma nièce, d'être obligé de parler si longuement de guerre; mais dans l'histoire de l'Algérie il faut se résoudre à s'occuper sans cesse de combats et de piraterie; il y a peu de fleurs à y cueillir, et les crimes y sont multipliés. Vous attendrez patiemment, ma jeune lectrice, que les Français se soient rendus maîtres d'Alger; alors nos pages seront moins lugubres; le mot de guerre s'y trouvera sans doute répété souvent; mais, à côté, vous verrez les mots de civilisation et de catholicisme, ainsi que la promesse d'un avenir riant et pacifique pour cette belle contrée d'Afrique, qui devra à la foi chrétienne le retour de son bonheur et de son ancienne prospérité.

Lettre Huitième.

BÉLIDA. — QUELQUES RÉFLEXIONS. — SUCCESSEUR D'HASSAN. — BOMBARDEMENT
DE DUQUESNE, DU MARÉCHAL D'ESTRÉE, ET DE LORD EXMOUTH.

Bélida,...... . juin 1833.

Nous continuons, mon cher Gustave, à nettoyer la plaine de la Métidja des nombreux brigands qui l'infestent. Nous sommes sans cesse en mouvement, toujours prêts, toujours sur nos gardes, car nous vivons au milieu d'ennemis qui nous attaquent à l'improviste, en petit nombre, et s'enfuient aussitôt qu'ils ne se sentent pas les plus forts.

Bélida ou Bélidah est le centre de nos opéra-

tions; cette ville, située sur la limite méridionale de la plaine de la Métidja, jouit de quelque
importance; sa position, au milieu des districts
les plus fertiles de la Numidie, lui a procuré surtout une grande prospérité agricole. On n'y voit
rien de bien curieux, et il faut se garder de la
comparer à quelqu'une de nos petites villes de
France, si l'on ne veut pas trop s'y déplaire. L'ennui, je l'avouerai, me gagne quelquefois loin de
ma patrie. C'est qu'ici, mon cher Gustave, nous
perdons de vue tous les objets de notre affection;
plus de parents, plus de toits paternels, plus de
clochers riants portant leurs croix dans les nues.
Vous le dirai-je, mon ami? on ne s'assemble plus
pour prier en commun; la foi sommeille dans
ces contrées où elle fut jadis si brillante; la religion, qui doit rendre notre conquête durable et
féconde en résultats avantageux, est laissée en
oubli par les vainqueurs. Ils élèvent de magnifiques édifices, ils tracent des chemins, ils percent
des rues, ils peignent les maisons, et ils ne son-
gent nullement à bâtir un temple au Seigneur qui
leur a donné l'Afrique, à ouvrir une église à leurs
soldats chrétiens. Nous courons de toutes parts,
le fusil chargé, disperser nos ennemis, rassurer
les tribus alliées, et nous ne sommes suivis d'aucun prêtre, d'aucun missionnaire; cependant eux
seuls pacifieraient ce que nous avons conquis;

eux seuls, par la croix, soumettraient pour toujours les peuples que nous effrayons par notre
audace et notre valeur. Que la France y songe
bien! l'Algérie ne lui appartiendra que lorsque
le christianisme y aura sérieusement dressé ses
autels, que quand ses apôtres auront porté aux
Arabes des paroles de conciliation; il faut faire
respecter à la fois l'Évangile et le nom français.

Je m'arrête avec peine au milieu de ces réflexions, mon cher neveu, pour reprendre le
cours de notre histoire. Ma lettre du mois dernier
vous a appris les détails de la malheureuse expédition de Charles-Quint; celle-ci vous dira ce que
devint Alger depuis cette époque jusqu'à la
mémorable expédition de la France.

La tempête avait donné une victoire facile aux
Algériens, qui surnommèrent néanmoins Hassan
du titre de *gazi* ou vainqueur. Ce pacha eut pour
successeur un fils de Cheredin, nommé Hassan
comme lui. Ce dernier ne tarda pas à être destitué per la Porte ottomane. Salla raïs le remplaça
et rendit sa domination célèbre par les conquêtes
de Biscara, de Tuggurt, et de tout le district de
l'Ourgla. Il enleva aussi aux Espagnols, en 1554,
la place importante de Bougie, que ces derniers
possédaient depuis quarante-neuf ans. La mort
l'empêcha de se rendre maître d'Oran, dont il
poussait le siége avec ardeur. Son successeur,

nommé Hassan, renégat corse, plein de bravoure,
en continua les travaux avec succès. Il était sur
le point de s'emparer de la place, lorsque le pacha
Tekali, envoyé par le divan de Constantinople,
le chassa du pouvoir et le fit périr en le précipitant sur les crochets attachés aux remparts de la
porte Bab-Azoun, auxquels ce malheureux resta
suspendu pendant trois jours avant d'expirer.

Jussuf, gouverneur de Tlemcen, apprenant la
mort de son compatriote et de son ami, jure de le
venger. Il s'avance sur Alger, gagne les principaux officiers de la milice des janissaires, attaque
Tekali, et le poignarde de sa propre main dans le
sanctuaire même d'un marabout. Devenu maître
d'Alger, il ne règne que six jours. Hassan, fils
de Cheredin, est nommé de nouveau pacha par le
sultan; mais ses ennemis nombreux ne cessent
d'attaquer sa brillante fortune, et il va mourir
à Constantinople, laissant sa place à Méhémet,
fils de Sella, dont le règne passe inaperçu dans
l'histoire.

A Méhémet succéda le Corse Ali—Fartas,
en 1568. Il marche contre Tunis, enlève le fort
de la Goulette, et tout le pays s'engage à lui payer
tribut. Invité en 1572, par Sélim II, à prendre
part au célèbre combat de Lépante, il s'y distingue par sa grande valeur, et obtient bientôt après
le haut emploi de capitan-pacha. Ceux qui règnent

successivement à Alger après lui, sont Memmo, Ramadan le Sarde, Hassan le vaniteux, et Jaffar-Aga, tous renégats qui ne se rendent célèbres que par leurs pirateries et par le grand nombre d'esclaves qu'ils retiennent dans leurs fers.

L'histoire rapporte qu'en 1582 dix mille chrétiens sont vendus à Alger.

L'année suivante un consul anglais, John Tuiton, est envoyé en Algérie, trente-trois ans après l'installation du premier consul français.

Au commencement du siècle suivant, le divan de Constantinople accorde un *dey* ou *patron* à la milice algérienne, et bientôt la puissance de ce nouveau chef s'élève sur les débris du pachalick, qui tombe dans le mépris.

Depuis 1520, des négociants provençaux avaient formé des établissements sur la côte africaine, et avaient traité du droit exclusif de se livrer à la pêche du corail, depuis Tabarque jusqu'à Bône. Sous Charles IX, Sélim II avait augmenté les priviléges commerciaux de la France, et en 1560 on permit d'élever une forteresse nommée le Bastion de France ; en 1624, Richelieu obtint d'Amurath IV qu'il nous cédât, en toute propriété, le Bastion de France, la Calle, le cap Rose, Bône, et le cap Nègre ; un commerce très-important s'établit alors sur le littoral africain pour la pêche du corail. Les con-

cessions faites à la France passèrent successivement entre les mains de diverses compagnies.
En 1794, la *Compagnie d'Afrique*, constituée
à Marseille et qui exploitait les concessions avec
avantage, fut dissoute par la Convention, et son
actif fut versé dans les caisses du trésor. Les
établissements français ont laissé, sur la côte,
des souvenirs vivants encore, et dont on pourrait
tirer un utile parti.

Cependant de fréquents et sanglants démê-
lés avaient eu lieu entre le gouvernement d'Alger
et les rois de France. En 1681, les corsaires du
dey avaient osé enlever des bâtiments français.
A cette nouvelle, Louis XIV jure de punir ces
pirates jusque dans leur repaire. Il envoie contre
eux une expédition commandée par le prince
François de Vendôme, duc de Beaufort, et par
le chevalier Paul de Toulon. La descente s'opère
à Djidjeli, à l'est d'Alger et à dix lieues de Bougie; mais les Barbaresques, profitant de la més-
intelligence des deux chefs et de l'inaction qui
en était la suite nécessaire, contraignirent les
Français à la retraite. Le grand roi n'oublia point
cet échec, et la France ayant été offensée une
seconde fois, Duquesne parut devant Alger au
mois de mai (1683). Il bombarde la ville de telle
sorte, que les janissaires demandent à capituler. Le père Levacher, missionnaire et consul de

France, était sur le point de conclure la paix, lorsque soudain le pouvoir tomba entre les mains du féroce Mezzomorto. L'ancien dey fut mis à mort avec ses ministres ; tous les négociants français furent égorgés sans pitié, et le vénérable père Levacher, placé devant la bouche d'un canon, fut lancé, comme un projectile, contre la flotte française. Ce crime fut payé cher : Duquesne recommença le bombardement avec fureur, et en peu d'heures la ville n'offrit plus que des ruines. Un quart de la population fut anéanti.

Ce terrible châtiment contint les Algériens pendant quelques années ; mais en 1687, ils firent de nouvelles prises sur le commerce français ; ce qui amena le maréchal d'Estrée devant Alger, où dix mille bombes portèrent le ravage et l'incendie. Tous les vaisseaux qui se trouvaient dans le port furent brûlés ou détruits.

Treize ans plus tard, le capitaine anglais Breach donna aussi, au nom de sa patrie insultée, une cruelle leçon aux pirates africains, auxquels il enleva sept frégates, dans un combat où il resta vainqueur.

Dès ce moment, les Algériens reconnurent qu'on ne bravait pas impunément les pavillons français et anglais, et ils les respectèrent. Ils n'agirent point de même à l'égard des Espagnols

7

qu'ils traitaient avec mépris, à cause du mauvais succès de toutes leurs entreprises ; ils fatiguèrent tellement la cour de Madrid, qu'ils la forcèrent enfin à s'humilier devant eux et à leur acheter la paix, en 1785, moyennant une somme de six millions de livres et une grande quantité de provisions de guerre.

Si la France eut, après ses grandes expéditions contre Alger, quelques légères altercations avec les deys de cette ville, il faut l'attribuer à la sourde jalousie de quelques agents étrangers.

Notre ascendant sur la Régence fut plus puissant que jamais sous la république et sous l'empire, car l'expédition d'Égypte, qui alluma la guerre entre la Porte et la France, n'altéra que peu de temps la paix entre nous et le dey. Napoléon exigea de lui toute cessation de piraterie contre l'Italie, qui était alors placée sous la protection française, et la liberté sans rançon des esclaves napolitains ; ces exigences furent écoutées avec respect, et le dey y satisfit sans difficulté.

L'Angleterre était loin d'être aussi favorisée, quoiqu'elle fît grande parade de forces sur mer ; deux de ses consuls furent successivement chassés par Mustapha, et l'amiral Nelson ne put, en 1804, obtenir justice, bien que ses demandes fussent appuyées par la présence de onze vaisseaux de ligne.

Les États-Unis d'Amérique eurent aussi beaucoup à souffrir des pirateries des Algériens, qui leur enlevèrent plusieurs vaisseaux sur la Méditerranée. La paix fut toutefois conclue avec cette puissance nouvelle, en 1815, par le dey Omar, prince sage et courageux.

L'année précédente, dans une réunion de souverains à Vienne, on avait présenté un projet dont le but était de chasser les milices turques de l'Algérie, et d'assurer pour toujours la tranquillité du commerce chrétien sur les côtes de l'Afrique; l'Angleterre, qui d'abord n'avait pas approuvé tous les plans des autres puissances, prit soudain une noble résolution. Lord Exmouth reçut l'ordre de porter à Omar des conditions assez dures, que celui-ci repoussa avec indignation. L'amiral, après avoir attendu des renforts de l'Angleterre et une flotte hollandaise composée de six frégates, se dirigea de Gibraltar vers Alger, où il arriva le 27 août 1816. Les vaisseaux anglais s'embossèrent à portée de pistolet, vis-à-vis des terribles batteries du môle et des autres batteries situées dans la partie occidentale de la ville. La *Reine-Charlotte*, de 120 canons, montée par lord Exmouth, se plaça en travers à l'entrée du port. Les Hollandais furent chargés de canonner les batteries et les forts extérieurs de la partie orientale. Tous ces mouvements ne furent nullement inquiétés par les Algériens, qui toutefois tirèrent les premiers sur le vaisseau de l'amiral. Le feu devint bientôt général et vraiment terrible. La flotte anglaise souffrit beaucoup; mais elle réussit à brûler la flotte algérienne, renfermée dans le port, ce qui décida le dey à consentir aux conditions qui lui furent imposées : les deux plus importantes étaient l'abolition de l'esclavage des chrétiens et la mise en liberté de tous les esclaves qui se trouvaient dans les États d'Alger, à quelque nation qu'ils appartinssent.....

Ce résultat de l'expédition des Anglais leur fit beaucoup d'honneur; mais la régence d'Alger, humiliée un instant, releva bientôt la tête et put, aidée par la Porte et par ses voisins, réparer ses pertes et reprendre toute son insolence.

En 1818, au congrès d'Aix-la-Chapelle, les puissances européennes s'occupèrent de nouveau du projet d'arrêter les pirateries des États barbaresques. Le contre-amiral français, Jurieu de la Graverie, et le commodore anglais, Fréemantle, furent même envoyés sur les côtes d'Afrique, en 1819, avec une légère escadre, pour intimer au dey, ainsi qu'aux beys de Tunis et de Tripoli, l'ordre de cesser leurs attaques contre le commerce européen; mais ces démonstrations des cours de Paris et de Londres n'eurent point de suite, et le dey d'Alger, Hussein,

continua de braver les puissances chrétiennes,
en infestant les mers et en réduisant en esclavage les malheureux qui tombaient au pouvoir de
ses corsaires. Le moment n'était pas éloigné,
cependant, où la France insultée allait lever
son bras puissant et anéantir pour toujours les
forbans de la Méditerranée.

Dans ma première lettre, je vous donnerai des
détails spéciaux sur la piraterie des Algériens,
ainsi que sur la vente et le rachat des esclaves.
Vous y admirerez la sublime charité de la religion chrétienne, et vous serez étonnés de ses
merveilles.

Lettre Neuvième.

A GUSTAVE ET A MARIE.

DE LA PIRATERIE DES ALGÉRIENS. — DE LA VENTE DES ESCLAVES ET DE LEUR RACHAT. — RÉCIT DE SAINT VINCENT DE PAUL. — CHARITÉ CHRÉTIENNE. — SAINT PAULIN DE NOLE. — SAINT JEAN DE MATHA, ORDRE RELIGIEUX DE LA RÉDEMPTION DES CAPTIFS.

Bélida, juillet 1833.

J'ai lu, mon cher Gustave, la plupart des livres qui ont été publiés jusqu'ici sur l'Algérie; mais dans aucun je n'ai trouvé les renseignements propres à donner une idée nette et précise des circonstances sous l'influence desquelles la piraterie prit naissance et se développa, d'une manière si fâcheuse, au préjudice des nations chrétiennes. Je ne suis parvenu à recueillir ceux

que je vais mettre sous vos yeux, pour votre instruction, qu'en recourant aux auteurs anglais,
espagnols et français, antérieurs à notre conquête, et qui en fournissent des notions éparses
dans leurs ouvrages.

On peut fixer, avec assez de vraisemblance,
l'origine des pirateries algériennes, à l'époque où
les Maures furent entièrement expulsés de l'Espagne, après la prise de Grenade en 1492. Une
partie des fugitifs vint s'établir à Oran et à
Alger, d'où ils commencèrent à armer en course,
d'abord contre les seuls bâtiments espagnols,
ensuite contre ceux de toutes les puissances
chrétiennes.

Comme je vous l'ai dit, dès l'an 1509, Ferdinand le Catholique, roi d'Aragon, ayant forcé
les Algériens à capituler, fit construire un fort
dans la petite île située à l'entrée du port. Ce fut
alors que les Algériens appelèrent le trop fameux
Barberousse, qui les subjugua, comme vous l'a-
vez vu. Son frère Cheredin couvrit la Méditerranée de ses corsaires, et ceux-ci jetèrent l'épouvante dans le commerce, par leurs fréquentes
incursions sur les côtes d'Espagne.

Sous son successeur, les courses des Algériens
prirent une nouvelle activité, et leurs descentes
en Espagne se multiplièrent à tel point, que
Charles-Quint résolut d'y mettre un terme, et ce

fut la cause qui détermina sa grande et funeste expédition.

Les Algériens, enhardis, portèrent leurs pirateries sur l'Océan. *Mouzat-Rais* attaqua et dévasta, avec trois vaisseaux, la principale ville des Canaries ; il emmena avec lui un grand nombre de captifs.

Les pirates d'Alger, ceux de Tunis et de Tripoli, étaient si puissants au commencement du 17e siècle, que Cottington, ambassadeur d'Angleterre en Espagne, écrivit au duc de Buckingham, ministre des affaires étrangères, pour appeler l'attention de son gouvernement sur un état de choses si nuisible aux intérêts du commerce. Il l'informa que la flotte des Algériens se composait de plus de quarante gros vaisseaux et d'autant d'autres embarcations de moindre grandeur. Si l'on réfléchit à l'état misérable où se trouvait alors la marine de la plupart des puissances chrétiennes de l'Europe, cette réunion des forces maritimes des États barbaresques était bien capable d'inspirer de la terreur et de justifier les craintes du diplomate anglais.

Le gouvernement espagnol, qui partageait ces craintes, désespérant de pouvoir parvenir seul à lutter avec succès contre des ennemis si redoutables, eut recours à l'Angleterre. Le comte de Gomarès, ambassadeur d'Espagne auprès du roi

Jacques, décida ce prince, en 1621, à unir ses armes à celles de son pays, pour en finir avec ces pirates. Mais, par une sorte de fatalité dont les secrets de la Providence ne permettent pas d'expliquer la raison, cette expédition eut le sort de toutes les autres.

Les Algériens, qui jusque-là avaient gardé quelques ménagements pour l'Angleterre, devinrent ouvertement ses ennemis; ils pillaient tous les vaisseaux de cette nation qu'ils rencontraient, sans s'inquiéter le moins du monde de ce qui pourrait en advenir. En 1641, leur marine comptait, outre les galères et les galiotes, soixante-cinq grands vaisseaux.

Je vous ai raconté l'histoire des expéditions dirigées contre Alger. Il ne me reste donc plus qu'à vous parler d'un des plus déplorables effets de sa piraterie : je veux dire du trafic des esclaves, ainsi que des règles établies pour leur vente et leur rachat.....

Ces détails toucheront vos cœurs chrétiens, je ne saurais en douter, mes bons amis, et ils vous rendront plus chère, s'il est possible, la religion dans laquelle vous avez eu le bonheur de naître; religion qui, la première et la seule, a rétabli l'homme dans sa dignité, en le déclarant libre, en brisant les fers de l'esclavage partout où sa loi divine est introduite, partout où la bonne nouvelle de l'Évangile peut parvenir.....

La navigation des Algériens était fort peu de chose; elle se réduisait à peu près à la course, et les produits de son commerce maritime à la vente des prises, c'est-à-dire des esclaves, des marchandises, et des bâtiments qu'ils capturaient. De là résultait que la course était regardée, par le gouvernement et par les particuliers, comme une branche d'industrie naturelle qu'on pouvait librement cultiver, comme la base de la puissance et de la richesse du pays; par conséquent la course était l'objet le plus important des soins et de la sollicitude de l'administration.

On peut se faire une idée de la politique des Algériens sur ce point, par les motifs qui déterminèrent la Régence à une seconde guerre avec les Hollandais, en 1716. Les prises devenaient rares, les caisses du dey ne s'emplissaient pas, les agents de son fisc se plaignaient, et le divan ou conseil d'État reconnut que la cause de ce défaut de produits dans les revenus publics venait de ce que la Régence n'avait point en ce moment d'ennemi assez riche sur lequel ses corsaires pussent s'abattre. En effet les navires barbaresques ne rencontraient guère que des bâtiments français, anglais, et hollandais, nations protégées par des capitulations ou traités qui mettaient obstacle à la capture de leurs bâtiments. Dans une telle conjoncture, le divan jugea nécessaire de décider, à la pluralité des voix, contre lequel de ces trois peuples la guerre serait déclarée. Elle fut résolue contre la Hollande. On se saisit aussitôt d'un vaisseau de cette nation qui se trouvait dans le port d'Alger, et les ordres furent donnés d'en user de même dans tous les ports de la Régence.

Ce système de politique barbare impliquait le droit, non-seulement de capturer les vaisseaux, de s'en adjuger la propriété et celle des marchandises dont ils étaient chargés, mais de considérer comme esclaves les hommes composant les équipages, de même que les passagers ou voyageurs des deux sexes qui s'y trouvaient. Toutefois ces derniers devaient être remis aux consuls de leur nation, s'ils pouvaient prouver qu'ils n'avaient pris aucune part à la résistance des bâtiments capturés. Dès qu'un vaisseau armé en corsaire était arrivé de course, après avoir fait prise, on débarquait les esclaves et on les conduisait dans des salles voûtées, dépendantes du *Pachali*, et dites *la maison du roi*. Là, le dey en choisissait la huitième partie, et quelquefois la cinquième, pour être vendue au profit du corps de la milice.

Puis on procédait à une première vente, qui avait lieu de la manière suivante :

Les courtiers se promenaient par le marché,
l'un après l'autre, en proclamant à haute voix la
qualité, la profession, et le prix de chaque esclave.
Toutes les nations étaient admises à enchérir;
quand il ne se présentait plus d'enchérisseur, un
commis de la douane inscrivait sur un registre à
ce destiné, le nom du plus offrant et le prix qu'il
avait proposé.

Cette première vente n'était jamais poussée
bien haut, parce qu'il s'en faisait une seconde
dans le palais même du dey et en sa présence.
Chaque esclave y était de nouveau mis à l'encan
et délivré au dernier enchérisseur. Ces malheureux étaient ensuite employés aux travaux les
plus conformes à leurs aptitudes ou à la conve-
nance de leurs maîtres.

Le prix de la première enchère appartenait
aux propriétaires et à l'équipage du bâtiment qui
en avait fait la capture; tout ce qui excédait cette
somme, lors de la seconde vente, tournait au profit du gouvernement. Les acheteurs, qui savaient
que la livraison de l'esclave ne s'effectuait que
par la seconde enchère, s'empressaient peu de
faire des offres élevées; de sorte qu'il arrivait
souvent que la part revenant à la douane dépas-
sait celle qui était attribuée aux équipages des
corsaires. Ces criminels achats se faisaient expressément au comptant.

Sur le montant total des esclaves faits par un corsaire, et avant toute répartition, on prélevait les droits ci-après, savoir :

1° Dix pour cent pour la douane ;

2° Quinze piastres au profit du dey, pour le droit nommé le *caffetan du pacha* (la piastre algérienne valait seize francs) ;

3° Quatre piastres pour les secrétaires d'État ;

4° Sept piastres pour les capitaines du port.

Les marchands qui se livraient à ce trafic honteux cherchaient, par de belles paroles, à savoir des esclaves qu'ils avaient achetés, s'ils étaient de famille distinguée ou riche, et ce qu'ils présumaient qu'on pourrait payer pour leur rançon ; et pour vérifier l'exactitude de leur déclaration, ils examinaient leurs dents, les paumes de leurs mains, afin de juger par la délicatesse ou la dureté de leur peau, s'ils étaient gens de loisir ou habitués à des travaux grossiers. Ils observaient surtout ceux qui avaient les oreilles percées, d'où ils inféraient qu'ils n'étaient pas de classe inférieure, puisque étant enfants ils avaient porté des pendants d'oreilles. Ce genre de remarque, si elle prouvait leur cupidité, attestait aussi leur ignorance des usages des peuples européens, et elle devait fréquemment les tromper.

Saint Vincent de Paul, qui a été lui-même en captivité sur la terre d'Afrique, raconte ainsi les

détails de son esclavage, dans une lettre écrite
le 24 juillet 1607, à M. de Commet. J'ai copié
cette lettre dans l'intention d'être agréable à mon
excellente nièce.

« Je m'embarquai pour Narbonne pour y être
plus tôt et pour épargner, ou pour mieux dire,
pour n'y jamais être et pour tout perdre. Le vent
nous fut autant favorable ce jour-là pour nous
rendre à Narbonne, qui était faire cinquante
lieues, si Dieu n'eût permis que trois brigantins
turcs, qui côtoyaient le golfe de Lion pour attra-
per les barques qui venaient de Beaucaire, où il
y avait une foire que l'on estime être des plus
belles de la chrétienté, ne nous eussent donné la
chasse et attaqués si vivement, que deux ou trois
des nôtres étant tués et tout le reste blessé, et
même moi qui eus un coup de flèche qui me ser-
vira d'*horloge* (souvenir) tout le reste de ma vie,
n'eussions été contraints de nous rendre à ces fé-
lons. Les premiers éclats de leur rage furent de
hacher notre pilote en mille pièces, pour avoir
pendu un des principaux des leurs, outre quatre
ou cinq forçats que les nôtres tuèrent ; cela fait,
ils nous enchaînèrent, et, après nous avoir gros-
sièrement pansés, ils poursuivirent leur pointe,
faisant mille voleries, donnant néanmoins liberté
à ceux qui se rendaient sans combattre, après
les avoir volés ; et enfin, chargés de marchan-

dises, au bout de sept ou huit jours, ils prirent la route de Barbarie, tanière et spelonque de voleurs sans aveu du Grand-Turc, où, étant arrivés, ils nous exposèrent en vente, avec un procès-verbal de notre capture, qu'ils disaient avoir été faite dans un navire espagnol, parce que, sans ce mensonge, nous aurions été délivrés par le consul que le roi tient en ce lieu-là pour rendre libre le commerce aux Français. Leur procédure à notre vente fut qu'après qu'ils nous eurent dépouillés, ils nous donnèrent à chacun une paire de caleçons, un hoqueton de lin avec un bonnet, et nous promenèrent par la ville de Tunis, où ils étaient venus expressément pour nous vendre. Nous ayant fait faire cinq ou six tours par la ville, la chaîne au cou, ils nous ramenèrent au bateau, afin que les marchands vinssent voir qui pouvait bien manger et qui non, et pour montrer que nos plaies n'étaient point mortelles; cela fait, ils nous ramenèrent à la place, où les marchands nous vinrent visiter, tout de même que l'on fait à l'achat d'un cheval ou d'un bœuf, nous faisant ouvrir la bouche pour voir nos dents, palpant nos côtes et sondant nos plaies, et nous faisant cheminer le pas, trotter et courir, puis lever des fardeaux, et puis lutter pour voir la force d'un chacun, et mille autres sortes de brutalités. Je fus vendu à un pêcheur, qui fut contraint de se défaire bientôt de moi, pour n'avoir rien de si contraire que la mer ; et depuis, par le pêcheur, à un vieillard, médecin spagirique, souverain tireur de quintessences, homme fort humain et traitable, lequel, à ce qu'il me disait, avait travaillé l'espace de cinquante ans à la recherche de la pierre philosophale. Il m'aimait fort, et se plaisait à me discourir de l'alchimie, et puis de sa loi, à laquelle il faisait tous ses efforts de m'attirer, me promettant force richesses et tout son savoir. Dieu opéra toujours en moi une croyance de délivrance, par les assidues prières que je lui faisais, et à la Vierge Marie, par la seule intercession de laquelle je crois fermement avoir été délivré. L'espérance donc, et la ferme croyance que j'avais de vous revoir, Monsieur, me fit être plus attentif à m'instruire du moyen de guérir de la gravelle, en qnoi je lui voyais journellement faire des merveilles ; ce qu'il m'enseigna, et même me fit préparer et administrer les ingrédients..... Je fus donc avec ce vieillard depuis le mois de septembre 1605 jusqu'au mois d'août 1606, qu'il fut pris et mené au grand sultan, pour travailler pour lui, mais en vain, car il mourut de regret par les chemins. Il me laissa à un sien neveu, vrai anthropomorphite, qui me revendit bientôt après la mort de son oncle, parce qu'il ouït dire comme M. de Brèves, ambassadeur pour le roi en Turquie, venaient avec bonnes et expresses patentes du Grand-Turc, pour recouvrer tous les esclaves chrétiens. Un renégat de Nice en Savoie, ennemi de nature, m'acheta et m'emmena en son temat (ainsi s'appelle le bien que l'on tient comme métayer du Grand-Seigneur, car là le peuple n'a rien, tout est au sultan); le temat de celui-ci était dans la montagne, où le pays est extrêmement chaud et désert. L'une des trois femmes qu'il avait était Grecque chrétienne, mais schismatique; une autre était Turque, qui servit d'instrument à l'immense miséricorde de Dieu, pour retirer son mari de l'apostasie, et le remettre au giron de l'Église, et me délivrer de mon esclavage. Curieuse qu'elle était de savoir notre façon de vivre, elle me venait voir tous les jours aux champs, où je fossoyais, et un jour elle me commanda de chanter les louanges de mon Dieu. Le ressouvenir du *Quomodò cantabimus in terrá alienâ* des enfants d'Israël, captifs en Babylone, me fit commencer, la larme à l'œil, le psaume *Super flumina Babylonis*, et puis le *Salve Regina*, et plusieurs autres choses, en quoi elle prenait tant de plaisir, que c'était merveille. Elle ne manqua pas de dire à son mari, le soir, qu'il avait eu tort de quitter sa religion, qu'elle estimait extrêmement bonne, pour un récit que je lui avais fait de

notre Dieu et quelques louanges que j'avais chan-
tées en sa présence : en quoi elle disait avoir
ressenti un tel plaisir, qu'elle ne croyait point
que le paradis de ses pères et celui qu'elle espérait fût si glorieux, ni accompagné de tant de
joie, que le contentement qu'elle avait ressenti
pendant que je louais mon Dieu; concluant qu'il
y avait en cela quelque merveille. Cette femme,
comme un autre Caïphe, ou comme l'ânesse de
Balaam, fit tant par ses discours, que son mari
me dit dès le lendemain qu'il ne tenait qu'à une
commodité que nous ne nous sauvassions en
France; mais qu'il y donnerait tel remède que
dans peu de jours Dieu en serait loué. Ce peu de
jours dura dix mois qu'il m'entretint en cette espérance, au bout desquels nous nous sauvâmes
avec un petit esquif, et nous rendîmes le 28 juin
à Aigues-Mortes, et tôt après en Avignon, où
M. le vice-légat reçut publiquement le renégat,
avec la larme à l'œil et le sanglot au cœur, dans
l'église de Saint-Pierre, à l'honneur de Dieu et
édification des assistants.»

Les Français étaient ordinairement ceux que
l'on vendait à meilleur marché, parce qu'en général ils se disaient issus de parents pauvres.
D'un autre côté, les patrons craignaient toujours
que leur gouvernement, par quelque traité avec
le dey, n'obtînt leur liberté pour le prix d'achat.

Les Italiens étaient à peu près sur le même pied que les Français, parce que les rachats étaient plus rares pour eux. Mais les fiers Espagnols préféraient demeurer plus longtemps esclaves et même mourir, que d'avouer qu'ils appartenaient à des parents sans fortune, n'ayant pas le moyen de venir à leur secours.

Lorsqu'on voulait racheter un esclave, voici la marche qu'on suivait. On faisait parler à son patron par le trucheman de la nation, qui traitait avec lui du prix de ce rachat. Après que le payement était effectué, on se rendait auprès du *cadi*, magistrat civil, pour faire donner *carte franche* à l'esclave; c'était un bulletin constatant le nom, le surnom, la patrie, la taille, la couleur des cheveux, les marques du corps ou du visage, en un mot, le détail de tout ce qui pouvait le signaler. Une fois cette formalité remplie, il fallait payer le droit des portes de la ville, sans quoi il n'aurait pu sortir; ce droit était proportionné au prix d'achat. Il était de cinquante piastres pour les cent premières qu'il avait coûté, et de dix piastres pour chacune des autres centaines en sus : de sorte qu'il fallait payer cinquante piastres pour cent; soixante pour deux cents, soixante-dix pour trois cents, et ainsi de suite. Ce droit était perçu au profit du divan, qui n'en faisait grâce à personne. Si un patron accordait la liberté gratis à son esclave, le dey ne lui permettait pas de s'embarquer qu'il n'eût acquitté le droit des portes, sur le pied de l'estimation. La seule courtoisie qu'on pût en attendre parfois, consistait à n'être soumis qu'au droit fixe de cinquante piastres. Les esclaves du gouvernement que l'on rachetait payaient dix-sept piastres au gardien Bachi, pour les portes du bagne, outre le prix débattu du rachat.

Une autre espèce de piraterie, qui s'exerçait sur les côtes de l'Algérie, était l'usage inhumain de piller les vaisseaux qui y faisaient naufrage et de rendre esclaves les malheureux navigateurs. Au bruit de ces sinistres, les Arabes descendaient en foule de leurs montagnes et se saisissaient de tout ce qui se présentait. Seulement, lorsque les vaisseaux naufragés étaient turcs, ils renvoyaient les hommes, et leur laissaient de quoi subsister jusqu'au premier endroit où l'on présumait qu'ils pourraient trouver quelque secours. Mais les chrétiens, catholiques ou grecs, et les juifs devenaient esclaves, quand bien même la régence d'Alger aurait été en paix avec leurs souverains respectifs. Cet usage avait acquis dans l'opinion une autorité supérieure à celle des traités les plus solennels, et c'était toujours en vain que, dans ces cas, le dey interposait son autorité en faveur de ses alliés. Les déprédateurs s'obstinaient toujours à réclamer le prétendu droit naturel de dépouiller et de mettre aux fers ceux que la fureur des flots avait épargnés.

Vous frémissez, mes chers amis, en songeant quel devait être le désespoir de tant de victimes, ainsi ignominieusement vendues à l'encan comme des marchandises, et livrées à des maîtres stupidement rapaces, spéculant sur les bénéfices honteux des rançons qu'ils espéraient obtenir des familles éplorées, la plupart du temps dans l'impuissance de les payer!.... Ici, nous retrouvons encore la religion, cette mère tendre dont l'inépuisable sollicitude venait en aide à ceux de ses enfants que la misère de leurs parents selon la chair aurait forcément condamnés à mourir dans les fers.

Parmi les dévouements sublimes qu'elle a inspirés dans tous les temps, je me bornerai à un petit nombre d'exemples qui vous intéresseront d'autant plus que ceux dont je fais choix ont été donnés par des concitoyens, par des Français.

Pour observer l'ordre des époques, je commence par le grand saint Paulin, né à Bordeaux, d'une famille consulaire, vers le milieu du quatrième siècle; il eut pour maître de poésie et d'éloquence le célèbre poëte latin Ausone, de la même ville, et précepteur de l'empereur Gra-

tien ; savant et d'un esprit élevé, il fit l'admiration de son siècle, et eut l'honneur d'avoir
pour panégyristes saint Sulpice Sévère, saint
Ambroise, saint Augustin, saint Jérôme, saint
Eucher, saint Grégoire de Tours, saint Sidoine
Apollinaire, Cassiodore, ministre du roi Théo-
doric, et d'autres grands hommes, la plupart
ses contemporains.

Devenu évêque de Nola (royaume de Naples),
Paulin ne vit, dans les honneurs de l'épiscopat,
qu'un motif de plus de pratiquer l'humilité et
la charité, deux vertus qui d'ailleurs dirigèrent
toujours les actions de toute sa vie. Il poussa si
loin l'amour de son prochain et l'abnégation de
soi-même, qu'une pauvre veuve lui ayant demandé des secours pécuniaires pour racheter
son fils, esclave du gendre du roi des Vandales,
et se trouvant sans ressources, parce qu'il s'é-
puisait en aumônes et en bienfaits, il s'offrit de
remplacer le captif, et, après avoir fait les dispositions nécessaires pour que l'administration
de son diocèse ne souffrît pas trop de son absence, il partit avec cette femme pour l'Afrique.....

Voici comment saint Grégoire le Grand rapporte ce trait d'admirable charité, dans le livre
troisième de ses Dialogues.

« La partie de l'Italie connue sous le nom de

Campanie ayant été ravagée par les Vandales, et un grand nombre de ses habitants emmenés sur la terre d'Afrique, Paulin, homme de Dieu, distribua aux captifs et aux indigents tout ce qu'il pouvait avoir à l'usage même de son ministère épiscopal. Déjà il ne lui restait absolument rien qu'il pût donner, lorsqu'une veuve se présenta, lui exposant que le gendre du roi des Vandales avait emmené son fils en esclavage, et suppliant l'homme de Dieu de lui payer sa rançon, si toutefois son maître daignait l'accepter et permettre à son fils de regagner ses foyers. Mais l'homme de Dieu, cherchant ce qu'il pourrait donner à cette femme qui le sollicitait vivement, ne trouva rien chez lui que lui-même, et répondant à la mère en pleurs :

« Femme, dit-il, je n'ai rien à vous donner, « mais prenez ma propre personne, regardez-« moi comme vous appartenant, et, pour re-« couvrer votre fils, livrez-moi à sa place. »

« Dans ces paroles sorties de la bouche d'un tel homme, elle s'imagina qu'il y avait plus de moquerie que de pitié; mais comme Paulin était très-éloquent, il persuada vite cette femme qui n'osait le croire. Ils se dirigèrent donc ensemble vers l'Afrique, et là, attendant au passage le gendre du roi qui était possesseur de son fils, la pauvre veuve le supplia d'abord de le rendre à son amour. Mais le barbare, enflé d'orgueil, refusa même de l'entendre. Alors la veuve ajouta : « Voici un homme que je vous offre pour le « remplacer, soyez donc assez compatissant pour « me rendre mon fils unique. »

« Le Vandale, voyant un si bel homme, lui demanda quel métier il savait. L'homme de Dieu répondit : « Je ne sais aucun métier, mais je « puis bien cultiver un jardin. » Le Vandale fut content, et, l'acceptant en échange, il remit en liberté le fils de la veuve, qui repartit d'Afrique avec lui.

« Paulin se mit donc au jardinage. Le gendre du roi venait souvent le visiter, dans ses promenades, et, trouvant dans sa conversation un charme irrésistible, il commença à délaisser ses amis.

« Paulin avait coutume de porter tous les jours des légumes à la table de son maître, et de retourner à son travail après avoir reçu un morceau de pain.

« Un jour il dit à son maître : « Voyez ce que « vous avez à faire dans l'intérêt du trône, parce « que le roi va bientôt mourir. » Comme le roi et son gendre étaient fort amis, celui-ci n'hésita pas à lui apprendre ce que lui avait dit son jardinier, dont la sagesse était grande. Le roi répondit aussitôt : « Je veux voir cet homme dont

« tu me parles, » et le maître du vénérable
Paulin repartit : « A tous mes repas, il a l'habi-
« tude de me servir des légumes; venez donc,
« si vous voulez connaître celui qui m'a parlé
« de la sorte. »

« Et le roi s'étant mis à table pour dîner,
Paulin arriva, apportant des légumes et des
verdures.

« Le roi, l'ayant subitement aperçu, trembla
et dit à son gendre : « Ce qu'il t'a dit est vrai ,
« car, cette nuit, en songe, j'ai vu des juges assis
« sur leur tribunal pour me juger , et parmi
« eux siégeait cet homme, et ils me faisaient en-
« lever le sceptre. Mais informe-toi qui il est,
« car je ne pense pas qu'un personnage de ce
« mérite soit un homme du peuple. »

« Alors le gendre du roi prit Paulin en particulier , et le questionna sur sa condition.
L'homme de Dieu lui répondit : « Je suis votre
« esclave , celui que vous avez accepté pour
« remplacer le fils de la veuve. » Et comme le
Vandale insistait vivement pour savoir, non
pas ce qu'il était, mais ce qu'il avait été dans
son pays, l'accablant de questions pressantes,
l'homme de Dieu, ne pouvant plus rien dégui-
ser, déclara qu'il était évêque.

« A cet aveu, le Vandale, saisi de crainte,
lui dit humblement : « Demandez ce que vous

« voudrez, et retournez dans votre patrie chargé
« de nos présents.

« — Il n'est qu'un bienfait que vous puissiez
« m'accorder, reprit l'homme du Seigneur,
« c'est de relâcher tous les esclaves de mon
« diocèse. »

« Le gendre du roi les fit aussitôt chercher sur
toute la terre d'Afrique, et ils furent renvoyés,
en compagnie du vénérable Paulin, sur des
vaisseaux chargés de blé.

« Peu de jours après, le roi des Vandales
mourut, et il arriva ainsi que le serviteur du
Dieu tout-puissant, après s'être rendu volontairement esclave pour un temps, à l'exemple
de son divin maître, recouvra la liberté avec un
grand nombre des siens. »

Saint Grégoire ajoute qu'il tient ce trait d'anciens dignes de foi, et qu'il le croit comme s'il
l'avait vu de ses yeux.

Je vous ai dit, mon cher Gustave, que la piraterie des Algériens datait de la fin du quinzième
siècle; mais il est certain que cette criminelle
industrie était bien avant eux exercée par les
musulmans de Maroc et de Tunis, et que, si
elle avait chez ces derniers un caractère un peu
moins impitoyable dans sa forme, elle était au
fond tout aussi intéressée. Vous allez en juger.

Un saint prêtre, né vers l'an 1152 dans un

château de la Haute-Provence, aux environs de Barcelonette, conçut la généreuse résolution de travailler à racheter les chrétiens qui gémissaient dans les fers des Africains, le jour même où, après avoir reçu les ordres sacrés, il célébra pour la première fois l'auguste sacrifice de la messe, préoccupé qu'il était constamment de leur triste sort. Cette pensée d'affranchissement temporel, associée pour ainsi dire au gage ineffable et mystérieux du salut spirituel des hommes, ne pouvait demeurer stérile. Jean de Matha, à l'âme ardente, au cœur aimant et sensible, fit aisément partager son enthousiasme à Félix de Valois, vénérable ermite du diocèse de Meaux; ils partirent donc pour Rome, vers l'an 1197, dans l'intention de soumettre au souverain pontife le projet d'un Ordre de la *Sainte-Trinité*, pour la rédemption des captifs. Le pape Innocent III, informé de ce pieux dessein, par l'évêque de Paris, les accueillit avec une touchante bienveillance. Il chargea ce prélat et l'abbé de Saint-Victor de rédiger les statuts régulateurs, dont un article porte que les frères réserveront la troisième partie de leurs biens pour le rachat des esclaves chrétiens. Ces statuts furent approuvés par une bulle du 21 décembre de l'an 1198. Sa Sainteté voulut que les nouveaux religieux portassent un habit blanc, avec une croix rouge sur la poitrine. Au retour en France des deux saints amis, le roi Philippe-Auguste et plusieurs seigneurs favorisèrent, par leurs libéralités, l'établissement d'un monastère dans la Brie, lequel passa depuis pour le chef-lieu de l'ordre des Trinitaires. Quarante ans après, cet Ordre avait déjà six cents maisons : tant ses progrès furent rapides, tant fut grande la sympathie que le but de cette respectable institution trouva dans l'opinion de la France chrétienne.

Ces bienfaiteurs de l'humanité, ayant recueilli des sommes considérables, se rendirent à Maroc et à Tunis, où ils rachetèrent, dans la première de ces villes, cent quatre-vingt-six esclaves, et cent dix dans l'autre. Ils délivrèrent aussi un nombre considérable de ceux que les Maures d'Espagne retenaient captifs ou à titre d'otages.

En l'an 1210, Jean de Matha fit seul un second voyage à Tunis, et y obtint la liberté de cent vingt chrétiens. Ce fut par cette belle action qu'il couronna sa sainte vie, car il revint aussitôt à Rome, où il succomba sous le poids de ses travaux et de ses austérités, en 1213, âgé de soixante-un ans.

Le monastère de Paris fut bâti sur l'emplacement d'une chapelle dédiée sous l'invocation de saint Mathurin, et c'est de là qu'est venu en

France le nom des *Mathurins* donné aux *Trini-taires*. Le bienheureux Félix de Valois en eut la direction.

Qu'elle est sublime la religion qui fait surmonter tous les obstacles, qui fait braver tous les périls, toutes les misères pour soulager ceux qui souffrent, pour rendre à la liberté ceux qui sont dans les fers! Ah! mes chers amis, quand on étudie l'histoire des saints héros qui ont été animés du feu sacré de l'amour de leurs semblables, et qu'elle a produits en si grand nombre, on est glorieux de pouvoir se dire : Et moi aussi je suis chrétien!.....

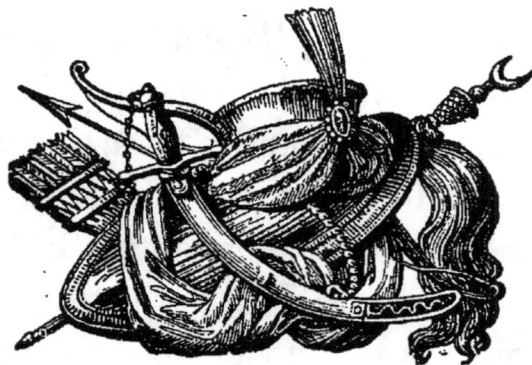

Lettre Dixième.

A GUSTAVE.

Bélida, septembre 1833.

Je crois vous avoir déjà dit, mon cher Gustave, dans ma lettre relative à la piraterie et à l'esclavage, que la navigation des Algériens se réduisait à peu près à la course, et leur commerce maritime à la vente des prises, c'est-à-dire des esclaves, des marchandises, et des bâtiments capturés. Cela est vrai, et je le maintiens en me fondant sur des faits bien connus, et dont la parfaite exactitude ne saurait être mise en question.

Toutefois, les termes par lesquels je me suis exprimé, n'ayant pas un sens absolu et rigoureux, laissaient à désirer par là même quelques explications, ou paraissaient les rendre nécessaires. Ces explications vont donc être l'objet de notre entretien d'aujourd'hui, qui roulera sur le sol algérien, considéré dans ses productions de toute espèce, sur ses manufactures et son industrie locale, sur son commerce d'échange par voie d'importation et d'exportation, sa navigation, les poids et mesures qui étaient et qui sont encore en usage dans la Régence, les différentes monnaies qui y ont cours, son ancien système d'impôt, les revenus de son fisc, et la population.

Ces matières semblent peu susceptibles d'exciter votre curiosité, à l'âge où vous êtes encore; mais je connais assez la tournure sérieuse de votre esprit pour croire qu'en les mettant à votre portée, vous me saurez gré d'étendre ainsi le cercle des connaissances solides que vous vous montrez si jaloux d'acquérir.

Le sol de l'Algérie est d'une culture facile par sa nature; une paire de bœufs ordinaires peut sans peine labourer un arpent par jour, même dans les fonds les plus forts, et il est presque partout également fertile. Cependant les parties montagneuses et les terres reculées le sont moins que celles du nord, à cause de l'excessive chaleur qui brûle et dessèche la surface.

Le royaume ou régence d'Alger produit beaucoup de blé, principalement dans les environs de Bougie et de Médéa, et dans la riche plaine de la Métidja.

Les meilleurs blés de l'Algérie viennent dans la province de Tlemcen, surtout le murwaani, espèce de froment qui croît aux environs de Médéa, dans la province même d'Alger. Les autres productions sont l'orge, les fèves, l'escayole, espèce de millet, et autres graines. Le vin, l'huile, la cire, le miel, les plumes d'autruches, divers fruits, dont quelques-uns, tels que les figues, les dattes, et les raisins, sont un objet d'exportation, c'est-à-dire sont expédiés hors de l'Algérie.

Les vignes sont fort belles; il y en a dont les ceps vigoureux s'enlacent dans les branches des plus grands arbres, et, se joignant à celles d'arbres voisins, forment de la sorte des berceaux naturels, à l'ombrage desquels les Arabes vont se reposer sur des tapis de Smyrne ou sur des hikes, et y savourer les délices de la fumée du *narguillé,* du maryland, ou du makouba. Dans certains cantons, les souches des vignes sont tellement fortes, qu'un homme peut à peine en embrasser la circonférence.

Ce furent les Maures chassés de Grenade par les Espagnols, vers la fin du quinzième siècle, qui introduisirent la culture de la vigne dans la Régence. Avant eux, les Algériens, plus scrupuleux observateurs du Koran, avaient une espèce d'aversion pour cette plante, dont le fruit produit une liqueur proscrite par le prophète de la Mecque; ils arrachaient tous les ceps que les chrétiens avaient plantés en certaines localités, pour consacrer le terrain à d'autres cultures.

Certains auteurs prétendent que le vin d'Alger, avant les ravages que firent les sauterelles pendant les années 1723 et 1724, pouvait être comparé à celui des meilleurs crus de l'Hermitage; mais il a, dit-on, bien dégénéré depuis, quoique, selon l'opinion de quelques gourmets européens, il soit encore d'une qualité égale aux bons vins d'Espagne et de Portugal.

Les Européens exportaient annuellement plus de dix mille tonneaux d'huile commune, dont une grande partie à Marseille, qui l'emploie surtout dans ses fabriques de savon, et qui en tire bien davantage de Tunis, où elle est plus abondante.

Le miel et la cire sont une des productions les

plus considérables; les ruches sont sans nombre; aussi les bougies d'Alger rivalisent-elles avec les bougies de la ville de ce nom, où elles furent inventées.

Il y a aussi quelques salines. Dans la province de Tlemcen, celle d'Arzew; dans la province de Constantine, celle de Lutaia, et quelques lacs salés; dans la province d'Alger, celle d'El-Shot.

On fabrique, dans les manufactures de l'Algérie :

1° Des étoffes légères, propres au climat, et que l'on exporte surtout en Égypte ;

2° Des velours en petite quantité, destinés pour le Levant ;

3° Des ceintures de laine ou *tajolet*, qui ont la même destination ;

4° Des ceintures de soie à l'usage des Turcs ;

5° Des bonnets ou calottes rouges, façon de Tunis, qui se débitent sur les lieux ;

6° Des savons, dont une partie est expédiée à Maroc.

Les Arabes et les Kabyles habitant l'intérieur font aussi des *hykes* (c'est ainsi, je vous l'ai dit, qu'on appelle les couvertures de laine) et des tissus de poils de chèvre, dont on couvre les tentes. Il n'y a que les femmes qui soient appliquées à ce genre de tissage. Elles ne se servent point de navettes, mais leurs doigts conduisent chaque fil de la trame avec une agilité et une adresse merveilleuses. Les *hykes* sont presque le seul vêtement des Kabyles et des Arabes de la campagne pendant le jour; pendant la nuit ils en couvrent leur lit, comme vous devez vous en souvenir.

Les burnous ou bournous, dont vous avez pu vous faire une idée à Paris, mon cher Gustave, tiennent lieu de manteaux, et les remplacent quant à l'usage. Ils se fabriquent dans la plupart des villages arabes et dans plusieurs villes.

En général, les objets manufacturés dont je viens de parler sont consommés dans le pays. Quant aux tissus de toile et de soie, le peu qui s'en fabrique est bien loin de suffire aux besoins des habitants.... Ce sont les Européens qui y pourvoient.

Tels sont les produits du sol et de l'industrie en Algérie.

Les premiers pourraient être centuplés, et nul doute que, si le sol riche et fécond pouvait recevoir en toute sécurité les soins et la culture de nos colons intelligents, cet heureux résultat serait facilement obtenu. A l'égard de l'industrie, elle y est presque nulle, comme il est facile de le conclure de ce que je viens d'en dire. Mais elle pourra y être développée avec d'immenses avantages et sur une très-grande échelle, lorsque

tous les doutes sur la conservation de notre conquête auront cessé, car alors seulement les capi-
taux y afflueront.

Je n'ai pas besoin de vous faire remarquer que
le commerce d'exportation des Algériens et leurs
relations maritimes sont, par la même raison,
presque insignifiants, et il ne paraît pas qu'ils
aient jamais été plus florissants, puisqu'il est vrai
d'ailleurs que tous les mouvements d'exportation
et d'importation auxquels la Régence donnait lieu
étaient pratiqués par des bâtiments européens.

Chaque espèce de marchandise a ses poids et
mesures spéciaux.

Le quintal le plus commun, de 100 livres algériennes, est égal à 106 livres de 16 onces,
poids de marc. L'unité de ce quintal est par conséquent de 1 livre 7 gros 5 grains, ou 516
grammes 161 milligrammes.

Il y a une autre livre algérienne. Celle-ci étant
plus forte, dans la proportion ci-dessus indiquée,
que la livre, poids de marc, est un peu moins
de 15 onces de ce dernier. C'est la livre avec
laquelle on pèse le thé, le chocolat et autres articles du même genre.

On reconnaît aussi, dans l'usage, une livre de
25 onces algériennes, pour les dattes, les raisins
et les fruits secs, et qui répond à nos 28 onces, plus environ un demi-gros, poids de marc.

Les grains s'achètent au poids, qui varie selon les lieux.

Une mesure de grains de la ville d'Alger, appelée *caffiro*, vaut 448 livres environ, poids de marc.

Celle des autres lieux de la côte n'est pas tout à fait la même. Dans un grand nombre de localités, il y en a une qui pèse 343 livres, poids de marc; d'autres moindres de quelques livres, et quelques-unes de 350 à 360, toujours poids de marc. Ces différences causent quelquefois des contestations entre les acheteurs d'un lieu et les vendeurs d'un autre.

La mesure de capacité pour les liquides, et spécialement pour les huiles, est un peu inférieure à 29 livres, poids de marc. Il en faut quatre et demie pour composer la millerolle de Marseille, qui pèse 130 livres, toujours poids de marc.

Les draps et les toiles sont mesurés au *pic* turc, lequel est de 2 pieds 2 pouces 3 lignes de l'aune de Paris, ou 708 millimètres.

Les étoffes d'or, d'argent et de soie se vendent au *pic* arabe usuel, dont trois ne font que deux du pic turc.

Autrefois il n'y avait que les Maures et les Juifs qui se livrassent au commerce de détail; aussi les punissait-on de mort lorsqu'ils étaient surpris vendant à faux poids ou à fausse mesure ; ou du moins ils se considéraient comme très-heureux d'en être quittes pour une forte amende pécuniaire.

On ne connaît pas de mesure agraire ni itinéraire à Alger, on compte les distances à l'heure.

La première et la plus infime des anciennes monnaies réelles d'Alger, celle qui servait d'élément à toutes les évaluations monétaires, était l'aspre d'argent. Elle équivalait à cinq deniers de France, ou environ deux centimes et un quart.

Le temin, qui a cessé d'être en usage, était évalué à 29 aspres, ou 65 centimes.

Le demi-temin, appelé *carohah*, valait 14 aspres, ou 31 centimes.

Après l'aspre, considéré comme monnaie réelle, les autres monnaies réelles et courantes d'Alger sont de trois sortes : les nationales et les monnaies turques et de Barbarie, et les monnaies d'Europe.

Les monnaies nationales, fabriquées à Alger, sont :

1° Le sequin d'or, évalué 8 pataques et demie, ou 68 temins, ou 1,272 aspres, soit 28 francs 56 centimes environ. Puis des demi-sequins ou 14 francs 28 centimes ; des quarts de sequin, ou 7 francs 14 centimes.

2° Le sequin zechmaboul ou turc, qui vaut

6 pataques et 6 temins, c'est-à-dire 1,566 aspres, ou 35 francs 24 centimes, lequel a aussi ses demi-sequins de 17 francs 42 centimes, ses quarts de sequin de 8 francs 21 centimes.

3° Les sustimanims de 465 aspres, ou 10 fr. 50 centimes.

4° Des pataques-gourdes ou piastres algériennes, monnaies d'argent, dites autrement piastres coupées au poids d'Alger, valant 3 pataques-chiques ou 24 temins, ou 696 aspres, ou près de 16 francs.

Il y a aussi des demi-piastres, des quarts de piastre et des huitièmes de piastre.

Les monnaies turques et barbaresques sont : la sustanine de Maroc, qui vaut 465 aspres, ou 10 francs 50 centimes;

La piastre de Tunis, valant 153 aspres, ou 3 francs 40 centimes.

Toutes les monnaies européennes sont reçues dans le commerce à Alger.

Monnaies modernes de l'Algérie.

f. c.

EN OR.
Sequin soltani nouveau (sous Mahmoud II, de 1807 à 1829). 8 89
Nons soltani nouveau, ou 1[2 soltani. 4 44 9
Robaâ soltani nouveau, ou 1[4 soltani. 2 22 45

EN ARGENT.
Zoudi boudjou, ou double boudjou à 48 mouzonnes, de 1820 à 1829. . . . . 3 72 3
Rial boudjou, ou royal boudjou à 24 mouzonnes. 1 88 3
Rial boudjou, ou royal boudjou, de 1829. . . . 1 80 5
Rebia boudjou, ou 1[4 de boudjou à 6 mouzonnes, appelé piécette. 0 47 1
Temin boudjou, ou 1[8 de boudjou à 3 mouzonnes. 0 22 9
Pataca chica (pataques-chiques) neuve, ou 1[3 de boudjou à 8 mouzonnes. 0 57 8
Demi-patata chica, ou 1[6 de boudjou à 4 mouzonnes 0 28 90
Autre pataca chica, ou 1[3 de boudjou, de 1787 à 1820 . . . . 0 61 13
Quaroub, ou 1[2 mouzonne. 0 03 87
Chica, ou 5[29 mouzonne. 0 01 34

Les revenus publics de la régence d'Alger étaient de deux sortes : les fixes et les casuels.

Les premiers consistaient dans le tribut que payaient les Juifs, et les taxes qu'on levait sur les Maures et les Arabes, à proportion de leurs facultés présumées.

Les revenus casuels consistaient dans les amendes, les exactions, les produits des prises de la piraterie, et quelques autres que je noterai plus bas.

L'appréciation exacte de cette partie de l'économie financière de l'ancien gouvernement algérien est difficile, à raison de la nature et de la forme de perception qu'on employait. Les détails que je vous donne m'ont été fournis par un négociant provençal établi à Alger depuis plus de trente ans. Il a bien voulu me les communiquer, en me faisant observer toutefois que ses calculs n'avaient pas un caractère de certitude rigoureux ; mais qu'ils étaient aussi approximatifs que les difficultés de se procurer ces sortes de renseignements aux sources pouvaient le permettre.

Les droits sur les prises variaient beaucoup, ainsi que le produit des taxes sur le blé, l'orge, les chevaux, les mulets, les chameaux, etc.

Une autre cause de l'incertitude dans la quotité des revenus publics venait des banqueroutes que les beys, ou commandants de provinces, faisaient quelquefois au fisc. Occupés de leur fortune, ils ne versaient pas toujours l'intégralité de leur recette dans les caisses de la trésorerie.

Dans ce cas, ils envoyaient clandestinement le surplus en pays éloigné, et fuyaient bientôt eux-mêmes.

Voici les calculs approximatifs du négociant dont je vous ai parlé, sur les revenus publics d'Alger, et qu'il considère comme une sorte de

chiffre moyen annuel, réparti de la manière suivante :

	Piastres courantes.
Revenus fixes du gouvernement du Levant.	120,000
» » du gouvernement de l'Ouest.	100,000
» » du gouvernement du Sud.	50,000
Levées sur les kaïtes des tribus indépendantes	50,000
Taxes sur les Juifs.	12,000
» sur les boutiques	10,000
» sur le produit des terres.	12,000
Droits sur les marchandises étrangères.	12,000
Ferme des droits sur les cires et sur les cuirs.	12,000
Droits sur les marchandises importées	30,000
» sur celles exportées	15,000
» sur le sel.	6,000
Droits payés par les émirs.	6,000
» » par le mézonard	2,000
» » par le capitaine du port de l'ancrage	1,000
Tribut de la compagnie du Bastion de France	1,400
Vente de différents emplois	2,000

REVENUS CASUELS.

Droits levés par le prêtre Melzi, ou receveur des amendes. .	60,000
Droits des prises, année commune	100,000
Produit de la vente et des rançons des esclaves du gouverne- ment avec les droits sur les rançons particulières	50,000
Exactions.	20,000
Total	671,400

Laquelle somme, supputée en monnaie de
France, équivaut à 3,057,000 francs.

Dans ce calcul ne sont point compris les produits des biens de ceux qui mouraient sans enfants, les exactions ou taxes arbitraires sur les
tribus nomades éloignées, qui, bien que peu ré-

gulières et difficiles à recouvrer, n'en offraient
pas moins des ressources quelconques au fisc algérien.

Au reste, ce chiffre des rentrées annuelles du
trésor algérien paraît d'autant plus approcher
de la réalité, que le budget du dey pour 1822
présentait en recettes avouées 434,800 piastres
courantes, ou 2,174,000 francs. La différence en
moins s'expliquerait par l'avarice de Hussein-
Dey, qui depuis longtemps mettait en réserve
des sommes considérables dont il ne se dessaisis-
sait pas, quand bien même les besoins de l'administration publique l'eussent exigé ; et ce qui le
prouve, c'est que la France a trouvé dans les
caisses de son trésor particulier une épargne qui
a été officiellement évaluée à 47,639,000 francs
84 centimes, tant en espèces qu'en matières d'or
et d'argent.

Le commerce français, provenant de la pêche
exclusive du corail, était matériellement protégé
par trois établissements militaires occupant trois
forteresses qui nous appartenaient, ainsi qu'une
portion du littoral affecté à chacun d'eux ; savoir,
le *Bastion de France*, celui de la *Calle* et le
poste du *Moulin*. La redevance que la France
payait pour cette concession avait été fixée par
le traité du Bastion de France, de l'an 1694,
à 17,000 livres ; elle fut portée à 60,000 par un

second traité de 1770, et à 200,000 francs par celui de 1817.

Dans le dix-septième siècle, les établissements protecteurs de notre commerce étaient plus nombreux : outre ceux que j'ai déjà mentionnés, la France avait encore les trois forts dits du *Cap-Roux*, du *Cap-Rose* et du *Cap-Nègre*; mais, antérieurement à 1798, ils avaient tous été tellement négligés, qu'avant notre grande expédition, il n'y avait plus que le poste du *Moulin* et celui de la *Calle*, qui eussent une faible garnison régulière de deux à trois cents hommes. Malgré leur peu d'importance sous le rapport militaire, ces établissements étaient utiles pour protéger notre commerce.

En 1825, la pêche du corail y employa cent quatre-vingt-trois bâtiments, du port de dix-sept cent quatre-vingt-onze tonneaux, et montés par dix-neuf cent quatre-vingt-six hommes d'équipage; le produit en fut de 25,985 kilogrammes, évalués sur les lieux à 1,812,450 francs, et qui, travaillés, devaient représenter ensuite une valeur de près de cent millions. La presque totalité de ces bâtiments étaient italiens ; mais tous payaient une redevance à la France.

En 1827, le poste du Moulin et celui de la Calle furent entièrement détruits par les troupes du dey dépossédé, après le départ de M. Duval, consul de France, qui avait reçu l'ordre de quitter Alger.

Il me reste, mon cher Gustave, à vous faire connaître la population de l'Algérie, d'après les renseignements qu'on m'a donnés ici, et que je crois d'autant plus exacts, qu'ils ont un caractère semi-officiel, ayant été publiés dans le Journal des sciences militaires ; en voici le tableau :

Maures et Arabes, cultivateurs et ouvriers...	1,200,000
Arabes indépendants	400,000
Berbères ou Kabyles.	200,000
Juifs. . . , ...	30,000
Turcs et renégats.	20,000
Koulouglis.	20,000
Total de la population en Algérie.	1,870,000

Vous remarquerez, mon cher Gustave, qu'il n'est ici question que de la circonscription de la Régence, que du territoire algérien.

Voilà des notes stastistiques qui pourront vous servir plus tard à comparer l'ancienne situation de l'Algérie, sous le double rapport de ses produits agricoles et de son commerce, avec l'état beaucoup plus prospère auquel cet admirable pays doit nécessairement parvenir entre nos mains.

Lettre Onzième.

BOUGIE. — KABYLES. — MAURES. — ARABES. — BÉDOUINS. — MOZABITES. — BISCARRES. — CAUSES DE L'EXPÉDITION D'ALGER.

Bougie, juillet 1834.

Me voici bien en retard avec vous, mes chers amis; depuis près d'un an j'ai suspendu notre correspondance historique. J'ai cependant écrit souvent à mon frère, mais il s'agissait toujours d'affaires pressantes, et je n'avais dans chaque lettre qu'une toute petite place à vous donner, tant il fallait consacrer de lignes et de pages à la discussion de plusieurs points d'un haut intérêt pour toute notre famille. Grâce aux soins et aux lumières de votre père, nous avons anéanti de folles prétentions; nous avons obtenu justice, et Dieu en soit loué !

Je puis donc maintenant reprendre le fil de notre histoire et vous apprendre quelles causes amenèrent l'expédition de 1830 contre la ville d'Alger.

Je crois devoir vous faire connaître auparavant la ville de Bougie, où je me trouve maintenant. Elle est située à moitié chemin à peu près d'Alger à Bône, à 36° 45 de latitude nord, et 9° 24 de longitude. Elle possède le meilleur port de la côte, et était autrefois le principal dépôt naval de la Régence. Cachée derrière des rocs élevés qui protégent sa rade, elle s'élève sur un amphithéâtre escarpé, en face de la mer; les indigènes l'ont abandonnée, et elle n'offre que des ruines. Au sud-ouest, on aperçoit le Gouraïa, monticule de treize cent huit mètres de hauteur, sur lequel est bâti un château fort occupé par nos troupes.

Bougie, vous vous le rappelez, mon cher Gustave, a été possédée par les Espagnols pendant un assez long espace de temps; vous savez aussi que Sala, souverain d'Alger, s'en rendit maître en 1555. Il était venu l'assiéger avec une armée que les historiens font monter à trente-trois mille hommes. Don Alonzo de Peralte qui y commandait alors, se voyant sur le point de succomber, capitula pour sauver la vie à la garnison et aux habitants, et pour obtenir, s'il était possible, leur liberté. Mais dès que Sala eut pris possession de la place, il nia, dit-on, la parole qu'il avait donnée, et n'accorda la liberté qu'à Peralte et à un certain nombre de soldats. A son arrivée en Espagne, ce général malheureux, et qui, peut-être n'avait cédé qu'à un mouvement d'humanité, excita à un si haut point la colère du roi, qu'il fut condamné à avoir la tête tranchée sur la place de Valladolid.

A l'est et au pied de Bougie, on voit se dessiner une petite plaine, dominée par des forts qui l'environnent, et fécondée par une petite rivière. Cette plaine peut passer pour le jardin de la ville, aux portes de laquelle elle se trouve ; cependant nous ne nous y sommes pas encore installés, et chaque fois que nous y faisons une descente, les Kabyles nous forcent à la retraite. Ces barbares sont les plus belliqueux et les plus indomptables de toute la Régence : ils ont des fabriques d'armes sur une montagne voisine appelée *Flissa*, et les Turcs n'avaient jamais pu s'en emparer. Aussi ces lieux servaient-ils de refuge aux personnages disgraciés, qui redoutaient le poison ou le lacet, et qui y trouvaient un asile impénétrable. Nous restons donc enfermés dans la ville.

Les Kabyles ou Cabaïles, qui donnaient ainsi asile aux Turcs poursuivis par la colère des deys, seront longtemps nos ennemis. Ce sont des peuples impatients de toute espèce d'autorité étrangère, et n'obéissant qu'à leurs propres chefs. Originaires du mont Atlas, ils se rattachent vraisemblablement aux Gétules et aux Libyens, premiers habitants de cette partie de l'Afrique. Ils parlent la langue *berbère*, qui est complètement distincte de toutes les autres langues de l'Afrique. Leur nom de Kabyles, venant du mot arabe *kabylet*, qui signifie *tribu*, fait assez connaître leur situation politique, car ils n'ont d'autre séjour que les montagnes, occupant toutes les branches de l'Atlas qui courent à l'est. Ils ont des villages formés de huttes de terre et d'osier. Leurs chefs sont choisis parmi les principales familles; mais leur autorité est très-limitée.

Les Kabyles sont robustes, actifs, infatigables dans les combats et souvent féroces. Ils sont aussi pleins d'intelligence. L'agriculture et leurs troupeaux les nourrissent. Ils fabriquent beaucoup de tissus de laine pour leur usage, et l'on doit à leur travail presque toute l'huile qui se consomme dans la Régence. Ils exploitent les mines de fer qui se trouvent dans leurs montagnes, convertissent en fonte les minéraux qu'ils en ont extraits, et en forgent une foule d'ustensiles et d'outils aratoires pour les Maures. Ils connaissent aussi l'art de travailler l'acier, qui leur sert à la confection de toutes sortes d'armes. Ils savent également la manière de faire la poudre. Les Européens leur achètent souvent des sabres ; ces armes sont beaucoup plus longues que les yatagans ordinaires, elles ont le dos droit et le tranchant fortement convexe ; la lame en est habilement sculptée et incrustée de cuivre ; les fourreaux sont de bois travaillés à la main, et se distinguent par le nombre et la régularité des ciselures. J'ai fait l'acquisition du plus beau que j'aie pu trouver, et je le destine, mon cher Gustave, à l'ornement de votre petit musée.

Puisque j'ai commencé à vous parler des Kabyles, je suis naturellement amené à vous communiquer d'autres observations sur les différents habitants de la Régence.

Son territoire renferme une population formant une réunion de diverses races, à l'origine desquelles il n'est pas toujours facile de remonter. Les Maures paraissent être les descendants des anciens habitants de la Mauritanie, des Mèdes, dont Salluste nous dit que les Libyens corrompirent insensiblement le nom, et qu'ils appelèrent *Maures,* dans leur langue barbare. Ils sont en majorité dans les villes, et n'occupent que les plaines bien cultivées. Ceux qui habitent la campagne sont très-bons cavaliers. Leur langue est un dialecte de l'arabe. Doués d'une finesse d'intelligence remarquable, d'une grande souplesse de caractère, ils sont susceptibles de s'élever à un haut degré de civilisation.

Les Arabes, descendus des anciens Arabes mahométans qui firent la conquête de la Mauritanie, ont conservé leur indépendance, à l'époque des conquêtes des Turcs, en se retirant dans des plaines désertes. Gouvernés par leurs cheiks, ils ne payaient que rarement les tributs que leur imposaient les Algériens. Ce sont en général des peuples guerriers et pasteurs ; ils composaient la cavalerie auxiliaire, qui faisait avec les Turcs le service des provinces. Leur physionomie est expressive ; ils ont le regard vif et animé, et le teint presque olivâtre. Leur visage mâle est moins rond que celui des Maures, les traits en sont beaucoup plus prononcés, mais moins agréables. Ils sont d'une taille moyenne, leur démarche est légère, et leur geste rappelle souvent la noblesse du geste antique. Ils se sont aguerris dans leur contact avec les Parthes et les Romains, et plus tard l'enthousiasme mahométan en fit de redoutables conquérants.

Quelques-uns occupent des demeures fixes et s'adonnent à la culture des terres. Les autres mènent une vie nomade ; ce sont les Arabes bédouins. Ces derniers se sont conservés les mêmes depuis des siècles, et n'ont varié dans aucun des pays qu'ils habitent, se montrant toujours cruels, avares et cupides. Le célèbre Joinville, l'ami, le compagnon d'armes de saint Louis, roi de France, les a ainsi dépeints dans ses mémoires :

« Les Béduyns doncques sont gens qui vivent avec les Sarrasins ; mais ils tiennent une autre manière et façon de vivre ; car les Béduyns ne croient point en Mahomet comme font les Sarrasins ; mais ils tiennent et gardent la loi Héli (la loi d'Ali), qu'ils disent être oncle de Mahomet. Ils se tiennent aucunes fois dans les montagnes et déserts ; et croient fermement entre eux, que si l'un d'eux endure la mort pour son seigneur ou pour quelque autre bonne intention, que son âme va en un autre meilleur corps et plus parfait, et est plus à son aise dans ce corps qu'elle n'était auparavant. Au moyen de quoi ils ne font faute de s'offrir à la mort, par le commandement de leurs anciens et supérieurs. Ils n'ont ni ville, ni cité où ils se puissent retirer, mais demeurent toujours au champ ou dans les déserts ; et quand il fait mauvais temps, ils fichent par terre une façon d'habitacle qui est faite de tonnes et de cercles liés à des perches, ainsi que font les femmes quand elles font sécher leur lessive, et par-dessus ces cercles et perches ils jettent des peaux de grands moutons. Ceux qui suivent les guerres sont communément à cheval, et le soir ils tiennent leurs chevaux auprès d'eux, et ne font que leur ôter les brides et les laissent paître sur l'herbe, sans leur donner autre chose; ils ne sont jamais armés (ils ne portent pas d'armes défensives) quand ils vont combattre, pour ce qu'ils disent, que nul ne peut mourir qu'un certain jour qui lui est ordonné; et à cette cause, ils ont une façon entre eux, que quand ils veulent maudire leurs enfants, ils leur disent en cette manière : « Tu sois maudit, comme celui qui s'arme de peur de la mort. » **En bataille**, ils ne portent qu'un glaive, fait à la mode de Turquie, et sont tous revêtus de linge blanc comme un surplis (burnous); ils sont laides gens et hideux à regarder, car ils ont les cheveux longs et la barbe, et noirs outre mesure. Ils vivent du lait de leurs bêtes, de quoi ils ont une grande abondance; ils sont en si grand nombre que nul ne saurait estimer. »

Ces lignes, écrites depuis plusieurs siècles, peuvent s'appliquer, sans y changer un seul trait, aux Bédouins de nos jours; on croirait lire une relation faite depuis 1830, si la grâce et la naïveté du style ne nous indiquaient une époque différente.

Je ne dirai que quelques mots sur les Biscarres, autre peuple longtemps soumis à la régence d'Alger. Ils habitent sur les confins du désert, au sud du grand lac d'eau salée appelé *Chott*. Ils ont le caractère sérieux, les mœurs douces ; leur naturel est la complaisance et la fidélité. On les prenait pour domestiques de confiance ; ils avaient le monopole des boulangeries, et étaient les seuls commissionnaires d'Alger. La cécité est très-commune dans cette nation ; on voyait beaucoup de Biscarres aveugles chargés de la surveillance des portes intérieures pendant la nuit.

Les Mozabites vivent au sud d'Alger, dans un district du désert ; ils respectent leurs voisins, mais souvent ils sont tourmentés par des guerres intestines. Ils sont doux, actifs et propres au commerce, qu'ils exercent avec une probité devenue presque proverbiale à Alger. Ils avaient, avant notre conquête, le monopole des bains publics, des boucheries et des moulins.

Je ne ferai pas mention de quelques autres tribus peu considérables, et qui se rapprochent plus ou moins, pour les mœurs, les coutumes, l'habillement et le caractère, des peuples dont je viens de parler.

Entraîné par le désir de satisfaire en tout point votre curiosité, j'ai oublié un instant, mes chers amis, la suite de notre histoire ; mais je me hâte de revenir sur mes pas.

Il faudrait remonter jusqu'à l'avénement de Hussein-Pacha au pouvoir, pour assigner l'origine des griefs dont les conséquences lui ont été si fatales. Mais ils datent principalement de 1824, alors que des perquisitions furent exercées chez notre consul à Bône, et qu'un droit arbitraire fut exigé sur des marchandises au compte de l'agent des concessions françaises.

En 1626, un attentat plus grave fut commis par la piraterie algérienne. Quoique couverts de la protection du pavillon français, des navires appartenants à des sujets du père de la chrétienté furent capturés, et M. Duval, consul général de France, ne put les faire restituer. D'autres violations de nos transactions avec les régences africaines eurent encore lieu. Notre souveraineté, acquise depuis près de quatre siècles sur une petite partie de la côte septentrionale de l'Afrique, ne fut plus respectée ; et en 1827 le dey lui-même fit subir un outrage inexcusable au consul général de France.

Hussein-Pacha réclamait avec instance de notre gouvernement le remboursement d'une somme d'argent assez considérable pour les fournitures de blé faites à la France pendant les premières années de la république ; comme cette affaire présentait beaucoup d'obscurité et de confusion, les ministres tardèrent à répondre. Le mécontentement du dey devint extrême, il se considéra comme offensé dans sa dignité souveraine par le retard de la réponse qu'il avait demandée. Dans les emportements de sa colère, il se déchaînait contre M. Duval; ce fut dans un de ces moments d'irritation qu'il reçut, le 27 avril 1827, la visite du consul français, disposé à le complimenter, selon l'usage, à l'occasion des fêtes de Beyram. « Avez-vous une lettre de votre gouvernement à me remettre? » lui dit-il avec colère. La réponse négative de M. Duval produisit à l'instant un débordement d'injures et de menaces, qui se terminèrent par un coup de chasse-mouche appliqué sur le visage du consul.

Celui-ci reçut bientôt après de France l'ordre de quitter Alger; il partit. Le dey ne garda plus dès lors aucun ménagement; il fit arrêter et réduisit à l'esclavage tous les Français qui se trouvaient dans la Régence; il détruisit ensuite de fond en comble le fort de la *Calle* et tous les autres établissements appartenants à notre patrie.

Le gouvernement espérait, en établissant un blocus rigoureux devant Alger, réduire le dey à la raison; mais on reconnut enfin l'inefficacité de cette croisière, dont Hussein riait du haut de ses terrasses de la Casauba, et qui absorbait sans résultat plus de sept millions par an.

On voulut cependant essayer d'une dernière démarche. Au mois d'août 1829, les réclamations de la France furent portées au dey; mais il ne répondit que par le refus d'y faire droit et par le feu des batteries algériennes, dirigé pendant une demi-heure sur le vaisseau *la Provence*, arrivé en parlementaire. Après un tel événement, la guerre devenait inévitable, et l'on s'y prépara avec ardeur.

Le ministère obéit au vœu national en annonçant le projet d'anéantir enfin cette puissance barbaresque qui refusait de s'arrêter dans la voie des violences et des agressions.

Je ne parlerai pas de cette opposition déraisonnable qui osa jeter le blâme et le sarcasme sur l'expédition projetée; car l'opinion générale en fit bientôt justice. La conquête d'Afrique offrait un caractère de grandeur digne d'enflammer la noble imagination du peuple français. On y trouvait tout le merveilleux des croisades et la nationalité de l'expédition d'Égypte. Elle délivrait l'Europe de la plus humiliante servitude; elle servait la cause de la morale, de l'humanité et de notre sainte religion; elle devait offrir à l'agriculture, au commerce, à l'industrie et à la civilisation, d'immenses moyens de succès.

L'Europe accueillit elle-même avec enthousiasme les desseins généreux de notre patrie, offrant son assistance, si elle était nécessaire. Le ministère anglais, présidé par le duc de Wellington, se montra seul jaloux de la gloire et des avantages que nous allions recueillir. Il demanda hypocritement ce que la France serait disposée à faire de la régence d'Alger, après l'avoir conquise. Alors le prince de Polignac répondit avec énergie, au nom de la nation, « que la France insultée ne demandait le secours de personne pour venger son injure, et qu'elle n'aurait besoin de consulter personne pour savoir ce qu'elle aurait à faire de sa nouvelle conquête. »

MM. de Bourmont et de Polignac s'entendirent ensemble sur l'exécution du grand projet qui occupait l'attention de la France et de l'Europe. Ils voulurent cependant s'assurer des renseignements précis. Un officier du génie avait déjà été envoyé secrètement à Alger, avec la mission de reconnaître la force de la ville, du côté de la terre, et d'explorer, autant que possible, les abords de la place. Il résulta de ses rapports, exactement conformes à ceux de Boutin, que le château l'Empereur et les murailles de la ville ne résisteraient pas longtemps aux attaques d'un siége régulier. D'autres rapports prouvèrent qu'aucun endroit de la côte d'Afrique n'offrait plus d'avantages à un débarquement que la presqu'île de *Sidi-Ferruch*.

Ces divers renseignements furent soumis à un conseil composé des ministres et des officiers les plus distingués de la marine, parmi lesquels figuraient en première ligne les vice-amiraux et contre-amiraux. Tous ces officiers généraux combattirent vivement tout projet de débarquement, et déclarèrent le succès d'une semblable entreprise impossible. Deux jeunes capitaines de vaisseau, MM. Gay de Taradel et Dupetit-Thouars, furent seuls d'un avis contraire et détruisirent les arguments des officiers généraux avec une telle vigueur et une telle puissance de logique, qu'ils portèrent la conviction dans l'esprit du conseil. Les ministres de la guerre et de la marine levèrent toutes les difficultés ; l'un s'engagea à réunir en trois mois à Toulon tout le matériel et le personnel d'une armée de trente mille hommes ; l'autre, à équiper et à faire trouver dans la rade de cette ville, en moins de quatre mois, tous les vaisseaux de guerre et de transport nécessaires à l'expédition.

Le comte de Bourmont, ministre de la guerre, fut nommé général en chef de l'armée, et l'amiral Duperré, chargé du commandement des forces navales. Les généraux Berthezène, Loverdo et d'Escars furent choisis pour être à la tête des trois divisions de l'infanterie ; ils avaient sous leurs ordres les maréchaux-de-camp Poret de

Morvan, Munck d'Uzer, Colamb d'Arcine, Berthier, Hurel et de Molivaut. Le vicomte de la Hitte commandait l'artillerie ; le maréchal-de-camp Valazé eut sous sa direction le génie militaire, et le baron d'Enniée fut nommé intendant en chef.

Il fallait bien que notre expédition fût digne de l'enthousiasme général, car à peine cette lice chrétienne fut-elle ouverte, qu'une jeunesse ardente brigua l'honneur de s'y précipiter. C'étaient des colonels qui demandaient à partir comme capitaines, des officiers qui sollicitaient la faveur de se démettre de leurs grades, pour entrer comme soldats dans les rangs de l'armée expéditionnaire ; des officiers généraux offraient aussi de marcher comme simples volontaires. Il n'y a pas de sacrifices dont le dévouement français ne soit capable. On vit des jeunes gens riches et du plus bel avenir social s'arracher aux sollicitudes de l'amour maternel et aux tendresses de la famille, pour s'enrôler sous la bannière des libérateurs de la chrétienté. On les vit, modestes fantassins, grenadiers ou voltigeurs, cheminer bravement le sac au dos. Des artistes célèbres quittèrent leurs ateliers pour aller étudier les beaux sites de l'Afrique, et reproduire aux yeux de la France les faits glorieux de la campagne ; des savants se firent attacher à l'armée en qualité d'interprètes ; des hommes de lettres, séduits

par le prestige poétique de cette expédition, té-
moignèrent aussi le désir d'y prendre part. C'était
une ardeur générale qui gagnait toute l'Europe
elle-même, et l'engageait à nous envoyer ses enfants les plus illustres pour être témoins de nos
faits d'armes.

Tous les regards, tous les vœux se portaient
vers Toulon ; c'est là que l'armée française devait s'embarquer pour Alger, dont le Ciel allait
remettre le sort entre ses mains.

Lettre Douzième.

A GUSTAVE.

PRÉPARATIFS.—DÉPART. — TRAVERSÉE.— PRESQU'ÎLE DE SIDI-FERRUCH.

Bougie, septembre 1831.

Vous vous souvenez, mon cher neveu, de l'enthousiasme qu'excita la nouvelle de l'expédition
d'Alger ; nous avons vu avec quel empressement
chacun brigua l'honneur de participer à la prise
de la cité *guerrière* ; assistons maintenant aux
préparatifs immenses qui sont à faire, et admi-
rons l'activité extraordinaire déployée en cette
circonstance.

Toulon fut bientôt converti en une vaste manu-
facture. L'arsenal et les chantiers étaient encom-

brés d'ouvriers qui travaillaient jour et nuit ; les quais du port étaient couverts d'approvisionnements de tout genre. On embarquait pour trois mois de vivres pour l'armée, la flotte en avait pour six mois ; les munitions de guerre étaient immenses : chaque canon avait mille coups à tirer, et huit millions de cartouches devaient être distribuées à l'armée. Ceux qui ont vu ces parcs sans fin de boulets, d'obus et de bombes de tout calibre, ces montagnes de fourrages de toute espèce, ces amas énormes de fascines, cette multitude de caissons, de chariots de train, de madriers, de poutres, de planches, de pioches, de tentes, de canonnières, de baraques, de lits, de matelats et de couvertures, peuvent seuls se faire une juste idée des soins qu'il a fallu pour réunir sur un même point ce prodigieux matériel, sorti de tous les arsenaux et de toutes les manufactures du royaume. Et c'est en trois mois qu'on était arrivé à cet incroyable résultat ! A la fin d'avril, toutes les troupes étaient rassemblées : la première division à Toulon, la seconde à Marseille, et la troisième à Aix. L'ardeur des soldats était extrême, leurs cris de joie enflammaient tous les cœurs.

Un spectacle imposant s'offrit aux regards, dans la grande et belle rade de Toulon, le 4 mai, lorsque le canot qui portait le Dauphin sillonnait les flots au milieu d'une centaine de bâtiments; tous les équipages rangés sur leurs vergues faisaient entendre leurs solennelles acclamations, tandis que les vaisseaux saluaient du feu de leurs batteries. On exécuta un essai de débarquement à l'est de la rade, avec une promptitude qui paraissait tenir de l'enchantement et qu'on jugea de bon augure pour nos succès en Afrique.

Le 11 mai fut encore une grande solennité pour nos troupes ; ce fut celle de l'embarquement. Pendant les huit jours qu'il dura, Toulon retentit des chants joyeux du départ. C'était une fête guerrière difficile à décrire. Alger ! Alger ! était le cri d'adieu à la France, et les tambours battaient bruyamment, et les clairons sonnaient gaiement, comme aux jours des batailles.

Le 18 mai, toute l'armée était prête et n'attendait plus, pour partir, que des vents favorables. Le général en chef et l'état-major général s'embarquèrent le 19. On espérait que, dans la matinée du 20, toute la flotte pourrait mettre à la voile. Le vent ayant tourné au nord-ouest dans la matinée du 23, le vaisseau amiral fit signal à la flotte de se disposer à appareiller. Partout on leva l'ancre, et à une heure le mouvement de départ commença. A cinq heures et demie, le vaisseau amiral mettait à la voile. Toute la ville accourut sur le port et sur les collines qui le dominent pour jouir du coup d'œil le plus admirable que l'on puisse imaginer. Quatre cents voiles, se disposant à sortir à la fois de la rade de Toulon, offraient un spectacle qu'on n'avait jamais vu et qu'on ne devait probablement jamais revoir. Les manœuvres s'exécutèrent avec une habileté et une promptitude sans exemple, et il y eut à peine deux légères avaries dans l'appareillage de toute la flotte. L'armée navale se forma immédiatement en trois lignes : à droite et à l'ouest naviguait l'escadre de réserve, à l'est et à la gauche de laquelle s'avançait l'escadre du débarquement, commandée par le contre-amiral de Rosamel, qui avait à sa gauche l'escadre de bataille, dirigée par l'amiral Duperré. Cinquante-cinq voiles du convoi, qui fut conduit avec une rare intelligence par le capitaine de vaisseau Hugon, se tenaient au large à la gauche de l'escadre de bataille. Le reste du convoi reçut l'ordre de se tenir au mouillage et de mettre à la voile le lendemain.

La baie de Palma, dans l'île de Majorque, avait été désignée comme le premier point central de ralliement, dans le cas de séparation ou de dispersion par l'effet de la violence des vents ou de l'état houleux de la mer. Mais le temps restait au calme, et les trois lignes de notre flotte, traçant majestueusement un sillage d'une blancheur éblouissante, s'avançaient dans un ordre parfait, tandis que les bateaux à vapeur, parcourant la mer dans toutes les directions, exécutaient avec rapidité les ordres de l'amiral et facilitaient les communications. Un de ces bateaux signala dans la soirée du même jour deux frégates venant du sud et se dirigeant vers la flotte. L'une était la frégate française *la Duchesse de Berry*, et l'autre une frégate turque sur laquelle se tronvait Tahir-Pacha, capitan-pacha du sultan.

Ce haut personnage avait été chargé par le divan de se rendre à Alger, pour forcer le dey à entrer en arrangement avec la France. Il devait en outre servir de médiateur entre les deux puissances. Il avait essayé d'abord de pénétrer dans Alger; mais, arrêté par le commandant de la station française du blocus, il demanda à aller à Toulon pour entrer en négociation directe avec la France, et la frégate *la Duchesse de Berry* reçut ordre de l'accompagner.

L'amiral Duperré, instruit de l'approche du *capitan-pacha*, vira de bord et marcha à sa rencontre. L'entrevue dura une demi-heure, mais elle fut sans succès pour Tahir-Pacha; il reconnut qu'il arrivait trop tard; on ne put que lui conseiller de se rendre en France, où il communiquerait directement avec le gouvernement. Après les saluts d'usage, le vaisseau *la Provence* ramena l'amiral Duperré en tête de la ligne.

Favorisée par les vents d'est, la flotte continua sa route vers l'Afrique. Le 30, dans la matinée, on signala la côte de Barbarie. Mais le vent avait fraîchi, la mer était houleuse, il était dangereux d'aborder; aussi l'amiral fit virer de bord, et l'escadre alla se rallier dans la baie de Palma, où elle arriva le 2 juin. Les bâtiments marchands mouillèrent près de la ville de ce nom; les vaisseaux de guerre se tinrent à la voile à l'entrée de la baie, et dans cette position on resta jusqu'au 6.

Pendant cet intervalle, tous les transports dispersés se rejoignirent, et la flotte se trouva au complet, le 9 juin, à sa sortie de la baie de Palma.

Le 12, au soir, les rivages de l'Afrique se montrèrent aux yeux impatients des soldats; le 13 la flotte défila devant Alger, en bon ordre, en se dirigeant vers le cap Coxin, d'où, se portant à l'ouest, elle s'avança vers la presqu'île de *Sidi-Ferruch*. Les bricks *le Dragon* et *l'Alerte* marchaient en tête de la ligne, pour signaler les sondes; ils étaient suivis par *la Provence*, *le Breslau*, *la Surveillante*, *l'Iphigénie*, *la Didon*, *la Pallas*, *la Guerrière*, *l'Hermine*, *la Syrène*, qui avaient fait un branle-bas général et étaient préparés au combat.

La solitude et le silence qui régnaient sur la côte avaient quelque chose de sinistre et d'ef—

frayant. Aussitôt qu'on eut doublé le cap Coxin,
la tour de *Chica* (Torre-Chica), située sur une
hauteur, apparut avec ses murs nouvellement
blanchis et avec ses dépendances qui entourent le
tombeau du marabout Sidi-Ferruch.

On croyait recevoir le feu de cette tour, mais
elle resta silencieuse, elle était abandonnée. Nos
soldats qui s'attendaient au combat, s'affligèrent
de voir sans défense la plage qu'ils voulaient
conquérir. Tous les vaisseaux mouillèrent donc
tranquillement dans la baie occidentale de la
presqu'île de Sidi-Ferruch.

Cette presqu'île, située à cinq lieues est d'Alger,
s'avance d'environ dix-sept cents mètres dans la
mer, en s'élevant assez rapidement vers son
extrémité septentrionale, où elle forme un promontoire entouré de rochers fortement déchirés;
ce piton granitique est couronné par un plateau
assez vaste, au milieu duquel se trouve la tour
de *Chica*, qui a sans doute été bâtie, autant
pour protéger la côte que pour défendre le Marabout, au-dessus duquel elle s'élève; la mosquée
et le tombeau sont enclavés dans plusieurs cours,
autour desquelles se trouvent la demeure d'un
santon et les cellules de fidèles musulmans qui
viennent visiter ce lieu révéré. Les environs du
Marabout offraient alors quelques traces de culture; il y avait des carrés de terre défrichés et

semés d'orge et de maïs ; dans d'autres, ressemblants à des jardins, on voyait quelques figuiers, deux ou trois abricotiers, et plusieurs ceps de vigne qui rampaient sur le sable ; tout cela était entouré de haies vives de *raquettes* et *d'agaves,* dont les fleurs s'élançaient majestueusement sur une tige de douze à quinze pieds de hauteur. Le reste de la presqu'île était couvert d'une végétation touffue, à travers laquelle on remarquait çà et là de grands lauriers-roses, des lentisques, des arbousiers, et des myrtes sauvages ; au milieu s'élevait un superbe palmier, dont les feuilles et la tige, d'un beau vert foncé, se détachaient fortement sur le ciel bleu de la côte d'Afrique.

Au milieu des broussailles qui couvraient la presqu'île et les collines, la flotte découvrit, derrière un ravin, le sommet pointu d'une tente d'Arabes. L'amiral donna l'ordre au bateau à vapeur *le Nageur* de s'approcher de la côte et de tirer quelques coups de canon sur ce point. Cette manœuvre, exécutée avec intelligence, éveilla l'attention des batteries turques. Elles lancèrent quelques bombes dont les éclats blessèrent deux hommes à bord du *Breslau.* A la nuit, les Algériens cessèrent leurs feux, suivant leur coutume, et le silence, succédant au bruit de l'artillerie, ne fut pas troublé jusqu'au lendemain matin, jour fixé pour le débarquement.

Je ne tarderai pas, mon cher Gustave, à vous faire suivre notre brave armée en Afrique, et à vous parler de ses premiers succès.

Lettre Treizième.

DÉBARQUEMENT. — LE MARABOUT FERRUCH. — TEMPÊTE. — ÉPISODE.

Bougie, décembre 1834.

Nous voici arrivés, mon cher Gustave, à un moment bien solennel. L'armée chrétienne va enfin mettre le pied sur cette terre d'Afrique si redoutée, et que nul étranger n'a jamais foulée sans péril. Mais, toujours courageux, toujours calme en présence du danger, le soldat français avait souri aux récits terribles qui lui avaient été faits dans la baie de Palma ; arrêté près du sol africain, il se préparait gaiement, au sein des ténèbres, à vaincre un ennemi devant lequel tant d'autres avaient reculé.

Un léger bruit ou plutôt un faible bruissement régnait dans la baie de Sidi-Ferruch, dans la nuit du 13 au 14 juin; la mer était calme; au mouvement de la lame qui allait expirer sur la plage, se mêlaient les voix sourdes des soldats qui s'embarquaient dans les chalands, et à qui les officiers recommandaient à chaque instant le silence; les matelots n'agitaient les rames qu'avec précaution, et, malgré l'activité de la flotte et le mouvement d'une quantité innombrable d'embarcations de tous les genres, la rade conservait un aspect mystérieux, qui avait quelque chose d'imposant et de solennel.

En abordant sur la plage africaine, les souvenirs se reportaient confusément sur les siècles passés, et les noms de Scipion, de saint Louis, de Charles-Quint et de Napoléon venaient s'offrir ensemble à la mémoire; Carthage, Tunis, Alger, le Caire, tels étaient les noms que chacun répétait, en y mêlant les idées de conquête, de magnanimité, de résignation, de désastres et de victoires.

Avant que l'aurore parût, nos soldats se dirigeaient vers la terre, montés sur les chalands et les chaloupes. L'ennemi n'ouvrit ses feux qu'à six heures du matin; mais le sifflement des bou-

Débarquement à Sidi-Ferruch

lets, les éclats des bombes, ne firent aucune impression sur les Français. Ils continuèrent de se précipiter sur la côte, où, à peine arrivés, ils se formaient en colonne serrée. La compagnie des mineurs, commandée par le capitaine Romphleur, alla prendre possession de la tour Chica, où bientôt flotta le drapeau blanc.

Le débarquement continua de s'opérer dans un ordre parfait, malgré le feu nourri de l'artillerie algérienne. Quand les trois divisions de l'armée eurent mis pied à terre, on commença à s'ébranler et à se porter sur les redoutes des Algériens et sur leur camp de la Yasma. L'ennemi, abordé à la baïonnette, se rompit et s'enfuit précipitamment sur les hauteurs, en avant du plateau de Staouéli. Avant la nuit, toute la presqu'île de Sidi-Ferruch fut en notre pouvoir. L'armée perdit dans cette journée une quarantaine d'hommes. Onze pièces de bronze des calibres de 16 et 24, et deux mortiers à bombes de douze pouces, qui avaient fait partie de l'expédition de Charles-Quint, tombèrent en notre pouvoir. Ainsi s'opéra un débarquement que tant de personnes regardaient comme impossible.

La presqu'île de Sidi-Ferruch, presque déserte la veille, fut, au bout de quelques heures, animée par la présence de trente mille hommes qui faisaient retentir l'air de mille chants joyeux; nos jeunes soldats mangeaient et buvaient gaiement les rations qui leur avaient été distribuées à bord, ou préparaient leur bivouac pour la nuit. Pendant ce temps, les officiers du génie, sous les ordres du général Valazé, traçaient et commençaient à exécuter une ligne de retranchements, qui devait isoler la presqu'île du continent et mettre l'armée française à même de défier dans son camp toutes les forces de la Régence. Le quartier-général fut établi à la Torre-Chica; le général Bourmont occupa la mosquée, et l'état-major fut installé dans les bâtiments dépendants du tombeau du santon Sidi-Ferruch, dont le général fit respecter soigneusement les cendres, ainsi que les *ex-voto* suspendus aux murailles.

Je crois que vous ne serez pas fâché, mon cher neveu, de connaître le santon Sidi-Ferruch, dont le nom revient si souvent sous ma plume. Ce marabout vivait, selon toute probabilité, vers le commencement du dix-septième siècle. Après avoir fait trois fois le pèlerinage de la Mecque, il vint s'établir sur le promontoire de la presqu'île où avait fait naufrage la caravelle qui le ramenait à Oran sa patrie. Il fut sauvé, disent les Arabes, par la protection d'Aly, qui laissa périr tout l'équipage et l'arracha seul à la mort. Dès que la nouvelle de ce salut miraculeux se fut répandue parmi les tribus du pays, on accourut de toutes parts visiter le protégé du prophète ; Ferruch montrait la place où l'envoyé de Mahomet était venu le prendre au milieu des flots, et le rocher sur lequel il l'avait déposé sain et sauf. Le dey manifesta le désir de le voir, mais le saint derviche lui fit dire qu'il ne quittait jamais sa retraite, ce qui obligea le souverain d'Alger de se rendre lui-même auprès de l'ermite. Cette marque de haute considération augmenta encore le crédit et la réputation du santon ; on continua de visiter son ermitage après sa mort, et les riches offrandes qu'on y déposait servirent à élever une mosquée, à la place même où Ferruch avait vécu. Elle est bâtie au pied de la Torre-Chica, et se compose de deux chapelles et d'un sanctuaire carré, qui contient quelques reliques. Le tombeau du santon est placé au milieu : c'est un mausolée modeste, sans ornements, recouvert d'une pierre tumulaire, à la manière des musulmans, sur laquelle sont gravés quelques versets du Coran ; le tout est entouré d'une petite balustrade de roseaux, assez artistement arrangée.

Un autre marabout ne tarda pas à venir se consacrer au culte de Ferruch, et il reçut des fidèles une multitude d'offrandes, qui le mirent à même d'ajouter de nouvelles dépendances au premier établissement. Le santon qui vivait auprès de la mosquée, au temps de la conquête, était un homme de fort bonne mine et fort gai. Il obtint du général en chef la permission de reprendre possession de son domaine, et promit d'avoir autant de soin du petit monument élevé sur le bord de la mer, à la mémoire des braves tués pendant la campagne, que du tombeau de Ferruch.

L'armée, campée autour de la mosquée de ce célèbre marabout, s'impatientait d'être réduite à une misérable guerre de tirailleurs, car le matériel du siége n'étant pas encore arrivé, il était impossible de prendre l'offensive et de marcher en avant. Depuis le 14, on se battait chaque jour aux avant-postes, et une fusillade vive et continuelle avait lieu entre nos soldats et un nombre considérable d'Arabes-Bédouins et de Cabyles, qui peuvent passer pour les meilleurs tirailleurs de l'univers. Dans la journée du 16, il s'éleva, de l'ouest-nord-ouest, un coup de vent terrible, qui fit naître les plus grandes inquiétudes. Plusieurs navires chassaient sur leurs ancres; quelques-uns tiraient le canon d'alarme, menacés qu'ils étaient d'être jetés à la côte. La tempête dura trois heures avec la même violence, puis se calma presque soudain, à la grande joie de toute l'armée.

Le 17, les Algériens s'avancèrent en plus grand

nombre et en meilleur ordre que de coutume, jusqu'à une portée de fusil, et défilèrent de la sorte, commandés par des chefs magnifiquement vêtus, tout le long de la ligne d'avant-postes. Cette reconnaissance faite par l'ennemi annonçait une attaque prochaine, et l'armée se tint sur ses gardes. On apprit plus tard qu'elle avait été conduite par le janissaire Aga en personne. Quelque temps après cette visite de l'ennemi, le camp en reçut une autre non moins intéressante, et dont vous apprendrez, mon cher neveu, les détails avec quelque plaisir. Un jeune officier, qui en fut le témoin, m'en a fait ainsi le récit :

» Quelques soldats d'un poste avancé, auprès duquel je me trouvais par hasard, aperçurent un Bédouin qui tantôt se montrait, tantôt disparaissait dans les broussailles, pour se laisser voir de nouveau, mais un peu plus près de nous. Il était naturel de penser d'abord à quelque embuscade. Cependant, un officier qui crut deviner son intention, fut à lui, armé seulement d'un poignard, qu'il cacha pour ne pas l'intimider. Il l'amena. C'était un vieillard encore plein de force et de verdeur, mais dont les nombreuses rides annonçaient bien soixante-dix ans. Il était haletant, épuisé de fatigue et aussi de faim, comme il nous l'apprit plus tard ; car, pour exécuter le dessein qu'il avait formé de venir à nous, il avait fallu se tenir caché trente-six heures dans les broussailles, et depuis ce temps il était à jeun ; de plus, se voyant au milieu de nous, bien qu'il l'eût voulu, la terreur le saisit ; nous eûmes bien de la peine à le rassurer par mille protestations transmises, peut-être un peu défigurées, par un interprète. Quelques gouttes d'eau-de-vie l'ayant un peu ranimé, nous le conduisîmes alors à l'état-major de la première division. Là il s'assit les jambes croisées, chargea sa pipe et se mit à fumer. Il affectait en tout cela une grande impassibilité. Néanmoins, certaine contraction nerveuse, qui de temps à autre plissait son front, dénotait une profonde émotion. Son menton rasé, tout son extérieur, et, plus que tout cela, ses discours où le nom de Dieu se trouvait à chaque parole, annonçaient un marabout. « Dieu est grand, ne cessait-il de répéter ; c'est Dieu qui l'a voulu ; que la volonté de Dieu soit faite ! » Entre autres questions, l'un de nous, lui montrant la foule de soldats qui nous entouraient, nos faisceaux d'armes et nos canons, lui fit demander si, avec tout cela, il croyait qu'il nous serait bien difficile de venir à bout des Turcs. A cela le vieillard se saisit de quelques petites branches sèches qui se trouvaient à sa portée, et les brisant une à une, il les jeta au fur et à mesure loin de lui, répétant plusieurs fois : « Si Allah ! si Allah ! »

Si Dieu le veut, il en sera comme de ce bois.
Cependant, lorsqu'il se fut reposé assez de temps,
lorsqu'il eut plusieurs fois rempli et vidé sa pipe,
mangé des oranges et des citrons que nous lui
offrîmes, qu'on eut épuisé tous les moyens pos-
sibles de le rassurer, le lieutenant-général me
chargea de le conduire au général en chef. Je n'en
vins pas à bout sans quelque difficulté. La foule
accourait sur notre passage de manière à nous
empêcher d'avancer; il me fallut, pour traverser
le camp, l'aide d'une compagnie de grenadiers,
beaucoup de patience, et passablement de coups
de crosse.

« Pendant ce trajet, un lieutenant général nous
arrêta quelques instants et interrogea l'Arabe
d'un ton hautain, en l'examinant avec une sorte
de curiosité méprisante. Dans toutes ses manières
perçaient une arrogance, un dédain que ne tem-
péraient aucune noblesse, aucune dignité. Tirant
ensuite sa bourse, il voulut lui donner, ou plutôt lui jeter quelques pièces d'argent; mais à
peine le vieillard eut-il vu ce geste, qu'il recula
vivement de deux ou trois pas, jetant en même
temps les mains en avant pour repousser ce qui
lui était offert : tout son vieux sang parut se ral-
lumer pour venir porter à son visage l'expression
d'une généreuse indignation. Puis, tout aussitôt,
faisant à son tour le geste de fouiller dans ses

poches, il fit comprendre que lui-même était disposé à donner de l'argent, non à en recevoir. Cette pantomime inattendue, rendue assez piquante par le contraste de ses haillons et des broderies du général, termina la scène à son avantage, en mettant, comme on dit, les rieurs de son côté.

« Au quartier-général, l'Arabe se borna à répéter les mêmes exclamations dont il avait été si prodigue avec nous. Cependant un interprète, dont il partageait la tente, étant parvenu à gagner sa confiance, il finit par s'ouvrir à ce dernier. Personnage important d'une des tribus arabes, il s'était dévoué à venir, sous l'habit d'un pauvre marabout, à travers mille fatigues et mille dangers, voir de près les étrangers qui envahissaient sa patrie. Il voulait leur demander à eux-mêmes compte de leurs desseins, savoir la conduite qu'ils voulaient tenir avec les tribus déjà opprimées par les Turcs. Vous vous doutez bien des réponses qu'il reçut. Nous nous montrâmes les zélés défenseurs des tribus si méchamment tyrannisées. C'est tout au plus s'il ne dut pas croire que c'était à l'unique intention de les délivrer que nous avions passé la mer. Aussi, notre marabout supposé fut-il complétement satisfait, tellement qu'il demanda dès le lendemain à retourner parmi les siens, pour leur répéter

ce qu'il venait d'apprendre. Affectant de l'assurance en faisant cette demande, il laissait toutefois percer quelque crainte d'un refus. « Je ne
suis pas votre prisonnier, se hâtait-il de dire; je
suis venu de mon plein gré au milieu de vous. »
Personne ne lui disait le contraire. On se disposa
à le reconduire aux avant-postes. Alors, au moment du départ, en prenant congé du général en
chef, il témoigna le désir d'emporter quelque
chose qui nous eût appartenu, comme un gage
de souvenir. En même temps il montrait du geste
un mouchoir de poche. Cependant, comme parmi
les foulards de campagne qu'on avait là, on n'en
trouva pas un qu'on jugeât digne de la circonstance, on lui présenta, pour y suppléer, plusieurs pièces d'or, parmi lesquelles on le pria
de choisir. Cette fois, pas plus que la veille, il
ne se méprit sur l'intention qui lui fit offrir de
l'argent; il prit une pièce sans la regarder, au
hasard, la porta à son front, sur son cœur, puis
la serra dans son mouchoir. Néanmoins, malgré
tous ces témoignages d'amitié, arrivé aux avant-
postes de la première brigade, lorsqu'il ne vit
plus personne entre lui et les vastes plaines où,
pendant tant d'années, il avait erré en liberté, il
laissa éclater sa joie, comme s'il n'avait cessé,
jusqu'au dernier moment, de conserver des doutes sur la sincérité de nos intentions : ses yeux

étincelèrent, sa figure s'épanouit, il appuya ses deux mains sur les épaules de l'un de ceux qui le conduisaient, le regarda quelques instants avec des yeux humides d'attendrissement, qui semblaient dire : « Vous ne m'avez donc pas trompé ?» puis il s'éloigna à grands pas.

« Nous apprîmes, peu de jours après, que les Turcs, instruits de sa démarche, lui avaient fait trancher la tête. Il vécut assez, toutefois, pour nous donner une preuve de ses bonnes dispositions à notre égard. Dans la soirée du même jour où il nous avait quittés, trois jeunes Arabes, s'annonçant comme venant de sa part, se présentèrent aux avant-postes de la division. Ils venaient nous donner avis d'une attaque générale que les Turcs préparaient pour le lendemain. Cet avis fut confirmé peu de temps après par un nègre déguisé en femme, que nous envoyâmes au quartier général. Il répondit ingénument à toutes les questions qui lui furent faites, et annonça que la milice de la Régence et les différents contingents des Beylicks étant réunis au camp de Staouéli, il fallait se préparer à un combat prochain. Il témoigna le désir de rester avec les Français, et l'on consentit à le garder. Notre humanité le sauva, sans doute, d'un sort semblable à celui du malheureux vieillard que la curiosité avait poussé dans notre camp. »

Telles furent les premières communications entre les Français descendus sur le rivage africain, et ces sauvages habitants des déserts pour qui la chute de la puissance algérienne allait bientôt commencer une ère nouvelle.

Lettre Quatorzième.

A GUSTAVE.

BATAILLE DE STAOUELI. — FRUITS DE LA VICTOIRE. — NOUVEAU COMBAT. —
MORT D'AMÉDÉE DE BOURMONT.

Bougie, janvier 1835.

Je reprends, mon cher Gustave, le fil de
notre récit; je ne perdrai pas de temps à vous
faire d'inutiles réflexions sur les événements qui
déjà sont passés; des faits pleins d'intérêt appellent notre attention. Nos jeunes guerriers
vont bientôt marcher au combat, et il me tarde
de vous parler de leur premier triomphe sur la
plage africaine.

Le 19 juin, tout l'espace qui régnait entre la

presqu'île de Sidi-Ferruch jusqu'à Staouéli,
plateau très-élevé où se trouvait un petit village,
fut envahi par une nombreuse armée qui, de
moment en moment, se développait par l'arrivée successive de nouveaux renforts. Tout
annonçait une affaire décisive. Avant la pointe
du jour, on tiraillait déjà sur la première ligne
d'avant-postes ; les Algériens, s'étendant insensiblement, parurent vouloir tourner les deux
ailes de la ligne française. Derrière eux marchaient deux fortes colonnes d'infanterie et de
cavalerie, commandées, l'une par Ibrahim-Aga,
chef des janissaires, ministre de la guerre et
généralissime, l'autre par le bey de Constantine.

On comptait sous leurs ordres et sous ceux
du bey de Titery, lieutenant d'Ibrahim, plus
de trente mille intrépides soldats. Leur premier
choc fut terrible ; la cavalerie algérienne, après
avoir rompu sur plusieurs points la ligne des
chevaux de frise, fit plusieurs charges vigou-
reuses, en poussant des cris horribles. Cette
impétuosité n'effraya pas nos jeunes soldats,
mais elle les étonna quelques instants. Le 20e
de ligne fut surtout attaqué avec tant de furie,
qu'il y eut un moment de désordre. Le brave
colonel Horric s'élança au plus fort de la mêlée,
l'épée à la main, en criant : *Au drapeau !* et
aussitôt les Turcs furent repoussés sur ce point.

Le comte de Bourmont, quittant Sidi-Ferruch au bruit des premiers coups de fusil, arriva sur la ligne d'attaque. Dans ce moment, voyant la noble attitude de nos soldats exaltés par leur succès, il ordonna aux deux divisions Berthezène et Loverdo de marcher à l'ennemi avec l'artillerie de campagne. La brigade Clouet, soutenue par les brigades Achard et Poret de Morvan, s'élança avec intrépidité sur la division d'Ibrahim-Aga, tandis que les brigades Denis Damrémont et Monck d'Uzer, suivies par la brigade Colomb d'Arcine, se portaient avec un courage égal sur le bey de Constantine. Leur impénétrabilité, qui repoussait les attaques, les feux roulants des bataillons qui étaient en tête des colonnes, et la mitraille que vomissaient avec une incroyable rapidité les pièces d'artillerie, finirent par triompher de l'ennemi. Après une lutte désespérée, il lâcha pied, abandonnant successivement toutes ses positions et tous ses bagages. Les Français le poursuivirent, la baïonnette dans les reins, jusqu'à Staouéli, où furent enlevées de formidables batteries que les janissaires turcs défendirent avec une héroïque valeur.

Les débris de l'armée vaincue rentrèrent à Alger, en poussant des cris de fureur, en menaçant le dey, qui, disaient-ils, les avait envoyés combattre plus de cent mille hommes. Le dey, craignant une révolte, fit charger les canons de la Cassauba où il se tenait renfermé, et menaça de détruire la ville si elle osait remuer.

L'ardeur des Français à poursuivre les Algériens était telle, que nos avant-postes seraient peut-être entrés dans Alger en même temps que les fuyards, si l'on n'eût donné l'ordre de cesser le combat.

Le général Berthezène assura que, dans cette bataille mémorable, l'élan, le sang-froid et l'intrépidité de nos troupes lui avaient rappelé les belles journées de l'ancienne armée. Cet éloge avait quelque prix dans la bouche d'un homme qui se connaissait en bravoure, et qui, la veille, avait eu une si belle part dans les succès de la journée.

Les riches dépouilles du camp ennemi, tombées au pouvoir de nos soldats, opérèrent une sorte de révolution dans leur moral ; ils commencèrent à se faire une idée du luxe et des mœurs de l'Orient : ces nombreux troupeaux de chameaux, chargés de butin ; ces tentes magnifiques des beys et de l'aga, enrichies de dessins arabesques, appliqués sur des tissus de laine de la plus grande beauté ; ces armes de prix, qui couvraient le champ de bataille ; ces tapis brillants de Smyrne, jetés avec tant de profusion dans

tout le camp; ces riches uniformes turcs, sur-
chargés d'or et de pierreries, tout était, ce
jour-là, un objet d'enthousiasme et d'admiration.

On put voir de près, pour la première fois,
ces *burnous* en laine blanche, qui faisaient
reconnaître les Arabes de si loin; ces terribles
yatagans, sous la lame desquels étaient tombés
tant de nos camarades, et ces longs fusils de
Bédouins qui atteignaient nos tirailleurs à une
si grande distance.

Dès le soir même on amena au camp de Sidi-
Ferruch une partie du butin : ce fut presque une
entrée triomphale que celle de nos détachements
conduisant une colonne de chameaux qui portaient, à la manière du pays, d'énormes paniers
en sparterie, remplis de vivres et de munitions.
D'autres étaient chargés des immenses marmites
des janissaires; ils étaient suivis et précédés
d'une grande quantité de bœufs et de moutons.
Les chants de victoire et les cris de joie de l'armée se mêlaient aux mugissements rauques et
plaintifs de ces pauvres animaux, qui semblaient
effrayés de ne plus entendre la voix de leurs
anciens conducteurs et de ne plus voir devant
eux le *burnous* blanc du Bédouin.

Le lendemain de la victoire du 19 juin fut le
premier dimanche que l'armée salua sur la
terre d'Afrique. Au pied de la hauteur que

couronne le marabout, deux tonneaux suppor-
tant quelques planches servirent à improviser
un modeste autel. Le grand palmier de la fontaine était comme une colonne de ce temple
illimité, et un ciel pur en était le dôme. Là, fut
solennisé pour la première fois depuis tant
d'années le saint jour du Seigneur; le catholicisme prit de nouveau possession d'une contrée
où il avait été si longtemps florissant. Un au-
mônier célébra la messe, et les guerriers, encore
tout poudreux de la gloire de la veille, sous les
rayons brûlants du soleil d'Afrique, humiliè-
rent leur front découvert devant le Dieu dispen-
sateur du succès des batailles. Ce sacrifice chrétien semblait sanctionner le retour de la liberté
et de la civilisation, filles de l'Évangile, sur ce
rivage, où, peu de jours auparavant, le despotisme et la barbarie, enfants du Coran, planaient
sur un désert.

On s'attendait à une attaque pour le 24; elle
eut lieu en effet; dès la pointe du jour, les Algériens se présentèrent au nombre de trente
mille hommes environ. Les divisions Berthezène
et Loverdo marchèrent à eux et les culbutèrent
sur tous les points, et la plaine qui s'étend
depuis Staouéli jusqu'à la hauteur de Sidi-Khalef fut entièrement balayée au pas de course.
On compte un peu moins d'une lieue de Staouéli

à Sidi-Khalef; là se trouvent les premières habitations que l'armée rencontra, et la division Berthezène les dépassa pour s'arrêter au vallon de Backché-Derré, où les ennemis firent sauter un magasin à poudre.

C'est dans cette journée que fut blessé mortellement le jeune Amédée de Bourmont, lieutenant de grenadiers au 49e de ligne. Il s'élançait vers l'ennemi à la tête de sa section, lorsqu'il tomba frappé d'une balle qui l'atteignit sous le cœur. Trois autres balles avaient touché, l'une la poignée du sabre qu'il tenait à la main, l'autre la lame, et la troisième son schako. Son frère aîné, qui était aide-de-camp de son père, l'alla relever du champ de bataille, lorsque le succès de la journée lui permit de se séparer de l'état-major. Amédée fut porté par quelques grenadiers, sur un sac à distribution, au camp de Staouéli, dans la tente du général Loverdo. Le langage, la résignation, le sacrifice du jeune Bourmont furent sublimes. « Embrasse-moi, disait-il à un ami, c'est le plus beau jour de ma vie. Elle est bien placée, elle est près du cœur, cette blessure reçue pour la France et pour le roi. »

Instruit de son malheur, le général en chef vola près de son fils. Il n'y a pas d'expression qui puisse peindre cette dernière entrevue. « Écrivez à ma mère, consolez mes sœurs ! » s'écriait Amé-

dée. Son père l'embrassa, lui donna sa béné-
diction, et, pressé de retourner à ses devoirs, il
ne le revit plus.....

Le lendemain matin, Amédée de Bourmont fut
transporté à Sidi-Ferruch, mais tous les secours
furent inutiles pour le rappeler à la vie : le fils
du vainqueur d'Alger scella de son sang la victoire
paternelle. Il tomba en héros et mourut en chrétien. Toute l'armée mêla ses pleurs à ceux de son
père, de son frère, et de ses nombreux amis.

La France n'est point ingrate, mon cher Gustave, j'aime à croire qu'elle se souviendra longtemps de tous ces jeunes héros moissonnés au
champ d'honneur.

Lettre Quinzième.

A GUSTAVE.

ARRIVÉE DU CONVOI. — IMPRIMERIE FRANÇAISE A SIDI-FERRUCH.
— NOUVELLE DÉROUTE DES ALGÉRIENS. — ATTAQUE
ET RUINE DU FORT L'EMPEREUR.

Bougie, mai 1835.

L'armée française, victorieuse dans deux combats, attendait, avant d'entreprendre aucune attaque sérieuse contre la ville, l'arrivée du convoi resté dans la baie de Palma, où le retenaient les vents contraires. Dans les journées des 27 et 28 juin, il entra enfin dans la baie occidentale de Sidi-Ferruch, apportant les vivres, les chevaux, et tout le matériel nécessaire pour le siége.

Sur un des bâtiments du convoi se trouvait l'imprimerie de l'armée, au milieu des affûts et des sacs d'avoine ; il fallut en rassembler toutes les parties éparses. En quelques heures la puissante machine de Guttenberg, ce formidable levier de la civilisation, fut établie sur le sol africain et naturalisée, le 26 juin, dans une presqu'île de la Régence ; deux tentes suffirent pour l'abriter ; les ouvriers baptisèrent cette presse du nom d'*Africaine*, ils en firent l'inauguration en présence d'un grand nombre d'officiers de terre et de mer, accourus pour jouir du curieux spectacle d'une imprimerie française dans le pays des Bédouins.

Des cris universels de *vive la France ! vive le roi !* éclatèrent, quand on distribua à tout le monde les premiers exemplaires d'une relation de notre débarquement et de nos premières victoires. Un bulletin de l'armée française, imprimé sur une plage de la côte d'Afrique, est un fait assez extraordinaire pour qu'on y attache de l'importance ; dans quelques siècles, cette date signalera peut-être un des événements les plus influents de la civilisation sur la plus belle de nos conquêtes.

Je vous rappellerai, mon cher Gustave, que Napoléon avait aussi une imprimerie française en Égypte ; il l'avait placée à Giseh, au pied de la grande pyramide.

Ce spectacle n'était pas le seul qui, sous le rapport des arts, dût fixer l'attention : on rencontrait de tous côtés les peintres qui faisaient partie de l'expédition, dessinant, à l'ardeur du soleil, des points de vue de la côte, des scènes militaires, et des effets de marine. Eugène Isabey, Gudin, Wachsmut, Langlois, Tanneur et Gilbert suivaient nos troupes pas à pas, se mêlaient à nos tirailleurs et allaient bientôt affronter avec nos soldats la mitraille du fort l'Empereur.

Avant d'attaquer ce fort, que les Arabes appellent *Sultan-Calassi*, le général en chef dut songer à chasser les Algériens des positions qu'ils occupaient sur les hauteurs qui dominent la vallée de Backché-Derré. Le 29 juin il ordonna, de grand matin, aux troupes de prendre les armes et de se former en colonnes. Le duc d'Escars s'avança, à la tête des brigades Berthier et Hurel, contre la masse des forces ennemies. Les généraux Berthezène et Loverdo, à la tête de quatre brigades, gravirent lentement, en bon ordre, le versant occidental du mont Bougiaria ; mais, contre l'attente universelle, l'ennemi avait évacué, en partie, les premières hauteurs qu'il occupait la veille. La division d'Escars seule, précédée de ses tirailleurs, surprit les Algériens et engagea avec eux une fusillade très-vive. Elle s'étendit aussitôt sur tout le front des deux brigades Berthier et Hurel, dont l'attaque fut impétueuse et brillante.

C'était un spectacle que l'on voudrait pouvoir décrire. Le jour ne faisait que poindre. Au silence de toute une armée, un feu terrible de mousqueterie, des cris de guerre, et le bruit des tambours battant la charge, avaient succédé tout à coup ; les crêtes des hauteurs se dessinaient à la lueur de la fusillade, mariée aux premiers rayons du soleil. Un vétéran de la gloire immortelle des Pyramides dirigeait l'élan de nos jeunes soldats, et voyait encore une fois le croissant fuir devant nos baïonnettes. On a dit que l'expédition d'Égypte était le roman de notre histoire militaire, la campagne d'Alger en est bien le second volume, et le brave général Hurel fut acteur dans l'une et dans l'autre.

L'ennemi ne tint pas devant la valeur française. Après une résistance assez courte, il s'enfuit précipitamment. Les brigades commandées par les lieutenants généraux Berthezène et d'Escars, occupèrent bientôt le sommet du mont Bougiaria, où vint les rejoindre le général en chef, suivi de son état-major. De là, le comte de Bourmont poussa une reconnaissance jusqu'à trois cents mètres environ du fort l'Empereur, dont il lui tardait de faire le siége.

Ce château, bâti, dans le seizième siècle, sur l'emplacement même où Charles-Quint avait établi sa tente dans sa funeste expédition, était le seul ouvrage qui protégeât Alger du côté de la campagne. Ses murailles, hautes de 40 pieds du côté de la ville, et de 25 vers la campagne, étaient défendues par les meilleurs canonniers de la Régence et par quinze cents janissaires d'élite, qui avaient juré de périr plutôt que de se rendre.

Une tour très-élevée dominait tout le château, dont les bastions, les courtines et la terrasse étaient armés d'une multitude de gros canons de calibre.

Les travaux du siége furent habilement dirigés par les généraux Lahitte et Valazé, et la tranchée fut ouverte, à 250 mètres de distance de la forteresse, dans la nuit du 29 au 30 juin. Les assiégés, apercevant les travailleurs au lever du jour, ouvrirent contre eux un feu très-vif, et blessèrent mortellement le chef de bataillon du génie, Chambaud.

Les travaux continuèrent pendant plusieurs jours et furent sans cesse troublés par les sorties des Turcs et par le feu continuel des batteries, qui nous enlevaient par jour environ quatre-vingt-dix hommes. Nos pertes eussent été plus grandes, sans l'utile diversion de la flotte; elle canonna plusieurs fois la ville avec succès, et attira vers les batteries de la mer une foule de soldats algériens qui inquiétaient beaucoup les nôtres.

Le feu fut ouvert, le 4 juillet, à la pointe du jour. Au signal d'une fusée volante, toutes les batteries françaises lancèrent sur les merlons et sur les batteries du château une grêle de boulets, semant partout la destruction. J'emprunte ici les paroles d'un officier de l'armée d'Afrique, pour vous faire connaître, mon cher Gustave, avec plus d'exactitude l'attaque dirigée contre le fort.

« A notre feu terrible l'ennemi riposta vivement par la canonnade la mieux nourrie. C'était à peine si la clarté douteuse qui précède l'aurore commençait à poindre à travers le brouillard matinal qui est à peu près quotidien aux environs d'Alger; quand ce brouillard disparut devant le soleil, l'épaisse fumée de la canonnade continua à charger l'horizon, et, au milieu du nuage qui enveloppait tout l'espace embrassé par nos attaques autour de la forteresse, on ne distinguait que les jets de feu dont les éclairs, sans cesse répétés, indiquaient les points d'où partaient la mort et la destruction.

« La première heure de l'ouverture du feu fut employée tout entière, de notre côté, à éprouver et à rectifier le tir des pièces; et sous la grêle des projectiles que vomissaient toutes les batteries du fort, disons-le à la gloire de notre artillerie, cette opération se fit avec autant de calme et de sang-froid qu'au Polygone. De longs intervalles entre les salves, malgré la continuité du feu des Turcs, annonçaient que nous cherchions à assurer nos coups. Aussi notre feu acquit-il bientôt sur celui de l'ennemi une supériorité incontestable. Il devint vif et nourri, et nos bombes, nos obus et nos boulets portèrent tous dans le fort. Une heure nous suffit pour abattre la tour qui s'élevait au milieu du château. La capacité supérieure du général Lahitte brilla de tout son éclat dans cette journée, dont l'immense résultat fut si prompt. Il se tint constamment à ses pièces, et s'il y fut admiré, il eut aussi occasion de rendre justice à l'habileté et à l'énergie avec lesquelles il fut secondé.

« Malgré l'effet prodigieux de notre feu, celui de l'ennemi y répondit sans interruption pendant quatre heures. Les Turcs se firent écraser dans leur fort, avec un courage persévérant que nous ne pûmes nous empêcher de plaindre. Leurs canonniers qui périssaient, étaient au même moment remplacés par d'autres canonniers non moins intrépides. Les pièces n'étaient abandonnées par leurs servants, que lorsqu'elles étaient tout à fait désemparées ; mais à neuf heures et demie du matin, le château cessa de répondre à notre feu. Tous les canons étaient renversés, les affûts brisés, les casemates enfoncées ; des monceaux de cadavres couvraient les terre-pleins, et l'on finit par ne plus voir que deux hommes, un Turc et un Nègre, qui chargèrent encore et tirèrent quelques coups. Les faibles débris de la garnison s'étaient réfugiés dans les ruines de la tour avec la résolution d'y mourir.

« Le dey, à la nouvelle de ce désastre, sentit tout son courage l'abandonner : « Qu'on évacue « le fort, s'écria-t-il, et qu'après la sortie des « hommes qui vivent encore, on le fasse sauter, « en mettant le feu au magasin à poudre. »

« A dix heures, cet ordre s'exécutait, une explosion épouvantable éclata tout à coup ; le bruit en retentit au loin, et des nuages épais de fumée et de poussière obscurcirent l'horizon : le fort avait sauté.

« Le général Hurel accourut, avec les troupes de tranchée, sur ses ruines fumantes. Le génie y arriva en même temps et s'y installa. Il trouva toute la courtine du côté de l'ouest renversée ; les autres côtés étaient debout. Dans l'intérieur du fort, canons , affûts brisés , morts ou mourants, tout était enseveli sous les éboulements de la tour. Ces monceaux de débris étaient couverts de membres épars , de boulets , d'éclats de bombes et de fragments d'obus. Les sacs de laine dont les Turcs s'étaient servis pour se protéger contre notre feu , avaient été déchirés par l'explosion , et la terre était jonchée de leurs flocons jusqu'à une grande distance.

« Tous nos soldats ne purent s'empêcher de rendre témoignage à la bravoure des Turcs. La science n'entra pour rien dans leur défense, mais le courage du désespoir y joua un rôle brillant. Leur artillerie du fort l'Empereur fit preuve d'adresse et d'énergie. La témérité de leurs sorties, pendant les quatres jours de tranchée , fut vraiment inexplicable, car , lorsqu'ils avaient affaire à des soldats français , venir jeter des pierres contre les ouvrages de nos mineurs , comme ils le firent, n'est-ce pas une bravade qui serait ridicule, si elle n'était un acte de la folie du courage? Les Turcs sont naturellement braves; mais ici ils combattaient sur un terrain sacré, pour leurs foyers, et une foi vive et ardente exaltait au suprême degré leur bravoure de tempérament. Un portefeuille, trouvé sur un officier de la milice turque, fut apporté au général en chef par un interprète. Ce portefeuille contenait une lettre adressée au dey, où respirait le langage de la foi et du dévouement. Il y était parlé de plusieurs chefs turcs morts dans les combats ; ils étaient considérés comme des martyrs de la croyance mahométane, et l'auteur de la lettre brûlait de verser son sang pour la défense de la religion. »

Avec le château Sultan-Calassi, tomba l'orgueil d'Alger la *Guerrière*. La stupeur remplit toute la ville, et le dey lui-même n'eut plus d'espoir que dans la générosité des vainqueurs.

Lettre Seizième.

A MARIE.

PRISE D'ALGER. — CASSAUBA. — DÉPART DU DEY ET DES JANISSAIRES.

Bône, août 1835.

Je ne vous oublie pas, ma chère Marie, et si je ne vous ai pas adressé plusieurs de mes lettres précédentes, c'est qu'il était question de bataille; j'ai pensé que votre nom si doux serait mal placé en tête de mes récits belliqueux. J'ai mieux aimé vous faire assister à notre prise en possession d'Alger, qu'aux luttes terribles que nos troupes soutinrent contre les Arabes. Je réside à Bône en ce moment; mais je ne vous parlerai pas aujourd'hui de cette ville, car je sais que Gustave est pressé de pénétrer avec nos soldats dans la superbe capitale de la piraterie.

Je lui disais, dans ma dernière lettre, que la chute du fort l'Empereur avait abattu l'orgueil du dey et des Algériens ; aussi, à peine le général Bourmont s'était-il installé sur les ruines fumantes du château, qu'un parlementaire se présenta. C'était Sidi-Mustapha, secrétaire du dey. Il venait offrir, en tremblant, des conditions peu satisfaisantes pour des vainqueurs, et à ses propositions de paix le général répondit :

« Dites au dey que, maître du fort l'Empereur et de toutes les positions dominantes, je tiens en main le sort de la ville et de la Cassauba. Les cent bouches à feu que j'ai apportées de France et les quatre-vingts canons et mortiers à bombes que j'ai trouvés dans les batteries algériennes, dont je me suis emparé, suffiraient pour détruire, en peu d'heures, comme vous en avez déjà la preuve, votre Cassauba et les murailles d'Alger. Je consens à donner la vie sauve au dey, aux soldats turcs et aux habitants, s'ils se rendent à merci, et s'ils remettent sur-le-champ aux troupes françaises les clefs de la ville, de la Cassauba, et tous les forts extérieurs.»

Quelques instants après, survinrent deux autres parlementaires. L'un d'eux, nommé Boudera, parlait facilement le français. Après avoir reçu du général la même réponse que le secrétaire du dey, il ne craignit pas de faire quelques observations, et obtint que le mot *se rendre à merci* serait supprimé. Après quelques pourparlers, les trois parlementaires signèrent une convention conçue en ces termes :

« Le fort de la Cassauba, tous les autres forts qui dépendent d'Alger, et le port de la ville, seront remis aux troupes françaises, le 5 juillet, à dix heures du matin (heure française).

« Le général en chef de l'armée française s'engage envers Son Altesse le dey d'Alger à lui laisser la libre possession de tout ce qui lui appartenait personnellement.

« Le dey sera libre de se retirer avec sa famille et ce qui lui appartient, dans le lieu qu'il fixera ; et tant qu'il restera à Alger, il sera, lui et toute sa famille, sous la protection du général en chef : une garde garantira la sûreté de sa personne et celle de sa famille.

« Le général en chef assure à tous les soldats de la milice les mêmes avantages et la même protection.

« L'exercice de la religion mahométante sera libre. La liberté des habitants de toutes les clas-

ses, leur religion, leurs propriétés, leur commerce
et leur industrie, ne recevront aucune atteinte;
les femmes seront respectées; le général en chef
en prend l'engagement sur l'honneur.

« L'échange de cette convention sera fait avant
dix heures du matin, et les troupes françaises
entreront aussitôt après dans la Cassauba, et
successivement dans tous les autres forts de la
ville.

« Au camp, devant Alger, le 5 juillet 1830. »

Les trois parlementaires rentrèrent dans Alger. Brassewitch, premier interprète de l'armée,
les suivit pour se concerter avec Hussein-Pacha
sur les dispositions relatives à la remise de la
ville. Ce vieil interprète, qui avait traité avec
Mourad-Bey, dans la campagne d'Égypte, éprouva
des émotions profondes dans cette redoutable entrevue. Il en ressentit bientôt les suites funestes,
car quinze jours après il succomba à une né-
vralgie, dans un hôpital, oublié et presque sans
secours.

Le dey désirait obtenir quelques heures de dé-
lai, mais on les lui refusa; à l'heure fixée par le
général, toutes les troupes françaises se présentèrent devant Alger, rangées en bataille. Ce fut

alors qu'Hussein évacua précipitamment la Cassauba, emportant avec lui son trésor particulier, ses effets les plus précieux et les bijoux de sa famille ; il se retira dans une de ses maisons de la ville.

A midi, une compagnie de sapeurs du génie, une compagnie d'artillerie et un bataillon du sixième de ligne se dirigèrent vers la Cassauba, tandis que d'autres troupes prenaient possession des forts et des portes de Babazou (Bab–Azoun), et de Babaloued (Bab-el-Oued). Les sapeurs entrèrent les premiers dans la Cassauba ; leur vue épouvanta tellement les esclaves du dey qui emportaient les derniers paquets, qu'ils les laissèrent tomber, les uns dans la rue, les autres dans les cours, d'autres dans les escaliers. Les Juifs qu'on avait employés à ce déménagement, sous les ordres des esclaves du dey, moins timides que les nègres, gardèrent, en fuyant, les objets qui leur avaient été confiés. La Cassauba fut bientôt remplie de troupes qui se répandirent dans toutes les parties du palais, et l'on s'imagine bien que les premiers objets qui s'offrirent à leurs yeux furent des objets de tentation. C'étaient pour la plupart des babouches de maroquin et des pantoufles de femme, brodées en paillettes et en cannetille ; des tasses de porcelaine d'Italie, des

supports de tasse en cuivre doré de Constantinople, des vases de verre et de cristal à fleurs d'or,
remplis d'odeurs, des cuillers d'une forme bizarre, pour manger le riz et le *couscoussou* ∗,
faites en bois de palissandre, en ivoire ou en
ébène, garnies de petites perles de corail; d'autres avaient trouvé dans les paquets abandonnés
par les esclaves, des habits de femme, des voiles
de mousseline, et de la toile de soie et coton destinée à faire des turbans. Quelques-uns s'emparèrent de burnous en drap amarante et en tissus
blancs de laine de Tunis.

A cela se borna ce fameux pillage de la Cassauba, tant célébré par les ennemis de notre
conquête. Le général en chef, dont le désintéres-
sement fut extrême, ayant su que des pièces d'ar-
genterie et de vermeil avaient été trouvées, donna
l'ordre qu'elles fussent déposées dans le trésor. Au
reste, le désordre dura à peine quelques heures,
dans une cité conquise !

Quant au trésor, il est connu non-seulement
de toute l'armée, mais de toute la population
d'Alger, qu'il n'en a pas été soustrait une pièce
d'argent. Lorsque le général en chef fit son en-

∗ Grosse semoule de farine de blé que les Algériens font cuire à la
vapeur, et qui compose leur nourriture favorite.

trée dans la Cassauba, il en reçut les clefs en présence de tout son état-major, et les remit immédiatement entre les mains des membres de la commission des finances, composée de MM. D'Ennié, Firino et Tolozé.

Le trésor de la Cassauba a été l'objet d'une foule de divagations et d'hyperboles plus ridicules les unes que les autres ; on en a fait des contes merveilleux ; ce n'étaient partout que souterrains remplis d'or, d'argent et de pierreries. Il est bon de remarquer que ces contes sur les trésors sont de tous les temps. Lors de l'expédition d'Égypte, Napoléon fut soupçonné aussi d'avoir détourné à son profit les richesses des Pharaons, cachées dans les Pyramides. Cette absurde calomnie était si répandue parmi les troupes, que, lorsque Junot retourna en France, quelques mois après son général, il fut accusé d'être resté tout exprès pour emporter les immenses richesses que Napoléon n'avait pu embarquer avec lui. Des commissaires furent chargés en conséquence d'aller visiter à bord les effets de Junot ; ils brisèrent une grande caisse placée dans l'entrepont, où ils trouvèrent, au lieu de richesses incalculables, les modestes outils du maître charpentier.

Toutes les opérations de la commission des finances se firent au grand jour, et il fut attesté que le trésor de la Régence ne renfermait que quarante-huit millions et quelques centaines de mille francs, ce qui est déjà fort beau. En comparant les dépenses de l'expédition à ces valeurs et à différents autres produits, on voit d'un côté cinquante-cinq millions de recette, et de l'autre, quarante-trois millions de dépenses; les bénéfices, pour un financier, seraient donc de douze millions. Mais la France ne compte pas ainsi : dans l'expédition d'Alger, elle a vu un pays immense délivré de l'oppression, ouvert au commerce et à l'industrie, et destiné à recevoir les bienfaits de la foi et de la civilisation.

La capitulation fut rigoureusement exécutée, et la conduite des Français dans cette occasion fut un modèle de grandeur et de générosité. Pas un officier, pas un soldat ne franchit le seuil de la demeure d'un Maure, d'un Turc ou d'un Juif, et Alger ne subit pas même la charge d'un logement militaire. On n'établit que peu de troupes dans la ville, faute d'édifices qui pussent servir de carsernes, et le calme, la tranquillité, signalèrent tellement notre conquête, que le jour même de notre entrée, le muézin appelait comme à l'ordinaire, du haut des minarets, les mahométans à la prière. Les Arabes commencèrent le lendemain à venir approvisionner de légumes, de fruits et de volailles le marché de la ville. Tout ce qu'ils apportaient leur était acheté et scrupuleusement payé. Aussi ne tardèrent-ils pas à y affluer.

Notre armée campa sur les collines qui dominent Alger, et nos avant-postes furent maintenus circulairement, à environ une lieue de la place.

Après la prise de possession d'Alger, Hussein-Pacha ne pouvait y demeurer longtemps; il avait tout à craindre de ses sujets, et il ne se croyait pas même en sûreté sous la garde d'une compagnie de grenadiers. On lui avait laissé le choix du lieu de sa retraite. Le consul anglais, M. de Saint-John, qui se donnait beaucoup de mouvement inutilement, lui avait insinué de se rendre à Londres, ou du moins à Malte; il offrit même plusieurs fois sa médiation au général en chef, qui la refusa poliment, en lui disant, avec un sourire fin et spirituel: « Je vous remercie, Monsieur; c'est une affaire que je veux arranger moi-même avec le dey. »

Ce dernier écouta, en effet, les conseils du général, et résolut de partir pour Naples, sur la frégate *la Jeanne d'Arc*. Par des motifs religieux, il demanda à ne s'embarquer qu'après le coucher du soleil. Cent dix personnes composèrent sa suite. Le nombre des objets qu'il enleva est inimaginable : plus de cent portefaix furent occupés, une partie de la journée, à les transporter à bord de deux grands bateaux qui en étaient chargés. A huit heures du soir, Hussein sortit à pied de sa maison ; ses femmes étaient dans des palanquins fermés, les esclaves suivaient : le cortége était triste, silencieux ; il y avait très-peu de monde dans les rues. Pendant le trajet de sa maison à la marine, la figure du pacha fut sévère, mais sa contenance était noble et digne. On assure que, quand il quitta le rivage, de grosses larmes roulaient dans ses yeux, et qu'il tourna plus d'une fois ses regards vers ces murs où il avait commandé pendant quinze années.

Ce dernier dey d'Alger s'était élevé, par sa bravoure et son intelligence, des derniers rangs de la milice turque, au plus haut degré de faveur. Il fut l'ami et le premier ministre de son prédécesseur Ali.

Hussein est né à Vourla, en 1764. Élevé à Constantinople, il avait servi dans le corps des *top-chys* ou canonniers, où il s'était élevé rapidement au rang d'Oda-Bachy. Mais son caractère irascible et opiniâtre l'ayant exposé un jour à subir un châtiment sévère, il s'enfuit et vint s'enrôler dans la milice d'Alger, dont il devait devenir le seul maître. Il fut moins haï qu'Ali-Pacha, auquel il succéda, car il était ordinairement juste dans sa conduite. Dans des moments de franchise, il a avoué à plusieurs Français qui l'ont été voir avant son départ, qu'il sentait toute la faute qu'il avait commise en irritant la France contre lui. Il se montra plein de reconnaissance pour la conduite généreuse des vainqueurs à son égard, et les conseils d'ami qu'il leur donna, avant de s'éloigner, pour les guider dans l'administration de leur nouvelle conquête, prouvèrent qu'il avait conçu pour eux une haute estime, on peut dire même une grande affection.

Hussein redouta toujours ses sujets, et, pour éviter le sort qu'ils faisaient ordinairement subir aux deys, il se résigna à rester, pendant tout son règne, prisonnier dans sa forteresse de la Cassauba, d'où il avait cru pouvoir défier les armes de la France.

Ce château fort de la Cassauba, dont on parle tant, mérite de fixer un instant notre attention ; je n'essaierai pas de le décrire minutieusement, car il me faudrait pour cela faire tout exprès un volume.

La figure de cette terrible demeure des anciens maîtres d'Alger est triangulaire ; elle est séparée de la ville par une muraille très-élevée, garnie de deux cents canons de tous calibres, dont une moitié destinée à défendre la ville du côté de la campagne, et l'autre moitié à la réduire en poudre en cas de révolte. La cour carrée de la demeure du dey est pavée en marbre blanc, et entourée sur trois côtés de galeries supportées par des colonnes torses. L'appartement d'Hussein était au second étage ; il se composait de plusieurs pièces rectangulaires, plus longues que larges, et garnies de beaux tapis et d'une grande quantité de coussins brochés d'or et d'argent. On y voyait aussi deux fauteuils dorés, très-grands et très-élevés. Au bout des galeries est un petit kiosque, entouré d'un divan rouge, dans lequel le dey venait prendre le café et fumer sa pipe après ses audiences publiques. Ce kiosque servit de salon aux aides-de-camp du général en chef. Au-dessous était une porte très-basse ; c'était l'entrée du harem, bâtiment composé de deux cours, autour desquelles étaient des chambres et des boudoirs, et toutes les dépendances nécessaires au service des femmes. Le mobilier du harem était plus somptueux qu'élégant ; on n'y trouvait ni le goût français, ni la propreté anglaise, mais une grande richesse, semée partout à profusion et sans ordre. En général, tous les appartements du palais de la Cassauba étaient si sales, si négligés, et tellement infectés d'insectes, que le général Bourmont et les officiers supérieurs qui l'habitèrent furent obligés, pour pouvoir dormir, d'employer pendant plusieurs jours des Juifs à les laver au vinaigre et au chlorure de chaux. On peut appliquer à la Cassauba ce que lord Byron a dit de la demeure du pacha de Janina : *C'est un palais au dedans, au dehors une citadelle.*

Le lendemain de notre entrée, les janissaires furent désarmés, et après le départ du dey ils s'embarquèrent sur des bâtiments français qui les transportèrent dans l'Asie-Mineure. Ceux qui étaient mariés ou trop âgés furent autorisés à rester. Les autres purent emporter avec eux toutes leurs richesses; on leur accorda même quelques secours en argent, et ils purent ainsi aller au loin raconter la valeur et la générosité des Francs après la victoire. Aussi se montrèrent-ils tous très-reconnaissants. Traités avec bonté, bien nourris pendant la traversée d'Alger à Vourla, près de Smyrne, ils ne cessèrent de publier hautement les bienfaits de leurs vainqueurs.

Ainsi se termina le grand drame qui, depuis tant d'années, s'agitait entre l'Europe et l'Afrique. Une question toute solennelle fut ainsi résolue.

« Alger, s'écrie à ce sujet un officier chrétien dont j'ai quelquefois répété les paroles; Alger, ce repaire inabordable de forbans orgueilleux et cruels ; Alger, la métropole de l'islamisme en Afrique, la ville sainte, la ville guerrière, si longtemps la terreur des chrétiens, Alger était à la France : il était conquis à la civilisation chrétienne ; il entrait dans la grande famille des cités catholiques. Ainsi tomba, à la satisfaction de la France et aux acclamations de l'Europe et du monde, cet État dont l'existence insultait aux droits de l'humanité, dont la vie était une guerre à mort à la chrétienté. Par cette victoire, qu'il est permis d'appeler sainte, nous mîmes fin à la *traite des blancs*, aux exactions de tous ces tributs honteux que des puissances chrétiennes payaient à des régences barbaresques, et aux avanies si souvent répétées que la civilisation européenne avait trop longtemps souffertes. La Méditerranée devenait libre, la côte de *Barbarie* abordable, la croix était replantée en Afrique. »

Honneur donc et reconnaissance éternelle à notre vaillante armée ! Mais gloire avant tout au Seigneur qui s'est servi de sa valeur pour venger son culte et punir ses ennemis !

L'armée n'oublia pas de le remercier hautement des triomphes qu'il lui avait accordés. Le 11 juillet, elle s'empressa de solenniser avec toute la pompe possible le saint jour du dimanche.

Un autel fut dressé au fond de la cour principale de la Cassauba ; le signe du salut du monde apparut au milieu de cette forteresse, bâtie par les enfants de Mahomet contre les peuples soumis à Jésus-Christ. Les paroles de l'Évangile furent proclamées dans ces lieux encore tout pleins des souvenirs de l'islamisme, et devant la lettre morte du Koran, gravée sur tous les murs, la voix du doyen des aumôniers de l'armée, vieillard courbé sous le poids de soixante-seize ans, réalisa la présence du Verbe éternel. Généraux, officiers et soldats environnaient l'autel ; et, après la célébration du saint sacrifice, le prêtre vénérable entonnait, de toute la force que l'âge lui laissait encore, les louanges du Seigneur, le chant d'action de grâces.

Le lendemain de cette cérémonie imposante, le général en chef voulut féliciter publiquement les troupes, au nom de la patrie, de leur conduite pendant la campagne. Une revue de deux divisions de l'armée, qui se trouvaient aux environs d'Alger, eut lieu à deux milles à l'est de la ville ; elle dura cinq heures et fut triste. Les maladies commençaient à dégarnir les rangs, déjà éclaircis par les combats, et le général n'avait aucune croix, aucun grade à donner à ceux qui les avaient si noblement conquis. Ce chef illustre et malheureux se sépara de ses soldats, le souci dans le cœur, car il savait déjà qu'on marchandait la gloire des vainqueurs !...

L'armée eut environ trois mille hommes mis hors de combat par le feu de l'ennemi, durant la campagne. Après la conquête, elle souffrit beaucoup des chaleurs des jours et de l'humidité pernicieuse des nuits. Les fièvres intermittentes, les dyssenteries se multiplièrent rapidement. Le 3e de ligne, qui avait eu les honneurs de l'avant-garde pendant une grande partie de la campagne, et qui était peut-être le plus beau régiment de l'armée lorsqu'elle débarqua sur la terre d'Afrique, vit ses compagnies réduites à huit ou dix hommes, bien plus encore par la malignité du climat que par le feu de l'ennemi.

Promptement arrivée, à force de courage et de valeur, au terme de ses nobles travaux, l'armée se trouvait dans une position matérielle plus intolérable que celle où elle avait été durant les fatigues et les privations inévitables de la campagne, et les souffrances morales vinrent ajouter leur poids au fardeau des peines physiques. Si le soldat français est impatient de vaincre, il ne l'est pas moins de voir ses services reconnus par la justice nationale. De nombreuses actions d'éclat, des traits brillants de valeur, renouvelés tous les jours en présence d'un ennemi avide de trancher chaque tête que pouvait atteindre son *yatagan*, avaient marqué d'un sceau particulier cette campagne, où la palme ambitionnée depuis plus de trois siècles par les plus puissantes nations de l'Europe, avait été cueillie en vingt-un jours par les enfants de la France. Jamais nos soldats n'avaient mieux répondu à l'attente de la patrie ; et cependant, quand le général en chef adressa au gouvernement la demande des récompenses militaires, on marchanda le prix du sang versé pour l'honneur de la France et pour la délivrance de la chrétienté ! Les vainqueurs d'Alger ont été oubliés par les chefs du pouvoir, mais la reconnaissance et l'admiration du monde ne leur manqueront pas , et l'histoire inscrira dans ses plus belles pages les hauts faits qui les ont illustrés.

Lettre Dix-septième.

A GUSTAVE.

OCCUPATION DE BÔNE ET D'ORAN. — EXPÉDITION DE BÉLIDA. — CONSPIRATION. — DÉPART DU GÉNÉRAL BOURMONT.

Bône, septembre 1835.

Maîtresse d'Alger, la France devait, pour assurer sa conquête, prendre possession des places les plus importantes de la côte d'Afrique. Le 25 juillet, le comte Damrémont reçut l'ordre de se diriger sur Bône, avec des forces suffisantes. Les habitants l'accueillirent avec empressement, car ils étaient harcelés vivement par les

Arabes, et il put sans obstacle s'établir dans la
ville, où il trouva cent trente-quatre pièces de
canon. Mais habile et prudent, il ne s'endormit
pas dans une fausse sécurité ; il fit réparer la
Cassauba ou château-fort, et éleva des retran-
chements sur les points les plus abordables. Ces
sages dispositions l'aidèrent à vaincre les Kabyles,
qui ne tardèrent pas à l'inquiéter. Le 6 août,
ils se montrèrent en force ; mais, affrontés avec
vigueur par les troupes françaises, ils battirent
en retraite précipitamment. Dans la nuit du 11
au 12 août, ils reparurent, contre la coutume
des Arabes, qui n'attaquent point leurs ennemis
après le coucher du soleil. On les reçut à la
baïonnette, et leurs cadavres jonchèrent les
fossés et les parapets qu'ils avaient osé aborder.
Ils cessèrent dès lors ces attaques auxquelles les
poussait le bey de Constantine. Mais le 18 août
le général Damrémont fut rappelé avec ses
troupes à Alger, et les Kabyles reprirent toutes
les positions que nos soldats furent contraints
d'abandonner.

Nous ne tarderons pas, mon cher Gustave, à
voir Bône rentrer en notre pouvoir. Cette ville,
que nous occupons maintenant et dont le séjour
me plaît assez, ne renferme environ que quatre
mille habitants. Elle possède un port commode

qui, avant notre conquête, était le rendez-vous du commerce français. Pour qu'elle reprît quelque chose de son importance première, il faudrait que Constantine fût à nous, car alors Bône serait un point de ralliement entre cette ville et Alger.

Depuis que Bône est tombée entre nos mains, elle est restée presque aussi sale qu'auparavant et a été le théâtre d'épidémies meurtrières, qui ont pour ainsi dire détruit plusieurs régiments. Ce n'était pas seulement dans la ville que ces fièvres mortelles se manifestaient, mais surtout dans la plaine de la Boudgymah, où l'on occupait les troupes à faucher et à recueillir les foins, et où les miasmes se développent dans toute leur puissance ; de jour en jour, les soins et les précautions hygiéniques sont plus observés ; un grand hôpital a été bâti aux Caroubiers, entre Bône et le fort Génois : on y envoie les convalescents ; toute la ligne ouest du littoral jouit d'une juste réputation de salubrité.

A l'est de Bône et sous ses murs, est la petite plaine de Boudgymah, qui reçoit les embouchures de la rivière de ce nom et celle de la Seybouse. Pendant l'hiver, cette plaine est convertie en un grand marécage par l'accroissement des eaux, auxquelles se mêlent celles de la mer; et il en résulte, au commencement de juin, des effluves pestilentiels qui compromettent gravement la santé et la vie des habitants.

Bône est dominée à l'ouest par sa Cassauba, qui s'élève à une grande hauteur sur un monticule voisin; elle est construite comme Alger; mais la fuite des habitants l'ayant mise complétement en notre possession, nous avons pu déblayer quelques places, et tracer de larges rues, qui deviendront de plus en plus commerçantes. C'est à une lieue de distance de cette place que l'on trouve les ruines d'Hyppône, que saint Augustin a rendues si célèbres; il n'en reste que d'immenses citernes de construction romaine, qui pourraient servir de dépôts et de magasins; mais la plupart auraient besoin de toitures, et elles resteront probablement encore longtemps abandonnées.

Reprenons maintenant, mon cher Gustave, la suite de notre récit. Pendant que le comte de Damrémont se dirigeait vers Bône, qu'il devait occuper si peu de temps, la ville d'Oran se soumettait au fils aîné du maréchal Bourmont.

Hassan-Bey, qui gouvernait la province de ce nom, paraissait bien disposé en notre faveur. Hussein-Pacha, en quittant Alger, avait dit de lui aux Français : « C'est un honnête homme, sa conduite est vertueuse, sa parole est sacrée. Mais mahométan rigide, il ne consentira pas à vous servir. » Ces paroles étaient vraies, et le bey d'Oran les justifia en tout point.

Louis de Bourmont, aide-de-camp du général en chef, fut chargé d'obtenir d'Hassan la reconnaissance de l'autorité française. Parti de la rade d'Alger, à bord du brick le *Dragon*, le 22 juillet, il arriva le 24 en vue d'Oran, et rallia la petite station française qui croisait devant cette ville. Il envoya au bey les propositions les plus honorables, et celui-ci dépêcha deux Turcs à bord du *Dragon* pour y traiter des conditions. Louis de Bourmont apprit d'eux que le bey était prêt à se soumettre à notre autorité, mais que quelques-uns des membres de son divan, qu'il avait consulté à ce sujet, avaient manifesté hautement des intentions contraires, et qu'ils l'avaient même abandonné pour grossir les rangs des Arabes révoltés. Réduit à se défendre contre eux dans son palais avec sept ou huit cents Turcs qui lui restaient fidèles, Hassan-Bey sollicitait vivement l'appui des forces françaises. Les deux envoyés turcs ajoutèrent qu'il serait bon, pour rendre les communications plus faciles, que la station française vînt mouiller dans le port de Mers-el-Kebir, dont l'entrée, selon les apparences, ne lui serait pas fortement contestée.

Ces deux parlementaires étaient à peine partis, que les bricks français *le Voltigeur*, *le Dragon* et *l'Endymion* mouillaient déjà devant les batteries du fort de Mers-el-Kebir. Cent dix hommes, pris dans les équipages des trois bricks, s'élancent à terre, à la vue des consuls étonnés d'Angleterre et de Sardaigne, qui avaient accompagné les deux envoyés du bey ; et, conduits par leurs officiers, ils entrent dans le fort, au milieu de la garnison turque stupéfaite de tant d'audace. Louis de Bourmont, qui dirigeait ce coup de main chevaleresque, fait entendre aux Turcs qu'ils n'ont rien à craindre s'ils veulent demeurer tranquilles, mais qu'ils sont morts s'ils tentent de se défendre. Ils s'abstinrent de toute résistance, et nos marins occupèrent le fort, où l'on compta quarante-deux pièces de différents calibres en batterie. Le lendemain, deux Turcs apportèrent à Louis de Bourmont la reconnaissance de la souveraineté de la France par le bey. Ce prince, en capitulant, refusa de se charger du fardeau difficile de gouverner la province au nom des nouveaux dominateurs. Plus tard, le colonel Goutefrey, envoyé à Oran avec le 24e régiment de ligne, pour y tenir garnison, fut nommé gouverneur de cette ville.

Le bey de Tittery ne se conduisit pas à beaucoup près aussi loyalement que celui d'Oran. La générosité française lui avait conservé ses droits sur la province où il régnait avant la conquête de la Régence ; il en abusa étrangement, et ne se servit de la confiance des vainqueurs que pour les attirer dans un piége et chercher à les anéantir. Il engagea donc le comte de Bourmont à s'avancer jusqu'au pied de l'Atlas et à visiter la ville de Bélida, située à douze lieues environ d'Alger, et arrosée par le Massafran, qui fertilise autour d'elle les campagnes les plus riantes.

« La présence du général en chef de l'armée française aura l'effet immédiat, disait ce traître, de faire naître la confiance et de hâter la soumission de toute la population de la province. »

Quelques hommes prudents et bien instruits de tout cherchèrent à détourner le comte de Bourmont de ce voyage : « J'ai promis, répondit-il, d'aller à Bélida, je passerais pour avoir peur si je ne tenais pas ma parole. »

Le 23, à deux heures du matin, le maréchal se mit en route avec une escorte de quatorze cents hommes, dont trois cents de cavalerie, et avec une demi-batterie de campagne. Ces forces furent placées sous le commandement du brave général Hurel. Le duc d'Escars, dont la division avait fourni le détachement d'infanterie, accompagnait volontairement l'expédition. Le syndic des Arabes d'Alger obtint du maréchal de lui prouver son attachement en le suivant avec une trentaine de cavaliers arabes. La reconnaissance, conduite par le comte de Bourmont, dit M. d'Ault-Dumesnil dans son récit de cette expédition, traversa toute la belle plaine de la Métidja, qu'elle trouva muette et couverte d'une herbe abondante, mais brûlée par le soleil, là où il n'y avait point d'eau. De grands troupeaux de bœufs et de moutons erraient au milieu de cette plaine, sous la garde de bouviers et de pasteurs arabes, à pied et à cheval. Après une marche d'environ douze lieues communes de France, la petite expédition arriva à Bélida, très-fatiguée d'une route aussi longue. Une députation des habitants de Bélida était venue au-devant du maréchal, jusqu'à plus de deux lieues, pour faire acte de soumission à la France. Cette députation supplia le comte de Bourmont d'épargner à la ville le logement des troupes, incompatible avec les mœurs et les usages musulmans. Le maréchal eut égard à cette demande, et promit que la religion, les lois et les coutumes du pays seraient respectées. Le détachement bivouaqua hors des enclos qui avoisinent la ville, et le maréchal s'établit aussi au bivouac avec tout son état-major, dans un beau et vaste clos d'orangers que les habitants lui avaient offert, près de la porte de Bélida, du côté d'Alger. La curiosité avait amené devant nous une partie de la population. Il y avait bien des siècles que le sol de cette délicieuse contrée n'avait été foulé par les pas d'un chrétien; et c'était un étrange spectacle que celui d'un état-major français au milieu de ces Africains demi-nus, que l'avidité de voir les Francs, bien différente de l'apathie des Algériens, précipitait sous les pieds des chevaux. Ils versaient à pleine coupe aux soldats une excellente limonade, qu'une soif inextinguible faisait trouver encore meilleure.

Avant le tremblement de terre dont elle fut victime en 1825, Bélida aurait peut-être compté dix mille habitants, mais une partie de cette population repose aujourd'hui dans les vastes cimetières qui environnent la ville. Les vestiges du désastre sont partout visibles. Les maisons de Bélida ne sont guère que des huttes; les rues en sont singulièrement étroites et couvertes de roseaux, du haut d'une maison à l'autre, pour empêcher les rayons du soleil d'y pénétrer. Les portes de la ville ont seules quelque apparence architecturale. La situation de Bélida, dans une contrée prodigieusement fertile et merveilleusement arrosée, sur la route de communication entre Alger et l'intérieur du pays, lui avait procuré les avantages qu'elle retirait du commerce. On ne saurait guère imaginer rien de plus délicieux que ses environs. La terre y est abondamment couverte d'une verdure riche et variée. Des ruisseaux intarissables descendent de l'Atlas, pour féconder le sol, et l'eau et le soleil s'y rencontrent dans cette heureuse proportion qui produit la végétation la plus luxuriante. Tout ce pays n'est qu'un bosquet de lauriers-roses, d'orangers et de citroniers. Des canaux d'irrigation, dirigés avec une intelligence qui étonne, y distribuent partout le bienfait des eaux.

Le 24, de grand matin, M. de Bourmont monta à cheval, traversa la ville, et, suivi d'un faible détachement, s'avança jusqu'à une lieue, à la reconnaissance du pays, vers le Massafran. Il aperçut, en revenant, les Kabyles qui erraient sur l'Atlas. Le départ avait été ordonné pour deux heures, mais quelques coups de fusil se firent entendre vers une heure. Le maréchal, qui venait de déjeuner sous l'ombrage des orangers, commanda à M. de Trélan, son premier aide-de-camp, de voir d'où partaient ces coups de fusil. A peine sorti du jardin d'orangers, M. de Trélan reçut une balle énorme à travers le bas-ventre et tomba mortellement frappé. Des voltigeurs le ramenèrent dans le jardin. La fusillade devint vive autour du quartier-général. Le maréchal, suivi de son état-major, rejoignit, au milieu des balles qui pleuvaient de toutes parts, sa petite troupe dont il était séparé de quelques centaines de pas. M. de Trelan, dont la blessure avait été reconnue mortelle, expira tandis que des voltigeurs l'emportaient. Il rendit le dernier soupir en recommandant à ses amis sa femme et ses enfants. M. de Bourmont, qui l'avait pour aide-de-camp depuis dix-huit ans, sentit vivement cette nouvelle perte.

Réuni à toute son escorte, le maréchal ordonna qu'on se mît en marche. Environnée de tous côtés de nuées de Kabyles, la colonne, si faible de nombre, commença en bon ordre son mouvement de retour. Les féroces agresseurs poussaient des cris horribles, et affrontaient nos soldats avec une inconcevable témérité. Mais leur audace vint se briser contre le courage imperturbable de nos braves. Cependant les deux premières heures de marche furent d'autant plus difficiles, que le détachement parcourait un terrain couvert de haies, de broussailles, et de massifs d'arbres. M. Chapelié, capitaine d'état-major, avait été envoyé, avant l'attaque, pour reconnaître le lieu

15

où l'on devait bivouaquer le soir. Il précédait la colonne, avec deux compagnies d'infanterie et un peloton de chasseurs, et, à force de bravoure, cette petite troupe frayait un chemin, à travers des fourmilières d'ennemis qui la cernaient de toutes parts ; enfin l'escadron des chasseurs d'Afrique put profiter du terrain devenu plus praticable, pour exécuter une charge qui fit justice de cette multitude de Kabyles. Le général Desprez, s'étant éloigné seul de la colonne, allait explorant le pays, lorsque plusieurs cavaliers ennemis se mirent à sa recherche. Un cri se fit entendre dans les rangs que le général Desprez allait être pris. Soudain, le maréchal tire l'épée et s'élance de toute la vitesse de son cheval, suivi seulement de trois ou quatre officiers et de quelques chasseurs, vers le général Desprez qu'il vit bientôt revenir vers la colonne. Tout le monde fit bravement son devoir, durant cette longue lutte de quinze cents Français contre plus de vingt mille Arabes.

Le colonel russe Filosofoff et le prince autrichien Schwartzenberg, qui avaient voulu faire partie de l'expédition, y soutinrent dignement leur réputation. Ce dernier mit pied à terre, prit un fusil, et resta une grande partie de la journée au milieu des tirailleurs. Il s'y trouvait avec un détachement, commandé par un sergent auquel il dit : « Camarade, je crois que nous ferions bien de nous diriger vers ces broussailles, où je vois des Bédouins, qu'il faudra en débusquer.—Comme il vous plaira, mon prince, commandez.—Non, sergent, c'est vous qui êtes le chef ici, le commandement est à vous. — Non, mon prince, c'est à vous qu'il appartient. — Je suis étranger et simple volontaire. — C'est égal, mon prince, quoique vous soyez Allemand, nous vous obéirons, tant que vous nous ordonnerez d'aller en avant. » Ce dialogue avait lieu en marchant, en tirant, en abattant les Kabyles.

Ce ne fut que vers huit heures du soir que les ennemis, qui harcelaient la colonne depuis deux heures de l'après-midi, se retirèrent dans leurs montagnes. Mais afin de n'être pas obligé de recommencer le coup de fusil avec eux le lendemain matin, on continua à marcher jusqu'à onze heures, pour arriver à une fontaine, voisine de quelques figuiers, où le syndic des Arabes conseilla aux troupes d'établir leur bivouac pour la nuit. Le maréchal avait été rejoint, avant d'y parvenir, par M. de Bois-le-Comte, major de cavalerie, qui lui apportait des nouvelles de Paris. Le 25, au matin, la colonne rentra dans Alger, ne comptant environ qu'une soixantaine d'hommes tués ou blessés.

Les Kabyles et les Arabes se vantèrent cepenpant d'avoir chassé les Français de Bélida, et cette nouvelle, répandue avec rapidité dans toute la Régence, ranima le courage abattu des tribus et des Turcs demeurés à Alger. Une sourde conspiration se trama dans le silence, et les Arabes cessèrent leurs relations avec nous. Le consul d'une nation alliée et jalouse de notre conquête ne fut pas étranger, dit-on, à toutes ces menées qui avaient pour but de chasser les Français d'Afrique et de nommer dey d'Alger le bey de Tittery; celui-ci prenait déjà hautement le titre d'Abduraman-Pacha. Quelques-uns de ses émissaires furent saisis heureusement. Des Arabes, chargés de porter secrètement à leurs complices des cartouches et des yatagans cachés dans des paniers de fruits, furent découverts et condamnés à mort. On se contenta ensuite d'arrêter les Turcs les plus notables, et on les embarqua, au nombre de trente, sur un vaisseau de guerre mouillé dans la rade. On voulut les contraindre en même temps à payer une contribution extraordinaire de huit millions, mais comme on n'employa que les menaces, la chose en resta là. On envoya à Smyrne tous les détenus et tous les Turcs valides qui se trouvaient encore à Alger. Ils eurent la liberté d'emmener leurs familles, et la France, toujours indulgente et généreuse, se chargea des frais de leur voyage et de leur entretien.

Cette expulsion des Turcs fut le dernier acte d'autorité du général Bourmont. Une révolution avait éclaté à Paris, le 29 juillet, et au gouvernement des Bourbons succédait un gouvernement provisoire, dont le duc d'Orléans devenait le chef. En recevant cette nouvelle, le comte de Bourmont pensa que sa mission était finie. Il attendit, pour se désister de son autorité, l'arrivée du général Clauzel, auquel il remit le commandement le 27 août.

Le vainqueur d'Alger, oublié, méconnu, dut songer à quitter bientôt l'Afrique. « Je ne saurais dire, s'écrie un témoin oculaire, quel fut le triste départ du maréchal, à quelques semaines du triomphe le plus éclatant! C'était à navrer le cœur, de voir cet homme porté si haut par la fortune, de le voir tomber dans l'exil et l'abandon. Que sont devenus tant d'officiers ardents à son service, tant d'amis dévoués à sa personne? Le voilà qui descend à grande peine ces misérables ruelles sinueuses et mal pavées qui conduisent à la marine. Encore, s'il s'acheminait vers sa patrie, vers cette France qu'il vient d'enrichir du plus beau sol de l'Afrique! C'est à Palma, où, n'ayant pour toute suite qu'un de ses enfants, il se rend sur un chétif bâtiment qu'il a dû fréter pour son compte, comme si la France n'avait pas une frégate au service du général qui vient de lui donner l'empire d'une grande mer, et qui n'emporte, pour prix de sa victoire, que le cercueil de son fils!..... »

Lettre Dix-huitième.

A GUSTAVE.

SUCCÈS DU GÉNÉRAL CLAUZEL. — COMBAT DU COL DE TÉNIA. — PRISE
DE MÉDÉAH. — LES ZOUAVES.

Bône, janvier 1836.

Je viens d'écrire à votre sœur Marie, mon
cher Gustave, pour la féliciter de son bonheur :
le ciel lui donne un époux vertueux, et nous
devons tous remercier le Seigneur des faveurs
qu'il répand sur notre famille. L'heureuse nouvelle du mariage de ma nièce, auquel je ne puis
assister, est venue adoucir les fatigues de nos

luttes continuelles avec les Arabes ; et ce n'est pas la seule qui, en ce moment, porte la joie dans mon cœur : la patrie a bien voulu s'occuper de moi pour quelques services envisagés d'une manière trop indulgente ; elle m'a offert, à mon choix, le grade de lieutenant ou le brevet de chevalier de la Légion d'honneur. J'ai pris la croix : c'est un bel encouragement pour un officier dévoué, et je ferai tous mes efforts pour mériter de porter sur ma poitrine le signe des braves.

Je ne m'occupe pas plus longtemps de tous ces événements heureux qui nous arrivent ; dans mes lettres à Marie et à vos parents, vous trouverez tous les détails et les réflexions que vous pourriez désirer.

Vous savez, mon cher Gustave, que notre tâche n'est point encore finie ; avec le successeur du maréchal Bourmont, nous assisterons à de nouveaux efforts et à de nouvelles conquêtes. Je reprends donc, sans plus de préambule, la suite de notre histoire.

A peine investi de ses hautes fonctions, le général Clauzel fit connaître, par un ordre du jour, à tous les soldats, que la France entière applaudissait à leurs triomphes. Il songea ensuite à délivrer la ville de Bône des Kabyles qui

la harcelaient sans cesse, et à reprendre possession de cette place, dont les habitants nous
étaient tous dévoués. La ville d'Oran, que nos
troupes avaient aussi abandonnée, par suite des
nouvelles arrivées de France, était également
disposée à rouvrir ses portes aux vainqueurs;
le général Clauzel s'empressa donc d'y envoyer
un détachement. L'ancien bey, fidèle à ses promesses, ne fit aucune difficulté de livrer les
forts, mais il refusa toujours de gouverner la
province au nom de la France, et quelque
temps après il se retira dans les États de la
Turquie.

Une expédition plus sérieuse et plus difficile
se préparait contre Bélida et contre le bey dé-
loyal de Tittery; il fallait mettre un terme à
l'audace des Arabes et des Kabyles, qui ne cessaient d'infester la plaine de la Métidja. Un
corps d'armée de huit mille hommes fut organisé
dans les premiers jours du mois de novembre.
Il fut divisé en trois brigades, dont chacune
était de quatre bataillons, pris dans tous les
régiments de l'armée expéditionnaire. Les chasseurs d'Afrique en firent partie, et le comte
Clauzel prit lui-même la direction de l'armée.
Le 16, au soir, on bivouaqua au puits de Bouffarick, à sept lieues d'Alger; un orage terrible

dura toute la nuit, mais il ne put décourager les troupes, qui, le lendemain, se mirent en marche vers Bélida. A une lieue environ de cette ville, elles aperçurent une foule de cavaliers arabes, décidés à les arrêter. Ce spectacle, loin de les effrayer, les remplit d'une noble ardeur. Elles se divisèrent en trois corps, dont l'un, sous le commandement du général Hurel, resta en réserve, tandis que les deux autres, sous les ordres des généraux Achard et Monck-d'Uzer, se dirigeaient vers la ville. Dix-huit cents hommes la défendirent avec courage, mais sans succès, car elle ne tarda pas à tomber au pouvoir des Français, qui n'eurent, dans cette affaire, que deux hommes tués et treize blessés.

Maître de la ville, le général Clauzel, sans perdre de temps, envoya deux bataillons contre la tribu de Beni-Sala qui s'était montrée très-hostile, fit ravager ses plantations et mettre le feu à ses cabanes. Après avoir tiré cette vengeance de nos plus cruels ennemis, il reprit, le 20 novembre, son mouvement vers le petit Atlas et sur Médéah, capitale de la province de Tittery. Le colonel Rulhières resta à Bélida avec deux bataillons et deux pièces d'artillerie, pour empêcher les Arabes d'interrompre les communications entre l'armée et Alger. A deux lieues

et demie de Rélida, le 21ᵉ de ligne s'arrêta au
pied de l'Atlas, avec quatre pièces d'artillerie;
le reste des troupes gravit, le lendemain, la
montagne, par le défilé de Ténia. La brigade
Achard marchait en tête, la brigade Monck-
d'Uzer la suivait, et la brigade Hurel formait
l'arrière-garde.

A quelque distance de Bélida, on rencontre
une grande ferme que nous avons nommée
le *Ferme de l'Aga*, et que les indigènes connaissent sous le nom de *Haouck-Chaouch-el-
Mouzaïa*. Pour y parvenir, on suit le pied du
petit Atlas, qui s'élève, comme un vaste amphithéâtre, par gradins abruptes et fortement prononcés. Les ressauts qui sont les plus rapprochés
de la plaine sont cultivés en vergers; plus haut on
trouve de vastes forêts de chênes-verts. Après avoir
gravi le premier contrefort de la chaîne de l'Atlas,
on parvient à un plateau d'où les regards plongent
sur toute la plaine de la Métidja. La mer apparaît
dans le lointain, et l'on découvre à l'ouest le lac
Aoula, à l'extrémité du territoire des Hadjoutes.
Le 21 novembre 1830, vers midi, nos troupes
firent halte en cet endroit : le général Clauzel
les fit former de manière à faire face du côté de
la France, et le passage de l'Atlas fut salué par
une salve de vingt-cinq coups de canon.

Quatre lieues séparent la ferme de Mouzaïa du *Ténia* (mot arabe qui signifie col). Le chemin qui y conduit suit la rive droite d'un torrent très-encaissé : il est roide, escarpé, coupé sur plusieurs points par des ravins profonds, et c'était à peine alors s'il offrait passage pour deux hommes de front, surtout aux approches du col. Taillé dans un sol schisteux et glissant, il court en zig zag à branches très-rapprochées, sur un plan très-incliné. L'accès de ce défilé est d'autant plus difficile, qu'il ne présente qu'une coupure de quelques pieds, dominée des deux côtés et à une hauteur considérable par des mamelons coniques, dont le sommet se perd dans les nues. Le Ténia, ou col de Mouzaïa, s'élève à neuf cent soixante-quatre mètres soixante-dix centimètres au-dessus du niveau de la mer.

Sept mille ennemis, sous les ordres du bey de Tittery, occupaient, avec deux pièces de canon, le défilé qui est très-étroit. Le comte Clauzel ordonna l'attaque de front, et les troupes du général Achard, malgré les nombreuses aspérités du terrain et le feu bien nourri des Arabes, s'avancèrent intrépidement. Elles furent reçues avec beaucoup de vigueur, et les ennemis étaient disposés à faire une longue résistance, lorsque la vue de deux bataillons commandés par les colo-

nels d'Armaillé et Marion, qui menaçaient de
les tourner pas les hauteurs, leur fit lâcher pied
et les mit en fuite. Pendant ce temps, le général Hurel donnait une rude leçon à des Arabes
qui étaient venus l'attaquer.

Le bey de Tittery se réfugia chez un marabout, où il espérait demeurer en sûreté. Mais
entouré par les Arabes qui venaient de le défendre, et menacé par eux de la mort, il préféra
s'abandonner à la générosité des Français.

Le comte Clauzel, laissant le général Monck-
d'Uzer au col de Ténia avec deux bataillons, se
rendit le 22 à Médéah, après avoir dissipé, chemin faisant, quinze cents cavaliers ennemis. Les
habitants de cette ville, qui ne cessaient d'être
pillés par les Arabes et que leur bey ne savait
pas défendre, accueillirent les Français comme
des libérateurs. Ils assurèrent le général Clauzel
d'un dévouement sans bornes, et, se formant
bientôt en garde nationale, ils promirent de se
défendre vigoureusement et d'obéir au nouveau
bey, qui fut installé le 23, au nom de la
France.

Cette ville, capitale de la province de Tittery,
renferme une population d'environ huit mille
âmes. Comme Alger, elle est construite en am-

phithéâtre sur un coteau incliné, et le point culminant est occupé par une casbah ou forteresse.
Les fortifications de Médéah ne consistent qu'en
une simple muraille d'enceinte, formée sur beaucoup de points par des maisons d'habitation con-
tiguës, qui ont leurs ouvertures sur le dehors de
la place. L'eau y est amenée par un aqueduc
important et d'une construction ancienne qui
traverse un profond ravin. Les rues sont plus
larges qu'à Alger, et les maisons y sont couvertes en tuiles. Les ruines de quelques anciens
édifices semblent confirmer l'opinion des savants,
qui croient reconnaître dans cette ville l'antique
Lamida.

Après avoir laissé une garnison suffisante à
Médéah, le général Clauzel reprit la route de
Bélida, emmenant avec lui l'ancien bey de Tittery et deux cents Turcs désarmés. A son arrivée
dans la ville, le 27, les cadavres qui jonchaient
les rues lui apprirent qu'un combat avait été
livré aux Arabes par le colonel Rulhières, laissé
à Bélida avec deux bataillons. En effet, le jour
précédent, les ennemis, s'étant introduits pendant la nuit, étaient venus planter leur drapeau au centre même de la place. Le colonel
Rulhières, qui jusqu'ici ne leur avait opposé
aucune résistance, les voyant engagés dans les

rues et hors d'état de lui échapper, tomba tout
à coup sur eux avec l'impétuosité de la foudre.
Attaqués avec une audace extraordinaire, pris
en flanc, les Arabes se défendirent en désespérés, car la retraite leur était coupée par deux
compagnies de grenadiers ; le plus grand nombre périt ; les autres s'enfuirent dans la campagne, en passant par des trous pratiqués dans
les maisons. On compta, du côté des Français, vingt-sept hommes tués et quarante-sept
blessés.

Le lendemain, 27 novembre, le général Clauzel rentrait à Alger, où il s'occupa du soin d'or-
ganiser de nouvelles compagnies de zouaves, ce
corps ayant montré, par sa belle conduite à Médéah, tous les services qu'il pouvait rendre à
l'armée.

Sous le gouvernement de Hussein-Pacha, les
Maures avaient déjà été employés au service de
l'État, et la pensée de les conserver, en leur
donnant une meilleure organisation, fut sage et
belle. Le gouvernement ne tarda pas à adopter les
vues du général Clauzel ; les corps des zouaves
et des spahis firent désormais, par ordonnance
royale, partie de l'armée d'Afrique ; les escadrons des spahis, divisés en spahis réguliers
et spahis irréguliers, furent destinés à accom-

pagner, en tous lieux, les bataillons des zouaves,
et à donner la chasse aux ennemis. Ces deux
corps d'indigènes comptent dans leurs rangs
des Maures blancs et noirs, des Arabes et même
des Turcs, et si leur origine est différente, leur
bravoure et leur vigueur sont les mêmes. Dans
les zouaves, nous sommes vêtus d'une veste turque et d'une culotte fort large, qui se fixe et se
termine au genou; nous avons la jambe garnie
d'une forte guêtre de cuir, et portons le turban.
Cet uniforme, simple et léger, nous laisse toute
notre agilité; placés habituellement en tirailleurs
sur les flancs de l'armée, nous éloignons l'ennemi et l'empêchons de pouvoir tirer sur les
masses; la fatigue nous arrête rarement; on
nous a vus escalader, par un soleil brûlant et
après plusieurs heures de marche, des collines
escarpées dont nous n'atteignions le sommet
qu'en nous aidant de nos mains et en nous atta-
chant aux broussailles. Il s'agissait, il est vrai,
de rendre visite à des douairs dont les tentes
avaient été abandonnées, mais où l'on pouvait
espérer quelque butin, car c'est là le grand mo-
bile des indigènes. Leur dévouement cependant
et les services qu'ils ont rendus en maintes occasions, les rendent très-précieux à notre armée. Je
suis fier de tous ceux qui sont sous mon com-

mandement. Au combat, on dirait presque des Français, tant ils sont vaillants et intrépides. Leur nom figurera désormais avec honneur dans les fastes de notre histoire en Afrique.

L'armée française s'est ainsi grossie en Algérie des corps indigènes destinés à l'aider dans ses opérations, à éclairer sa marche, et à faire un service qui ne peut guère être accompli que par des hommes habitués au climat, connaissant la langue et les usages du pays. Pour opposer aux cavaliers arabes, dont la force principale réside dans la grande habitude du maniement du cheval et dans leur adresse à tirer en courant, on a formé un corps de cavalerie indigène, sous le nom de spahis. On y admet des Français dans la proportion d'un quart ; les chefs de corps, le capitaine de chaque escadron, la moitié des autres officiers et sous-officiers doivent être Français. L'avancement pour les indigènes, dans les fonctions qui leur sont dévolues, est exclusivement au choix. La connaissance pratique de la langue arabe pour les Français et de la langue française pour les Arabes est une condition exigée pour l'avancement. L'habillement des spahis est celui en usage dans le pays. Il est uniforme pour les officiers seulement, mais en service les soldats doivent tous porter un burnous de même cou-

16

leur. Les marques distinctives des grades se rapprochent de celles des hussards. Le harnachement est celui en usage à Alger.

Il y a, en outre, des spahis irréguliers, indigènes ou colons établis sur le territoire occupé, qui ne sont appelés qu'accidentellement au service actif. Ils sont formés, par localités ou par tribus, en détachements isolés et indépendants qui doivent répondre au premier appel du général en chef. Des revues fréquentes constatent leur nombre, leur équipement et leur armement; lorsqu'on requiert leurs secours, on les attache ordinairement, par détachements, à la suite des escadrons de spahis réguliers ou de chasseurs d'Afrique.

Lettre Dix-neuvième.

A GUSTAVE.

ACHMET-BEY. — ABD-EL-KADER. — AFFAIRES DE MULEY-ISMAEL, DE LA MACTA,
DE MASCARA, ET DE TLEMCEN.

Bône, janvier 1836.

Le succès de l'expédition de Médéah répandit
une terreur salutaire parmi les Arabes, qui cessèrent d'infester les environs d'Alger ; mais il
n'ébranla pas le bey de Constantine, et il excita
contre nous la haine d'un ennemi longtemps
obscur et qui ne tarda pas à lever l'étendard en
face de notre drapeau. Cet ennemi se nommait
Abd-el-Kader. Il se créait dans l'ouest un pou-

voir semblable à celui qu'Achmet-Bey nous dis-
putait dans les provinces de l'est. Ce dernier
avait refusé jusqu'à ce jour de faire sa soumission; peu aimé de ses sujets, s'il se soutenait,
c'était grâce à l'appui des Turcs, qui voyaient en
lui le représentant de la domination ottomane.

L'autre était plus redoutable; son autorité
était naissante, mais appuyée sur l'affection des
Arabes, qui regardaient Abd-el-Kader, sorti de
leur race, comme le défenseur de leurs droits et
le futur libérateur de l'Afrique. L'ambitieux
Abd-el-Kader, qui prenait le nom d'émir, régnait déjà de fait des frontières du Maroc à la
Métidja, entravant toutes nos communications
entre les provinces d'Oran et de Tittery. Nous
nous étions montrés trop généreux envers lui;
aussi ses prétentions augmentèrent en présence
de notre longanimité, et son audace paraissait ne
plus connaître de bornes, lorsque les troupes
françaises allèrent le chercher dans les défilés
de Muley-Ismaël. Là, notre armée, composée
seulement de deux mille cinq cents hommes,
eut à lutter contre quinze mille Arabes, qui
furent complétement défaits. Abd-el-Kader vit
périr presque en entier un bataillon régulière-
ment organisé et sur lequel il avait fondé de
grandes espérances. A la Macta, l'émir n'avait

pas été plus heureux, et les coups portés par nos troupes retentirent jusqu'au fond du désert; mais nous y fîmes nous-mêmes des pertes sensibles, et nos troupes, qui ne connaissaient que les victoires complètes, réclamaient une autre expédition comme une revanche qui leur était due.

On résolut de diriger une attaque contre Mascara, ville dont la population a excédé 10,000 habitants, et qui servait de résidence à l'émir. Au mois de novembre 1835, l'armée, divisée en quatre brigades sous les ordres des généraux Oudinot, Pérégaux, d'Arlanges et du colonel Combes, se mit en marche sous les ordres du maréchal Clauzel, accompagné d'un prince français. On franchit, sans rencontrer d'obstacles, le défilé de deux lieues formé par la forêt de Muley-Ismaël, où le général Trézel avait précédemment combattu Abd-el-Kader avec succès, et les troupes françaises se déployèrent majestueusement dans la vaste plaine arrosée par le Sig, sur les bords duquel on traça un camp où fut laissée une partie des équipages sous la garde de mille hommes.

Nos colonnes parcoururent ensuite une plaine de sept lieues de largeur, qui s'étend entre le Sig et l'Habrah; pendant cette longue marche, elles furent constamment assaillies par des nuées de cavaliers intrépides et redoutables par l'ensemble avec lequel ils renouvellent leurs attaques, tâtant leur ennemi sur tous les points à la fois, pour profiter en masse et avec la rapidité de l'éclair du plus léger avantage qu'ils parviendraient à obtenir sur lui. Abd-el-Kader lui-même s'était retranché avec ses meilleures troupes dans une position avantageuse, protégé par un ravin et appuyé au bois de l'Habrah. Ces obstacles n'arrêtèrent pas longtemps les zouaves et les voltigeurs, qui abordèrent l'infanterie arabe si vigoureusement, qu'elle se débanda et prit la fuite en désordre; le brave général Oudinot fut blessé dans ce moment, en donnant aux troupes sous ses ordres l'exemple du courage. L'artillerie acheva d'ébranler l'ennemi, qui, dès lors, poussé de toutes parts, abandonna le champ de bataille, sur lequel, malgré tous ses efforts, il fut contraint de laisser ses morts et même une partie de se blessés.

L'armée traversa ensuite l'Habrah sur un pont construit par le génie, et franchit la première chaîne de l'Atlas, après avoir mis en fuite les Arabes qui tentèrent de défendre le passage d'une gorge profonde par laquelle on commence à gravir la montagne.

A partir de ce moment, les Arabes, découragés, n'opposèrent plus aucune résistance sérieuse, et

le maréchal, ayant appris que la ville de Mascara était en proie à des scènes de carnage et de
violence, résolut de s'y porter aussitôt par une
marche forcée. On trouva en effet la ville dans
le plus grand désordre : une partie de l'armée
d'Abd-el-Kader, se voyant forcée d'évacuer cette
place, avait pillé les maisons les plus riches, et
notamment celles des Juifs : une grande partie
de ces derniers avait été massacrée. La ville abandonnée par presque tous les habitants offrait un
spectacle pitoyable, et le feu consumait un grand
nombre de maisons. Le maréchal, voyant le
peu d'importance de Mascara et la difficulté de
conserver cette place, résolut de transporter le
beylik de la province d'Oran à Mostaganem, et
de ruiner tous les établissements militaires d'Abd-
el-Kader par la mine et par le feu. Après trois
jours, l'armée quitta la ville, que les flammes
consumaient encore et qui n'offrait plus qu'un
monceau de ruines. Les Juifs et les Arabes qui
étaient restés à Mascara demandèrent à suivre nos
troupes, pour qui ils furent un grand embarras
pendant la retraite, qui s'opéra par un temps affreux. Ces malheureux, accablés par le désespoir
et la fatigue, étaient incapables de se traîner. Comment abandonner cependant des vieillards, des
enfants, des femmes, rendus immobiles par le

froid, et autour desquels les Arabes rôdaient pour les dépouiller et leur trancher la tête ! Nos soldats n'hésitèrent pas ; les cavaliers placèrent les plus faibles derrière eux ; les fantassins eux-mêmes chargèrent les enfants sur leurs sacs, alourdis déjà par les cartouches et les vivres, et, malgré cet excès de charge, malgré la pluie entremêlée de grêlons qui ne permettait pas de voir à dix pas de soi, on acheva gaiement ce pénible retour.

Peu de temps après cette expédition, on crut porter le dernier coup à la puissance d'Abd-el-Kader en marchant sur Tlemcen, dont les habitants se montraient ses partisans, et où il s'était rendu pour réunir quelques forces et tenter d'arrêter nos progrès dans le pays. Après quatre jours de marche, l'armée expéditionnaire partie d'Oran se présenta devant Tlemcen ; elle put découvrir alors le magnifique terrain en amphithéâtre au sommet duquel s'étend la ville de Tlemcen, environnée de sa triple enceinte, de ses innombrables cimetières, adossée à une montagne dont la cime se perd dans les nuages et dans les neiges. Jamais aspect plus imposant ne s'était offert à nos soldats, qui, après avoir fait trente-cinq lieues sans voir ni maisons ni arbres, se trouvaient tout à coup en présence

d'une ville immense, de nombreux et considérables villages, et d'une véritable forêt d'arbres
de toute espèce, et principalement d'oliviers
chargés de fruits d'une grosseur remarquable.

Cependant Abd-el-Kader était sorti de la place,
emmenant avec lui, de gré ou de force, une
partie des habitants, et avait établi son camp
dans une gorge des montagnes à l'est de Tlemcen, à une distance de deux lieues à peu près,
et dans un petit village que l'on appelle Aouch-
bah. Le maréchal Clauzel résolut d'aller disperser le petit nombre d'hommes que l'émir était
parvenu à rassembler; il envoya en conséquence
le général Pérégaux contre le camp d'Abd-el-
Kader. Mais celui-ci battait déjà en retraite; le
corps d'armée ne put donc atteindre les Arabes;
la cavalerie indigène et les hommes les mieux
montés purent seuls poursuivre l'ennemi dans
des sentiers presque impraticables. L'émir lui-
même fuyait de toute la vitesse de son cheval,
serré de près par le commandant Youssouf, qui
le poursuivit avec acharnement pendant cinq
heures et fut plusieurs fois sur le point de
l'atteindre.

Les Français s'emparèrent de Tlemcen sans
coup férir; ils y restèrent environ trois semaines,
pendant lesquelles différentes expéditions heu-

reuses eurent pour effet de déterminer la soumission des tribus environnantes. Le maréchal
Clauzel, croyant devoir s'emparer de Tlemcen,
pour empêcher l'ennemi d'en faire un nouveau
centre d'action contre nous, y installa un bey de
son choix et laissa le capitaine Cavaignac, avec
cinq cents hommes, dans la forteresse.

Lettre Vingtième.

A GUSTAVE.

PREMIÈRE EXPÉDITION DE CONSTANTINE,

Constantine, décembre 1836.

Croyant ne plus avoir rien à craindre d'Abd-el-Kader, le maréchal Clauzel résolut de soumettre Achmet-Bey, et l'expédition de Constantine fut entreprise avec plus d'audace que de prudence. Au mois de novembre 1836, notre armée, composée de six mille hommes seulement, se mit en marche au commencement de la saison pluvieuse. Le mauvais état des routes ou plutôt l'absence totale de tout chemin praticable pour l'artillerie,

les ruisseaux gonflés et devenus des torrents, et
les pluies continuelles causèrent à l'expédition
d'incroyables fatigues. On attelait jusqu'à vingt
chevaux sur une pièce d'artillerie d'un petit calibre, et l'on ne parvenait qu'à grande peine à
l'arracher aux terres argileuses et délayées dans
lesquelles on s'embourbait à chaque pas. Dès les
premiers jours de marche, on fut obligé d'abandonner les fourrages et les échelles d'assaut fabriquées pour l'escalade de Constantine. Sans
feu, sans abri, presque sans nourriture, exposé
sans cesse à une pluie mêlée de neige, le soldat
est heureux lorsqu'il peut reposer la nuit sur un
rocher en pente où l'eau ne séjourne pas. Cependant il ne se décourage pas ; il a confiance dans
les vieux généraux qui le dirigent et qui ont
conduit les armées françaises sous les feux du
soleil d'Orient et au milieu des neiges de la
Russie ; quand on parvient enfin devant la ville
d'Achmet, l'armée entière salue de ses acclamations les murs qu'elle va attaquer et l'ennemi
qu'elle atteint enfin.

Constantine occupe une situation unique dans
le monde ; les féeries orientales n'ont jamais ima-
giné une place de guerre plus escarpée et plus
inaccessible. Assise sur un rocher dont les pans,
taillés à pic et d'une immense hauteur, semblent

défier toutes les attaques des hommes, Constantine, cette Cirtha si célèbre dans les guerres de Jugurtha contre les Romains, présente la forme d'un quadrilatère irrégulier, disposé en amphithéâtre. Le plateau occupé par la ville se trouve séparé de toutes parts des rochers environnants par une immense déchirure qui forme autour de ses murailles un profond précipice au fond duquel gronde et écume le Rummel. Cette ceinture redoutable devait autrefois la rendre imprenable ; cependant cette défense naturelle lui servirait peu contre les moyens dont dispose la science moderne, car elle est dominée par plusieurs points d'où il serait facile de la foudroyer; mais la difficulté consiste à transporter jusque-là le matériel d'artillerie nécessaire à ce système d'attaque.

Constantine n'est accessible que par deux points : du côté du sud, par l'isthme de Coudiat-Aty, et au nord par un pont gigantesque, jeté par les Romains au-dessus du torrent qui entoure la place. Nos attaques principales furent dirigées contre cette dernière entrée ; c'était la partie la plus redoutable de la place : des batteries multipliées, de longues galeries de pierres de taille où s'abritaient les assiégés, des remparts escarpés et en zigzag en rendaient l'abord

presque impossible. Cependant nos braves soldats,
voyant l'entreprise si digne de leur courage, firent des efforts désespérés et furent sur le point
d'emporter la place par ce point, malgré les difficultés qu'il offrait. Après avoir bravé la mitraille
ennemie sur la chaussée étroite et longue du pont
qui seule pouvait les conduire au pied des murs,
ils avaient déjà attaché un pétard à la première
porte, lorsque les obstacles que leur opposaient
sans cesse un temps désastreux, le manque de
poudre, l'absence d'une artillerie suffisante, firent échouer cette audacieuse tentative, qui ne
pouvait être renouvelée avec espoir de succès,
en présence d'un ennemi sur ses gardes.

Menacés par les pluies et les orages d'une destruction totale, manquant de vivres et de munitions, épuisés par les fatigues et les maladies qui
se répandaient chaque jour davantage, nous
dûmes songer à reprendre le chemin par lequel
nous étions venus. Cette retraite fut triste et
féconde en horribles souffrances, mais elle fut
constamment honorable pour nos armes. Achmet-
Bey, qui, pendant le siége, occupait les montagnes environnantes à la tête de ses Arabes,
voulut d'abord inquiéter notre marche ; mais,
après quelques sévères leçons qui lui furent
données, il renonça à ces tentatives inutiles,

et nous n'eûmes plus à lutter que contre les privations et les difficultés du terrain que nous parcourions.

Revenus à notre point de départ, après cette pénible campagne de dix-sept jours, nous ne formâmes plus qu'un vœu, celui de réparer promptement l'échec que nous avaient fait subir les éléments déchaînés et l'imprévoyance qui avait présidé aux apprêts de cette expédition. Nous brûlons tous du désir impatient de reparaître sous les murs de Constantine, et de prouver aux Arabes et à l'Europe que les soldats français ont cédé aux orages et non pas à leurs ennemis. Nous venons d'apprendre que nos vœux ont été entendus et partagés par toute la France, et qu'une nouvelle expédition ne tardera pas à nous offrir une éclatante revanche. Notre douleur s'est donc changée en joie, mon cher Gustave, et j'espère vous raconter dans peu de mois comment, avec le secours de Dieu, nous aurons abattu l'orgueil du bey de Constantine et fait oublier la déplorable issue de notre dernière campagne.

Lettre Vingt-unième.

A GUSTAVE ET A MARIE.

YOUSSOUF-BEY.

Constantine, décembre 1836.

L'armée qui vient de diriger contre Constantine l'attaque dont je vous ai rendu compte dans ma dernière lettre, comptait dans ses rangs un jeune Turc qui commande un corps d'indigènes avec le grade de chef d'escadron, et auquel le maréchal Clauzel, se croyant sûr de la victoire, avait, un peu prématurément, conféré le titre de bey de Constantine. Le jeune officier se nomme Youssouf. Son histoire est des plus curieuses, et, comme elle se rattache à l'histoire de nos conquêtes en Afrique, je vais la raconter en quelques mots à mon ami Gustave, qu'elle intéressera sans doute.

Youssouf n'a pas trente ans ; il est d'une taille moyenne, mais remarquable par l'élégance et la délicatesse des proportions. Sa figure est parfaitement belle, sa physionomie exprime l'énergie et la fierté. Youssouf-Bey manie un cheval avec une dextérité rare, même parmi les Arabes. On le dit doué d'une force prodigieuse ; mais il est une qualité qui domine chez lui toutes les autres, c'est le courage, et j'aurai plus d'une preuve à vous en donner.

Youssouf est d'origine française ; il est né en Corse, et fort jeune encore il fut pris par des pirates barbaresques, sur le bâtiment qui le conduisait sur le continent, où ses parents l'envoyaient pour faire son éducation. Quoiqu'il ne se rappelle rien, ni de sa famille, ni de son pays (il avait alors environ six ans), il a pourtant conservé un vague souvenir de la violence dont il fut victime et des bons traitements qui suivirent bientôt après, probablement quand, après l'avoir transporté sur le corsaire, on s'aperçut de la belle capture qu'on avait faite : Youssouf était un enfant superbe.

Au bout de quelques jours, le corsaire entrait

17

dans la magnifique baie de Tunis, et du vaisseau l'enfant aperçut le beau château qui couronne la ville, et les pirates lui dirent que ce serait là sa maison.

Rien n'était plus vrai ; l'enfant fut acheté pour le compte du bey lui-même et porté dans son palais. Le bey l'accueillit avec joie, et l'envoya dans son sérail, où il fut élevé parmi ses femmes. Ainsi se passèrent les premières années de sa captivité.

Cependant Youssouf grandissait, et le bey le prit en affection. Son éducation avait été soignée : il savait écrire, il excellait dans tous les exercices du corps. Le bey lui donna une charge, pour l'occuper plus utilement : il le nomma secrétaire de son trésorier, puis le fit entrer dans ses mameluks. Cette milice formait, comme chacun sait, la garde particulière des beys d'Afrique ; elle se composait d'esclaves affranchis, d'orphelins, d'enfants élevés comme Youssouf, et qui, ne tenant à rien sur la terre, s'attachaient irrévocablement à leur maître.

En sa nouvelle qualité, Youssouf prit part à quelques expéditions rapides et brillantes contre le bey de Constantine, et en revint toujours couvert de gloire, toujours plus cher au bey. Cependant son esprit ardent avait peine à se soumettre à la vie

monotone du palais, et plus d'une fois il eut à subir
la peine de son indiscipline. Un jour, surpris par
un Grec en quelque délit contre l'ordre établi
dans ces lieux, il poignarda ce fâcheux témoin et
lui coupa la tête pour prévenir ses rapports. La
vie d'un homme a bien peu de valeur à Tunis;
cependant le bey, instruit de tout ce qui se passait, ordonna que Youssouf fût arrêté. Mais celui-
ci avait, dans la garde du palais, de bons camarades qui l'avertirent, avant de s'emparer de
sa personne. Youssouf prit la fuite avec quelques
amis. Un brick français, *l'Adonis*, était en rade,
et avait détaché quelques hommes dans un canot,
qui faisaient force de rames vers le rivage. Youssouf courut de ce côté, mais il fut bientôt atteint
par les soldats du bey. On se battit sur la plage;
Youssouf, acculé à la mer, faisait voler son ci-
meterre autour de lui et repoussait les assaillants, mais ses amis furent tués; il resta seul,
reculant dans la mer et se défendant toujours,
car il ne savait pas nager, et le canot était loin.
Un incroyable bonheur lui permit cependant de
soutenir cette lutte jusqu'au moment où la barque
arrivât près de lui; il avait alors de l'eau jusqu'au
menton, et ses yeux brillaient encore, terribles,
au-dessus des vagues. Les Français le recueillirent,
et le canot regagna la mer sous une grêle de balles.

L'Adonis faisait partie des convois qui transportaient en Afrique notre glorieuse armée de 1830. Youssouf débarqua sur la côte d'Alger avec les soldats français, fit la campagne avec eux, et tous ceux qui se rappellent les bulletins de l'expédition, si remarquables par cette simplicité toute militaire appliquée au récit de si hauts faits, n'ont pas oublié non plus quelle part prit alors Youssouf aux succès de l'armée française. Sa valeur bouillante fut distinguée, même au milieu de nos soldats, et s'il se trouva dans leurs rangs bien des braves comme lui, personne ne lui ressembla pourtant; Youssouf fut brave à sa manière.

Au bout de quelques mois, Youssouf fut nommé capitaine dans l'armée, et on le mit à la tête d'un escadron d'indigènes. Telle était sa situation quand on apprit à Alger que la citadelle de Bône, où nous avions quelques soldats, venait d'être reprise par les Turcs, et qu'Ibrahim-bey, leur chef, après avoir massacré la garnison française, faisait mine de s'y défendre. Sa troupe consistait en sept ou huit cents hommes, Arabes et Turcs. Youssouf, à cette nouvelle, se rend chez le général qui commandait l'armée d'occupation, et en reçoit l'autorisation de se rendre à Bône, sur une goëlette de charge, lui, M. Darmandy et l'équipage du bâtiment, composé de seize hommes. Il arrive à Bône, sous la citadelle, avec pavillon parlementaire. Il demande un entretien à Ibrahim, et se fait hisser, avec son compagnon, jusque sur les remparts de la forteresse. Il n'était pas possible de se jeter avec plus d'audace dans un péril imminent; les propositions d'Youssouf n'étaient pas moins hardies : rendre la citadelle aux Français, l'évacuer sans coup férir et avec les honneurs de la guerre. Ibrahim crut qu'il rêvait. Pourtant, comme sa situation était fort mauvaise, car, tandis que Youssouf lui adressait cette incroyable sommation, et le tenait, pour ainsi dire, en échec dans la forteresse, le bey de Constantine, Ahmed, l'assiégeait du côté de la ville ; pourtant, dis-je, Ibrahim demanda quelques jours pour prendre un parti. Youssouf n'eut garde de perdre un temps si précieux : resté dans la citadelle, il se mit à agir sur l'esprit des Turcs, cherchant à les détacher d'Ibrahim, les excitant par la crainte des Arabes de Constantine qui les assiégeaient, par la menace des représailles terribles qui les attendaient de la part des Français, promettant monts et merveilles, disposant tout pour une révolte, si la négociation ne réussissait pas. Cependant les délais allaient expirer. Un jour,

Ibrahim rassemble toute la garnison sur la place d'armes de la Casbah. « Que faudrait-il faire, dit-il, de deux hommes que j'aurais admis dans cette forteresse sous drapeau parlementaire, et qui auraient profité de ma confiance pour embaucher mes soldats? — Les mettre à mort, répondirent plusieurs voix. — Eh bien! vengez-moi donc, » s'écria Ibrahim en tirant son sabre. Youssouf saisit le sien, et, appuyé sur M. Darmandy, il tint en respect ceux des soldats d'Ibrahim qui s'avançaient pour les saisir, tandis que sa voix tonnante appelait à son aide ceux dont l'embauchage était en train, et qu'il essayait de décider en leur promettant des grades, de l'or, des honneurs. « Toi, tu seras capitaine, criait-il à l'un; toi, trésorier; toi, payeur; toi, porte-drapeau, disait-il aux autres; de belles armes à tous! double paye à tous! » Et tandis qu'il parlait ainsi, tout en se défendant, une partie des Turcs tiraient leurs sabres et passaient de son côté; les Arabes restaient fidèles à Ibrahim. On se battit; l'engagement dura plusieurs jours; les deux partis avaient chacun leurs retranchements, défendaient leurs positions, les perdaient, les reprenaient encore, avaient leurs vivres, leurs munitions, leur mot d'ordre. Pendant ce temps-là, les soldats de Constantine, commandés par Ahmed, poussaient vivement le siége au dehors; en sorte qu'Ibrahim se trouvait entre deux feux. Il céda, et demanda à se retirer avec sa troupe. Youssouf lui ouvrit les portes, et resta ainsi maître de la citadelle, avec M. Darmandy et les Turcs qui avaient pris parti pour eux.

La situation des deux Français, restés seuls avec leurs Turcs, pouvait cependant devenir fort périlleuse, quand arriverait le moment d'accomplir les belles promesses dont ils avaient payé leur révolte. Youssouf fit donc demander au commandant de la goëlette de lui envoyer tous les hommes de son équipage dont il pourrait disposer. Ils arrivèrent au nombre de douze, et furent introduits dans la forteresse. Youssouf planta aussitôt sur les remparts le drapeau tricolore qu'ils avaient apporté. Cette démonstration suffit pour déterminer la retraite du bey de Constantine, qui avait continué le siége depuis le départ d'Ibrahim.

Youssouf laissa M. Darmandy dans la citadelle avec les matelots français, et descendit dans la ville qu'il occupa avec ses Turcs. « S'ils veulent me tuer, disait-il à son compagnon, du moins vous sauverez la forteresse. » Ils ne le tuèrent pas, mais il fut obligé, pour défendre sa vie, de faire justice de quelques-uns. Cependant un détachement de troupes françaises envoyé d'Alger arrivait à Bône et prenait possession de la citadelle et de la province, sous les ordres du général d'Uzer. Youssouf fut confirmé par le général français dans le commandement de la troupe qu'il avait si audacieusement enrôlée au service de la France; il fut nommé chef d'escadron, chevalier de la Légion d'honneur, et garda le gouvernement de la ville de Bône sous l'autorité du général.

Dans cette position, Youssouf n'a pas cessé de montrer pour la cause française un dévouement sans bornes. Les Arabes connaissent l'attachement qu'il nous porte et les services qu'il peut nous rendre; aussi le haïssent-ils cordialement, et il n'est sorte de piéges qu'ils ne lui tendent. Peu de temps après les faits que nous venons de rapporter, le bey de Constantine parvint à corrompre un des soldats de Youssouf. Un jour, cet homme pénétra dans sa tente. « Eh! que veux-tu?» lui demanda Youssouf, de ce ton déterminé qui distingue son langage. L'homme ne répondit pas, et semblait embarrassé. « Qu'on le fouille! » s'écria Youssouf, en appelant ses gardes. Aussitôt on s'empare du soldat, et l'on trouve sur lui une lettre par laquelle Ahmed-bey le remerciait d'avance du crime qu'il allait commettre,

et lui promettait une magnifique récompense.
Mais le cœur lui avait manqué au moment de
frapper son chef. Youssouf le fit saisir, et lui fit
donner cinq cents coups de fouet sous la plante
des pieds : « Car, disait-il, si le général d'Uzer
ne m'accorde pas sa mort, il n'en aura pas moins
reçu ces coups de fouet, et on ne les lui ôtera
pas. » Cependant le général comprit de quelle
importance il était pour Youssouf et pour lui-
même de châtier sévèrement de pareils complots,
auxquels les habitudes africaines ne sont que trop
favorables. Youssouf présida, en plein champ,
un conseil de guerre composé de quelques-uns de
ses officiers, et qui fut unanime pour condam-
ner. Le coupable eut la tête tranchée un quart
d'heure après.

Youssouf occupait toujours les mêmes fonctions à Bône, lorsqu'il fut mandé pour prendre
part à l'expédition de Mascara. En recevant cet
ordre qui l'appelait à faire partie de l'état-major
de l'armée, le jeune Turc partit en toute hâte ;
mais il avait près de cent lieues à parcourir, et
quelque diligence qu'il pût faire, il parvint trop
tard à Oran ; l'armée était en campagne depuis
plusieurs jours, et tout espoir de la rejoindre
semblait perdu. Néanmoins Youssouf se mit en
route, seul, à cheval, à travers le désert, revêtu

de son magnifique uniforme, exposé à tomber à chaque pas entre les mains des Arabes, qui auraient cruellement vengé sur cet ami des Français les échecs qu'ils venaient d'éprouver. Mais l'incroyable bonheur qui partout accompagne Youssouf ne lui fit pas défaut cette fois. Dans cette pointe rapide et téméraire, il échappa à tous les dangers et rejoignit l'armée, mais au moment seulement où elle se retirait vers Mostaganem. Nous avons dit la part brillante qu'il prit à l'expédition de Tlemcen.

Tel est l'homme que le maréchal Clauzel avait investi d'avance du titre de bey de Constantine. L'issue déplorable de cette expédition priva Youssouf des hautes fonctions auxquelles il avait été appelé, et le futur bey de Constantine, après avoir été vainement frapper aux portes de sa capitale, redevint simplement le commandant Youssouf.

Lettre Vingt-deuxième.

A GUSTAVE ET A MARIE.

TRAITÉ DE LA TAFNA

Alger, juillet 1837.

A la suite de la malheureuse expédition contre Constantine, le maréchal Clauzel avait été rappelé en France, et le général Damrémont nommé gouverneur de l'Algérie. Le général Bugeaud fut envoyé contre Abd-el-Kader, qui cherchait à profiter de l'échec que nous venions d'éprouver, pour soulever de nouveau les Arabes contre nous et recommencer les hostilités. La fière attitude que nos troupes conservèrent à Oran, imposa cependant au chef arabe, qui entama des négociations dans le but de conclure la paix. Le général français ne repoussa pas ces avances, tout en continuant ses apprêts et en se montrant disposé à reprendre la guerre avec vigueur. Il espérait qu'un arrangement durable et fondé sur les intérêts réciproques serait plus avantageux à notre établissement en Afrique que des succès militaires, remportés contre un ennemi qui se bornerait à reculer plus loin vers le désert son centre d'action, mais dont les attaques incessantes porteraient longtemps de grands préjudices à nos tentatives de colonisation. En laissant la nationalité française et la nationalité arabe vivre en paix et en confiance l'une à côté de l'autre, on devait espérer que la différence de civilisation nous assurerait en peu de temps des conquêtes plus importantes et plus certaines que celles que nous devrions à la supériorité de nos armes.

Toutefois il est difficile de traiter avec les Arabes : la subtilité de leur esprit, les habitudes de défiance qu'ils apportent dans leurs relations avec les chrétiens, mille préjugés de religion, mille préventions étroites, la nécessité de ne traiter que par intermédiaires, multiplièrent les obstacles et les difficultés. Cependant, après bien des échanges de messages, le traité fut apporté au général Bugeaud, revêtu du cachet de l'émir.

Le général français fit alors proposer à Abd-el-Kader une entrevue, pour le lendemain, dans un lieu qu'il fixa entre les deux camps. Cette proposition ayant été acceptée, le général Bugeaud se rendit le lendemain matin au lieu convenu avec six bataillons, son artillerie et sa cavalerie. Cependant le chef arabe ne paraissait pas, et une grande partie de la journée s'écoula sans que l'on entendît parler de lui. Il est vrai que le lieu du rendez-vous se trouvait à six ou sept lieues de son camp, tandis qu'il n'était distant que de trois lieues du camp français. Enfin plusieurs émissaires se succédèrent auprès du général, les uns excusant le retard d'Abd-el-Kader sur une prétendue indisposition, les autres engageant le commandant français à s'avancer encore, et l'assurant qu'il ne tarderait pas à rencontrer l'émir. Le général Bugeaud, qui voyait la journée s'avancer et qui voulait retourner au camp avant la nuit n'hésita pas à se porter en avant, suivi de son état-major.

On marcha sans crainte et sans défiance. Le chemin, qui était assez rude, suivait les détours d'une gorge étroite entrecoupée de collines, et on ne pouvait découvrir le pays devant soi. Après avoir ainsi marché plus d'une heure sans rencontrer l'émir, les Français aperçoivent enfin au fond de la vallée l'armée arabe qui se rangeait en assez bon ordre sur les mamelons épars, de manière à bien se mettre en évidence. Le général Bugeaud continua d'avancer, et enfin il aperçut l'émir qui venait au-devant de la petite troupe des Français. L'escorte qui entourait Abd-el-Kader avait un aspect imposant. On pouvait y compter cent cinquante ou deux cents chefs marabouts, d'un physique remarquable, que leur majestueux costume relevait encore. Tous montaient de magnifiques chevaux, qu'ils faisaient piaffer ; Abd-el-Kader lui-même marchait en avant, sur un beau cheval noir, qu'il maniait avec une dextérité prodigieuse. Des Arabes groupés autour de lui tenaient ses étriers ou les pans de son burnous. Le costume de l'émir n'offrait aucune différence avec celui des Arabes les plus vulgaires ; ses vêtements étaient, ce jour-là du moins, sales, grossiers, et aux trois quarts usés. Il y avait là une affectation marquée de simplicité.

Pour éviter les lenteurs du cérémonial et lui montrer qu'il n'avait aucune appréhension, le général Bugeaud lance aussitôt son cheval au galop, et avec une vivacité toute française arrive auprès d'Abd-el-Kader, auquel il offre la main, que celui-ci serre à plusieurs reprises. Abrégeant les lenteurs des préliminaires très-longs chez les Arabes, le général français propose à l'émir de descendre de cheval. L'émir s'assied, et le général se place à côté de lui. La conversation s'engage aussitôt, et le général Bugeaud exprime au chef arabe l'espoir qu'il conserve que l'agrandissement de pouvoir que lui accorde le traité sera profitable à la France par la sincérité de son alliance. Abd-el-Kader répond en remerciant le général de sa confiance, et en protestant que ce ne sera jamais par sa faute que la guerre se rallumera. Après quelques explications sur l'espace de temps nécessaire pour obtenir au traité qui venait d'être conclu la ratification du gouvernement français, le général Bugeaud se leva et termina l'entrevue. Au moment où les deux chefs se saluaient en se séparant, un cri général fut poussé par toute l'armée arabe, et un long et violent coup de tonnerre, qui retentit à cet instant, sembla y répondre, en ajoutant à tout ce que cette scène avait d'imposant.

Quelques jours après, le traité de la Tafna était définitivement ratifié : aux termes de cette convention, l'émir reconnaît la souveraineté de la France en Afrique. Le territoire du littoral algérien qui reste la possession de la France contient, dans la province d'Alger : Alger, le Sahel, la plaine de la Métidja jusqu'à la crête du Petit-Atlas, Coléah et son territoire ; dans la province d'Oran, la France conserve Mostaganem, Masafran, Oran, Arzew et les territoires dépendants de ces places : l'émir administrera la province d'Oran, celle de Tittery et les cantons de Rachgoun, Tlemcen et Méchouar. Les Arabes sont libres d'aller vivre sur le territoire français ou dans les domaines d'Abd-el-Kader. L'émir s'engage à payer à la France une forte contribution en grains et en bœufs. Le commerce sera libre entre les Français et les Arabes, dont la liberté et les propriétés sont garanties sur l'un et l'autre territoire. Tout le commerce de la Régence devra se faire dans les ports occupés par les Français.

Telles sont les principales dispositions de ce traité sur lequel quelques personnes fondent ici les plus belles espérances, et qu'elles regardent comme le signal d'une ère nouvelle pour l'Afrique, ère de gloire, de richesse et de puissance. Puissent ces espérances flatteuses se réaliser ! Mais beaucoup de bons esprits craignent qu'en reconnaissant la puissance d'Abd-el-Kader, en lui accordant une consécration aussi solennelle, on ne fournisse à l'émir les moyens d'asseoir son autorité, d'augmenter ses forces, et de devenir ainsi pour nous, dans la suite, un ennemi beaucoup plus redoutable qu'il ne l'était avant ce traité.

Pour le moment, le chef arabe, libre de toute crainte de notre part, travaille avec une merveilleuse activité à consolider sa puissance. Il se dispose à aller attaquer Aïn-Madi, place importante située dans le désert, au milieu d'une oasis bien cultivée et bien arrosée. On raconte beaucoup de merveilles de cette place, séparée de nous par cent lieues de désert, dont soixante n'offrent pas une goutte d'eau. Elle est gouvernée par les Tedjinis, marabouts vénérés et très-riches, qui conservent sous leur garde les trésors de tous les chefs des tribus environnantes.

Sans doute Abd-el-Kader voudrait se faire de cette ville, que l'on dit bien fortifiée, une place de refuge, dans le cas de rupture avec nous. Pour cette expédition, nous lui fournissons des secours de toute espèce; je ne puis m'empêcher de craindre que, quelque jour, ces armes que nous lui livrons ne soient employées contre nous.

18

Lettre Vingt-troisième.

A GUSTAVE.

SECONDE EXPÉDITION DE CONSTANTINE. — CAMPS DE DRÉAN, NECH-MEYA, AMMAN-BERDA, CHELMA, MEDJEZ-AMMAR. — ASSAUT ET PRISE DE CONSTANTINE.

Constantine, novembre 1837.

C'est du sein de la ville qui précédemment avait insulté à nos désastres que je vous écris, mon cher Gustave, Dieu a béni nos armes, et les chrétiens ont encore abattu une des puissances du mahométisme. Je vous ai déjà parlé de l'aspect extérieur de Constantine, il est certainement plus imposant que l'intérieur, où l'œil ne voit rien que de triste et de sombre. La ville est bâtie en boue grisâtre, sur des fondations de pierres de taille appartenantes à une époque beaucoup plus ancienne, et n'offre qu'une teinte uniforme, bien différente des blanches murailles d'Alger. Les maisons, petites et serrées les unes contre les autres, comme dans tous les lieux forcément limités où la population ne peut s'étendre, laissent apercevoir çà et là quelques édifices peu considérables, et une douzaine de mosquées élevant dans les airs leurs maigres minarets; un calme monotone règne dans toutes les rues, et l'activité française pourra seule le dissiper.

Ce n'est pas sans de grandes pertes, mon cher neveu, que nous nous sommes emparés de Constantine, et par le récit que je vais vous faire de la campagne, vous verrez si nous avons bien mérité la victoire dont nous goûtons les fruits aujourd'hui.

L'armée expéditionnaire, sous les ordres du général Damrémont, se réunissait au camp général de Medjez-Ammar. Les zouaves, commandés par le colonel Lamoricière, partirent de Bône dans les premiers jours de septembre, et se rendirent d'abord à Dréan, en traversant la plaine de la Seybouse, autrefois si peuplée, et maintenant aride et sans habitants. Dréan n'est qu'une petite colline, à laquelle les Arabes ont donné un nom comme à toutes les autres parties du territoire, et avant que nous eussions construit quelques baraques de bois, creusé des fossés dont les terres relevées ont servi de remparts, il n'y avait absolument rien. Il en est de même de la plupart de nos points militaires; ce que l'on appelle Nech-Meya, Amman-Berda, Medjez-Ammar, ne représente que des accidents de terrain, la présence d'une source, ou un bouquet d'arbres.

Dréan a été nommé *le Camp-des-Puces*, parce que ces insectes y sont innombrables, et ne cessent de tourmenter la garnison que nous avons en ce lieu. Un inconvénient plus grave du camp de Dréan est le manque d'eau; il n'est alimenté que par une source qui coule à quelque distance, et que le génie a renfermée dans une fontaine assez propre, mais peu abondante; il faut mener boire et baigner les chevaux dans la Seybouse, dont l'éloignement rend ce service pénible.

Heureusement nous ne fîmes pas long séjour en ce lieu, nous partîmes le lendemain pour Nech-Meya, qui est situé au fond d'un plateau, à une centaine de pas d'un ruisseau qui fournit de l'eau potable et sert à cultiver avec succès quelques jardins potagers.

Il y a peu d'endroits en Afrique où les scor-

pions soient aussi nombreux qu'à Nech-Meya ;
sous chaque pierre on en trouve plusieurs de
différentes grandeurs, et toutes les fois que nos
troupes y passent la nuit, quelques hommes
en sont piqués. Les soldats s'imaginent que le
moyen le plus sûr pour prévenir tout danger,
est d'écraser le scorpion sur le point même de la
piqûre, mais ils n'en retirent que de nouvelles
blessures au moment où ils portent la main sur
l'animal, sans éprouver pour cela des accidents
plus graves, car au bout de quelque temps la
souffrance se calme, et l'enflure disparaît naturellement. On se garantit facilement du scorpion
en choisissant, pour dormir, un lieu uni et sans
pierres, et en y étendant une couverture pour
plus de sûreté.

Je n'éprouvai aucun de ces petits accidents,
et après deux jours de repos, je suivis gaiement
mon corps qui se rendait à Amman-Berda. Le
nom de cette station, où nous avons un petit
camp fortifié, est tiré d'une source d'eau ther-
male, qui paraît avoir été autrefois le centre de
constructions considérables : il ne reste plus aujourd'hui qu'un bassin de sept à huit pieds de
large, sur douze ou quinze de long, du fond
duquel la source s'échappe en bouillonnant.

A deux ou trois lieues environ d'Amman-

Berda, est situé le camp de Ghelma; ce lieu où s'élevait jadis une grande et puissante ville, ne frappe l'imagination par rien de saillant ni de remarquable. Bâti sur un petit monticule en pente très-douce, dominé au midi par une colline, Ghelma est entouré par une plaine d'une lieue environ de diamètre, que borne la Seybouse au nord. Le camp est renfermé dans un large espace carré, environné de hautes murailles, dont l'un des angles s'élève beaucoup plus que les autres, et représente une espèce de tour. L'enceinte actuelle de Ghelma a dû être construite longtemps après la ville qui existait sur ce point, et dont on reconnaît les traces: toutes les pierres en sont taillées et de très-grande dimension; un grand nombre sont en marbre rouge; sur les unes, sont des fragments d'inscriptions dont les lettres renversées attestent le peu d'attention qu'on donnait à leur placement; sur les autres, on voit des ciselures et des sculptures en relief, et on comprend que ces matériaux ont appartenu à des constructions plus anciennes, qu'ils avaient été employés à d'autres usages. Aussi il est permis de croire que cette espèce de citadelle n'a pu être élevée qu'avec les débris de la ville voisine. Cette ville se découvre à peu de distance. Une enceinte immense, de hautes arcades, de profondes citernes, un cirque d'assez petite dimension, avec le siége consulaire, les gradins de pierre et la scène indiquée par des colonnes ; les portiques sous lesquels on trouve encore des portions bien conservées de mosaïque, attestent la grandeur, la richesse de ces massives constructions, qui ne peuvent être attribuées qu'aux Romains.

Les Arabes ont toujours respecté ces ruines ; ils campaient alentour : frappés d'une crainte superstitieuse devant ces grands débris, ils n'osaient en dépasser les limites. Notre armée s'empara bientôt de cette espèce de fort, où nos troupes trouvent un abri sûr et commode. On en eût fait volontiers le centre des opérations du siége de Constantine, mais Medjez-Ammar étant plus rapproché de la ville ennemie, on l'avait choisi pour point de départ de toute l'armée.

Medjez-Ammar défend un des passages les plus dangereux de la Seybouse, et sa position est on ne peut plus agréable. Nous y arrivâmes par une route presque entièrement boisée, après de grandes fatigues, car les pluies ne cessaient de tomber : nous étions menacés d'un temps affreux, ce qui contrariait vivement toute l'armée, dont les rangs s'éclaircissaient chaque jour par les maladies.

Lorsque toutes les dispositions furent arrêtées, un ordre du jour annonça le départ pour le 1er octobre. Ce jour-là, l'armée quitta le camp de Medjez-Ammar. Les première et seconde brigades, dirigées par le duc de Nemours et le général Trezel, marchaient sous les ordres immédiats du comte Damrémont. Le général Rulhières était à la tête de tout le convoi et partageait avec le colonel Combes le commandement des troisième et quatrième brigades.

L'effectif de l'armée était de treize mille hommes. On y comptait sept mille baïonnettes environ, mille cavaliers, les divers corps du génie, de l'artillerie, du train, et celui de l'administration ; vingt-sept pièces d'artillerie, dont dix-sept de siége, six mille chevaux, quatre cents mulets et près de quatre cents voitures.

Ce dut être un grand spectacle pour les populations sauvages de l'Afrique, que celui de notre armée s'avançant, dans un ordre merveilleux, avec son immense matériel. Les deux premières brigades occupaient seules plus d'une lieue d'étendue ; et ces épaisses phalanges se remuant d'un même pas et comme un seul corps, nos escadrons de cavalerie en lignes serrées, ou répandus par pelotons en éclaireurs, les spahis galopant au loin et lancés à bride abattue dans toutes les directions, auraient pu saisir et frapper d'enthousiasme des imaginations moins neuves et plus exercées que celles des habitants de ces sauvages contrées.

Le 5, les Arabes parurent pour la première fois ; ils nous attaquèrent et furent repoussés facilement. Le 6, nous nous mettions de bonne heure en marche vers Constantine, sans cesse harcelés par le feu bien nourri des ennemis. Les parcs d'artillerie ne tardèrent pas à s'établir sur le plateau de Sidi-Mabrouk, et l'avant-garde prit possession sur les hauteurs du Mansoura, après avoir repoussé quelques groupes d'Arabes.

Pendant que le général Damrémont et son état-major, réunis dans la seule maison de plaisance qui se trouvât de ce côté, prenaient les dispositions nécessaires à l'investissement de la place, plusieurs officiers allaient, s'abritant derrière les sinuosités du terrain, jeter un coup d'œil sur les remparts de Constantine, sans s'exposer aux coups de fusil et aux boulets qui en partaient : une population nombreuse y était rassemblée et nous adressait le cri de guerre et toutes les invectives d'usage. La reconnaissance de la place fut faite par les commandants en chef de l'artillerie et du génie ; le général Rulhières reçut l'ordre de se porter sur la gauche de la ville et de s'emparer de Coudiat-Ati, qui la domine. A deux heures, ce général et le colonel Combes, à la tête des troisième et quatrième brigades, passaient la rivière du Rummel, dont les bords affreux, formés d'une terre grasse et déjà détrempée, semblaient se dérober sous les pieds des soldats. La pluie tombait par torrents, et l'ennemi ne cessait de harceler les brigades au gué de Bourmerzoug; le capitaine de génie Ratier, aide-de-camp du général Fleury, fut tué là par un boulet.

Nos braves soldats, surmontant tous les obstacles, continuaient à monter en bon ordre l'escarpement du Coudiat-Ati, où ils s'établirent assez facilement, après un engagement peu important de tirailleurs.

Nous fûmes attaqués, le 7, avec acharnement dans nos positions du Coudiat-Ati, et le combat se concentra particulièrement autour d'un mamelon qui en formait le point culminant, et qui était couvert de tombeaux. Quelques-uns de ceux-ci, appartenant aux familles les plus puissantes de la ville, étaient entourés de murs et offraient des galeries propres à servir d'abri contre la pluie. Des fantassins kabyles, protégés par le feu de la place, et mieux encore par les inégalités du terrain, s'avançaient à plat ventre vers le sommet du Coudiat-Ati, et ajustaient presque à coup sûr ceux de nos soldats qu'ils apercevaient. Nous avions construit à la hâte une espèce de mur, derrière lequel s'engageait la fusillade; mais il fallait nécessairement élever la tête pour reconnaître l'ennemi; deux capitaines eurent ainsi le cou traversé et succombèrent immédiatement.

La nuit du 7 au 8 fut marquée par une pluie continue et tombant à torrents; les ennemis ne parurent pas; ils comptaient sur le mauvais temps. La nuit du 8 au 9 fut encore plus affreuse; la pluie ne cessa de tomber avec fureur. Serrés les uns contre les autres, nous luttions contre le froid et le sommeil, attendant impatiemment le jour. Si le temps, pendant la journée du 9, était resté tel qu'il avait été les jours précédents, le 10, peut-être, nous aurions été forcés à commencer une retraite aussi désastreuse que celle de notre première expédition. Dans le conseil de généraux, la nécessité du départ fut reconnue, au cas où l'orage ne permettrait pas d'établir immédiatement la batterie de brèche.

Rien n'avait encore été monté, pas un coup de canon n'excitait l'attention et ne réveillait l'espoir; les travaux du génie et de l'artillerie rencontraient mille obstacles , et l'armée , condamnée à l'immobilité , semblait plongée dans une muette résignation. Cependant on parvint , dans la matinée du 9 , par des efforts inouïs , à armer quatre batteries sur le Mansoura ; pendant tout ce jour et celui du lendemain , elles ne cessèrent de battre la citadelle de Constantine, dont les pièces nombreuses furent démontées par nos artilleurs avec une adresse admirable.

Les attaques des Arabes devinrent alors plus vives , et les assiégés , réveillés par nos boulets , envoyèrent contre nous leurs meilleures troupes que nous repoussâmes avec bonheur. Les zouaves eurent l'occasion de se distinguer dans ces luttes continuelles.

De nouvelles batteries s'élevaient enfin de plusieurs côtés , et le soleil vint nous réjouir pendant la journée du 11 ; sa présence rendit tout espoir à nos soldats ; l'activité régna soudain dans le camp , on ne songea plus qu'à l'ennemi. Le duc de Nemours , qu'un ordre du jour avait créé commandant du siége , parut bientôt sur le Coudiat-Ati , avec le comte Damrémont et tout l'état-major. Tous se placèrent en face de la ville , et assis en cercle dans une des batteries , ils examinèrent à loisir l'effet des boulets , que l'on suivait parfaitement depuis le moment où ils sortaient de la pièce jusqu'à celui où ils allaient frapper les remparts. Le point choisi pour renverser la muraille et pénétrer de vive force dans la ville était vers le milieu de la façade opposée au Coudiat-Ati, au delà de l'espace qui servait de marché extérieur, entre la porte Bad-el-Djedid et la porte Bab-el-Djebia.

C'est au milieu du fracas des batteries, vomissant une grêle de boulets, de bombes et d'obus, que le général Damrémont envoya aux habitants de Constantine un jeune Arabe du bataillon turc, pour les engager à se rendre aux conditions les plus honorables. Il lui fut répondu : « Si tu manques de poudre, nous t'en enverrons; si tu n'as pas de pain, nous t'en fournirons, mais tant qu'un musulman fidèle restera dans la ville, tu n'y entreras pas! »

L'attaque continua donc avec une nouvelle fureur, car il fallait se hâter d'emporter la place, pour échapper aux menaces d'une saison incertaine. Le violent orage qui éclata le matin du 12 octobre nous fit craindre de nouveaux désastres. En un instant, toutes les tranchées se remplirent d'eau, et les troupes furent de nouveau plongées dans la boue, où elles passèrent la nuit, pour être prêtes à s'élancer dans la ville, car la brèche était ouverte, et elle ne cessait

de s'agrandir. C'est dans cette situation suprême
que le gouverneur-général, comte de Damrémont, fut emporté par un boulet qui l'atteignit
au flanc gauche, pendant qu'il descendait le
Coudiat-Ati avec le général Rulhières.

Au même instant, le maréchal de camp Perre-
gaux recevait, entre les deux yeux, une balle qui
lui brisa la racine du nez.

La mort glorieuse du général en chef exalta
le courage des troupes, qui demandaient l'assaut
de toutes parts. Toutes les dispositions étaient
prises ; le général Vallée, qui, par droit d'ancienneté, remplaçait le gouverneur, jugeant
l'instant favorable, ordonna l'attaque. En ce
moment, la brèche était une vaste échancrure
d'une quarantaine de pieds de largeur, pratiquée
au sommet de la muraille, et se continuant jusqu'au sol en un talus escarpé, formé de décombres. On apercevait les toitures renversées des
maisons voisines, sur la même ligne que la muraille, et ce n'était qu'après l'avoir franchie que
l'on pouvait descendre du côté opposé de l'escarpement, dans l'intérieur de la ville. Une caserne
très-élevée et d'une façade très-étendue se trouvait en arrière de ce point, et ses nombreuses
fenêtres garnies d'artillerie et de fusils de rempart faisaient feu sur les troupes de nos batte-

Prise de Constantine

H. Girardet del. — *Nargeot sc.*

P. 291

ries et jusque sur nos colonnes. Le canon continuait à retentir, lorsqu'une première colonne
fut lancée contre la ville.

C'était à notre corps, mon cher Gustave,
qu'était réservé l'honneur d'aller affronter la
mort le premier. Commandés par le colonel Lamoricière, trois cents zouaves, réunis à deux
compagnies d'élite du 2e léger, et accompagnés
de quarante sapeurs et mineurs dirigés par quatre officiers du génie, s'emparèrent de la brèche,
sous le feu de l'ennemi. Notre drapeau y flotta
bientôt, puis nous disparûmes derrière le rempart. Nous nous engageâmes dans un labyrinthe
de maisons à moitié détruites, de murs crénelés
et de barricades, rencontrant partout la résistance la plus acharnée. L'ennemi parvint à faire
crouler un pan de mur qui ensevelit un grand
nombre de nos compagnons, et entre autres, le
chef de bataillon de Sérigny. Notre marche devenait plus libre par la chute de ce mur, malgré
la résistance des Arabes et des Turcs, lorsque
tout à coup un bruit horrible retentit à nos
oreilles; une épaisse fumée s'éleva du lieu du
combat, enveloppa une partie de la ville et de
la brèche, et fut un instant suivie d'un morne
silence : une mine avait éclaté; un grand nombre de braves perdirent la vie dans ce cruel mo-

ment. Cette catastrophe n'arrêta pas nos troupes, les renforts se succédèrent avec rapidité, la lutte devint plus terrible, et, au bout d'une heure, le drapeau français flotta sur le plus haut minaret de la ville. L'ennemi se défendit encore dans quelques endroits, mais délogé successivement de toutes ses positions, il fut forcé à la retraite. La plus grande partie des troupes d'Achmet quitta la ville, et plusieurs habitants, qui voulurent fuir en escaladant les remparts, du côté de la plaine, tombèrent au bas des rochers et y perdirent la vie.

La victoire fut complète, mais cruellement achetée; les deux chefs de l'assaut, Lamoricière et Combes étaient blessés, le dernier mortellement de deux balles dans la poitrine; le chef de bataillon Viens, aide-de-camp du général Fleury, était tué, ainsi que le capitaine Desvoisins; une foule d'autres héros, dont la France ne perdra pas le souvenir, ne devaient plus la revoir.

Je ne vous parlerai que pour mémoire, mon cher Gustave, de deux blessures que j'ai reçues à la tête, en abattant à mes pieds quelques Kabyles, car elles n'étaient pas dangereuses. Je garde précieusement trois balles que les Arabes ont envoyées dans mes habits, pour vous en faire cadeau, à mon premier voyage en France. Quelques jours ont suffi pour me rétablir.

Le sort de notre colonel, M. Lamoricière, m'inquiétait plus que le mien. Renversé sous les décombres au moment de l'explosion de la mine, il avait dû la vie à un de ses soldats, qui l'avait dégagé et avait aidé à le transporter hors de la ville; brûlé au visage et aux mains, il ne voyait plus, et, malgré l'intensité de ses douleurs, il ne parlait que de ses officiers, dont il demandait instamment des nouvelles : « Qu'est devenu, répétait-il, le capitaine Desvoisins ? voilà un brave militaire, voilà un fameux soldat; a-t-on pu le sauver? » Et il nommait ainsi plusieurs de ses officiers dont quelques-uns avaient déjà succombé. Les soins qui l'entourèrent ont heureusement rendu cet intrépide chef à l'amour de ses soldats, qu'il guidera encore au chemin de l'honneur.

Les zouaves, les soldats du 2e léger et ceux du 47e, formèrent la plus grande masse des morts étendus au delà de la brèche; mais on y vit aussi des Turcs et des Kabyles, reconnaissables à leur tête rasée et à leurs vêtements ; beaucoup d'entre eux avaient été tués à la baïonnette, dans les espèces de loges, bâties à la hauteur du point d'appui de chaque côté des rues, qui servent de boutiques, et dans lesquelles ils s'étaient placés

19

pour tirer sur nous avec moins de danger. C'était surtout dans la petite rue s'ouvrant à gauche de celle où nous avait conduits la brêche, que l'on comptait le plus de victimes; il paraît qu'on en trouva de nouvelles et en grand nombre dans les batteries et les ruines des édifices sur lesquels notre artillerie avait été dirigée.

Quelques soldats respiraient encore au milieu des cadavres, et l'on s'empressa de les transporter dans une espèce d'hôpital qui avait été improvisé aussitôt après la prise de la ville. Plus tard, l'ambulance fut établie dans l'ancien palais du bey. Les malades y manquèrent longtemps des secours les plus nécessaires. Ils étaient placés par terre, les uns près des autres sans rien avoir pour se couvrir que leurs propres vêtements souillés de sang et de boue. Quelques-uns avaient pu se partager de rares matelas, des lambeaux de tapis, ou des sacs tissus en laine; mais le plus grand nombre étaient privés de ces misérables ressources et devaient supporter l'air froid des nuits, qui pénétrait de toutes parts dans les pièces dont les portes et les fenêtres manquaient ou avaient été brisées.

J'ai remarqué avec peine que trop souvent on négligeait de prendre les précautions les plus utiles pour la conservation de la santé des soldats et pour le soulagement des blessés. Je pourrais, mon cher Gustave, vous raconter bien des faits malheureux et reproduire à vos yeux des spectacles bien affligeants; mais je ne veux pas irriter la sensibilité de votre cœur par des tableaux trop déchirants. Il vous suffira de savoir que nos pauvres soldats, malades ou blessés, vécurent presque tous dans la misère et l'abandon. Combien de fois n'ai-je pas entendu répéter autour de moi ces tristes paroles, sorties de la bouche des moribonds : « Ah! si la France le savait! elle ne souffrirait pas qu'on nous laissât mourir ainsi au sein des privations de toutes sortes, sans avoir même les secours de la religion! »

Car il faut bien vous l'avouer, mon cher Gustave, nous n'avons point de prêtres pour consoler nos mourants et adoucir leurs derniers instants par des paroles de paix, par une salutaire réconciliation avec le Seigneur. Que d'infortunés ont réclamé vainement la présence d'un ministre de Dieu! Le général Caraman, mort, il y a peu de temps, du choléra qui a fait quelques victimes ici, demandait avec instance, avant d'expirer, les secours de notre sainte religion, et, s'en voyant frustré, il se plaignait amèrement et rendait son dernier souffle dans une profonde tristesse. Espérons, mon cher ami, que le gouvernement, plus éclairé, ne tardera pas à réparer des oublis si graves, et à rendre à nos armées leurs vénérables aumôniers.

Lettre Vingt-quatrième.

A GUSTAVE ET A MARIE.

ABD-EL-KADER. — ACHMET-BEY.

Constantine, février 1838.

Je pense, mes chers amis, que vous lirez avec intérêt quelques détails personnels sur les deux plus redoutables adversaires que l'Afrique ait opposés à la domination française depuis la conquête d'Alger. C'est pourquoi je vais chercher à réunir ici les renseignements que j'ai recueillis sur Abd-el-Kader et sur Achmet-Bey.

Le premier de ces deux chefs était loin d'oc-

cuper, sous le gouvernement des Turcs, le
rang important qu'il tient aujourd'hui parmi
les siens, et que le traité de la Tafna vient de
rendre plus éminent encore, en reconnaissant
officiellement son autorité. Abd-el-Kader est le
fils d'un marabout célèbre dans la Régence par
son savoir et sa sagesse, et dont le nom était
Sédi-Méhiddin. Après la chute d'Alger, cet
homme vénéré se jeta dans les rangs des Arabes
résolus à combattre la puissance française, et
son renom de piété lui donna une grande influence dans les conseils de nos ennemis. Il
résolut de faire usage de l'autorité dont la
confiance générale l'investissait, pour aplanir le
chemin des honneurs à son fils cadet, son enfant de prédilection, Abd-el-Kader, qu'il avait
élevé avec amour dans l'étude de la loi de
Mahomet et dans la pratique sévère des superstitions que commande ce culte. Ce fut
alors qu'il fit circuler parmi les Arabes le récit
d'une aventure miraculeuse qu'il avait tenue
cachée jusqu'alors, et qui devait, aux yeux
des grossiers habitants du désert, montrer Abd-
el-Kader comme destiné par la fatalité à jouer
un grand rôle politique. Je vais vous rapporter
cette anecdote, qui me semble un trait de mœurs
fort caractéristique, et qui a aujourd'hui parmi

les Arabes autant de crédit qu'une révélation de
Mahomet; elle est dans la mémoire de tous les
Bédouins, et elle devient un texte d'intermi-
nables interprétations, le soir, autour du feu
des douars, et le jour, quand les pâtres gardent
leurs troupeaux, cachés dans l'ombre des broussailles. Voici le récit du vieux marabout :

« Un jour, Sidi-Méhiddin, pendant son pèlerinage à la Mecque, se promenait aux environs
de la ville sainte. Absorbé dans ses pieuses mé-
ditations, il s'égara vers le soir dans un pays qui
lui était entièrement inconnu, et il s'arrêta enfin
devant un tombeau solitaire. Un derviche, vêtu
d'une robe d'une blancheur éclatante, sortit de
ce tombeau, et lui présenta deux pommes d'or,
en disant : « Celle-ci est pour toi, l'autre pour le
sultan, ton fils cadet, que tu as laissé dans la
ville. » Sidi-Méhiddin s'effraya moins de cette apparition étrange que de ce mot *sultan*; il craignit que ce titre royal donné à son fils n'attirât
contre celui-ci des persécutions, dans ce pays de
méfiance et de trahison. C'est pourquoi il repoussa le dangereux présent; mais le derviche
mystérieux le poursuivit toujours en lui montrant la pomme d'or, jusqu'aux murs de la Mecque, où le don significatif resta dans les mains de
Sidi-Méhiddin. Après quoi le derviche disparut. »

C'est au moyen d'artifices aussi grossiers, aidés de démonstrations exagérées de dévotion, qu'Abd-el-Kader vit augmenter son crédit parmi les Arabes, et son père, avant de mourir, put le voir régner en maître à Mascara. Toutefois nos succès ont porté plus d'une fois de rudes atteintes à la confiance que les Bédouins ont dans son étoile. Après la prise de Mascara, l'un des chefs arabes lui arracha le parasol qu'il portait en signe de souveraineté, en s'écriant : « Je te le rendrai quand tu seras redevenu sultan. » A la suite de cette défaite, l'émir se réfugia à Kashrouh, où sont les tombeaux de ses ancêtres; là, s'asseyant sur le tombeau de son père, abandonné de tous, renonçant au secours des hommes, il parut attendre ou un miracle du ciel ou la mort de la main d'un assassin. Toutefois les Arabes, ne pouvant s'entendre sur le choix d'un autre chef, tournèrent de nouveau leurs regards sur le fils de Méhiddin. Ses partisans enthousiastes lui ramenèrent de nouveaux soldats, qu'ils avaient fanatisés au nom du prophète. Abd-el-Kader reçut ces fidèles au moment où un ouragan grondait au ciel. « Entendez-vous la voix de mon père? s'écria-t-il; les yeux des infidèles deviendront aveugles devant cette pierre funèbre. » Puis il les prêcha avec toute la force de ce langage poétique des Arabes, si plein d'images, et dont aucun marabout ne possède le secret au même point que lui. Lorsque cette scène fut terminée, suivant l'usage, par les prières solennelles; lorsque les Arabes eurent touché la terre de leur visage pour la septième fois, tous se levèrent enflammés de fanatisme, et bientôt le bruit se répandit dans le pays que la voix du vieux Méhiddin avait été entendue sortant du tombeau et s'écriant : « Ne craignez point les infidèles, car un seul d'entre vous qui êtes ici, domptera dix des leurs ! »

L'alliance qu'Abd-el-Kader fit peu de temps après avec les tribus kabyles, lui rendit une force nouvelle, et il reparut à la tête de troupes nombreuses dans les environs de Mascara. Les scheiks, qui l'avaient abandonné et insulté après sa déroute, vinrent alors se soumettre de nouveau à son autorité et implorer sa miséricorde. L'émir pardonna avec une douceur à laquelle on ne s'attendait pas, et qui lui concilia des partisans dévoués. Depuis, la fidélité de ces tribus ne lui a jamais manqué; sa réputation a grandi de jour en jour dans le désert; l'exaltation prophétique à laquelle il se livre avec un grand art toutes les fois qu'il le juge nécessaire, sa tempérance, sa force de caractère, les vicissitudes de son existence, les traditions miraculeuses qui se ratta-

chent à son séjour à la Mecque ont fait sur l'i-
magination sauvage et poétique de ces peuples
une impression plus profonde qu'on ne pourrait
l'imaginer.

Abd-el-Kader est petit, sa figure est longue,
ses joues creuses, son teint pâle, sa barbe noire,
peu épaisse; ses grands yeux noirs lancent des
éclairs; son front est large et découvert; il est
vêtu avec une simplicité affectée. Sa voix, qui est
quelquefois douce et insinuante, tonne quelquefois avec un retentissement qui contraste singulièrement avec la faiblesse apparente de sa constitution.

Si Abd-el-Kader est la personnification de la
nationalité arabe, Achmet-Bey ne représente pas
moins fidèlement la cruauté et la rapacité de la
domination turque, bien qu'il soit Coulougli,
c'est-à-dire de race turque mêlée au sang arabe.
Son aïeul, qui portait le même nom que lui, avait
été autrefois bey de Constantine; son père Mo-
hammed, qui ne s'éleva qu'au rang de kalifah,
poussa si loin l'énormité de ses actions et de ses
crimes, que le dey Ali-Coggia, si connu lui-
même par sa cruauté, donna l'ordre d'exterminer, non-seulement le kalifah, mais toute sa
famille, comme on extermine une race d'animaux malfaisants.

Le kalifah fut étranglé; Achmet, son fils, était enfant; sa mère, pour le soustraire au même sort, le prit entre ses bras, et se sauva, seule avec lui, dans le Sahara, sous les tentes noires des Daoudy-Ben-Geannah, abandonnant les grandes richesses que son mari avait accumulées. C'est au sein du désert, où s'écoula sa première jeunesse, qu'Achmet développa ces mœurs atroces dont il a reçu le germe en naissant.

L'influence de son oncle maternel auprès de Hassan, bey de Constantine, parvint peu à peu à faire rentrer Achmet, devenu jeune homme, dans la faveur de son chef. En 1818, il fut rappelé, et peu après nommé kalifah du bey, qui lui rendit la plus grande partie de sa fortune. Achmet développa dans l'exercice de ses fonctions la rapacité et la violence de caractère qui avaient été si fatales à son père. Le bey s'en plaignit auprès du dey, et demanda sa tête. Mais Achmet avait de puissants protecteurs à Alger; on se borna à lui donner l'ordre de faire le pèlerinage de la Mecque.

En 1826 il était de retour à Alger; une nouvelle disgrâce le fit bientôt exiler à Médéah; puis il revint en faveur, et fut enfin appelé aux fonctions de bey de Constantine. La fougue toute sauvage de ses passions ne connut plus de bornes dans ce poste élevé ; sa violence, ses exactions, firent éclater les plaintes de presque tous les scheiks, et, en 1830, sa perte était résolue ; le dey avait remis l'exécution de la sentence à l'époque prochaine où les beys étaient obligés de venir en personne apporter leurs tributs. L'expédition française le sauva.

Avant le départ de l'armée qui alla s'emparer d'Alger, le gouvernement français ouvrit des négociations avec Achmet pour chercher à le faire entrer dans ses intérêts ; mais le bey de Constantine se montra l'inflexible ennemi des chrétiens, et vint avec son contingent pour repousser notre agression. Il montra beaucoup de courage : tous les militaires qui ont assisté à la bataille de Staouéli et aux combats qui se livrèrent jusqu'à la capitulation, se rappellent ce chef brillant par l'éclat de ses armes, la magnificence de son costume et la beauté de ses chevaux. Sa tente, qui tomba en notre pouvoir, était d'une grande richesse.

Après la capitulation d'Alger, un grand nombre de personnages riches et distingués, craignant de tomber entre les mains des Français, allèrent demander un asile au bey de Constantine. Le gendre du dey, l'aga Ibrahim, qui avait commandé l'armée à Staouéli et à Sidi-Kalef, fut des premiers à se réfugier auprès d'Achmet avec toute sa fortune ; mais ses trésors excitèrent la convoitise du bey, et, quelques jours après, l'imprudent aga revint à Alger complétement dépouillé.

Les Turcs qui se réfugièrent à Constantine y furent bien accueillis et incorporés dans la milice du bey ; mais ces nouveaux soldats, réunis à ceux de leurs compatriotes qu'ils trouvèrent établis dans la ville, voulurent y dominer en maîtres et choisir un bey parmi eux. Pleins de confiance dans leur nombre et dans leur courage, ils se réunirent en armes hors de la ville, et firent signifier à Achmet sa déchéance. Celui-ci feignit de se soumettre à leurs exigences ; mais dans la nuit qui devait précéder son départ, il réunit les Coulouglis et les Maures qui lui étaient restés fidèles, et surprit les Turcs qu'il força à la soumission. Les principaux chefs furent mis à mort sur - le - champ, et les autres graciés ; mais Achmet ne pouvait pas oublier leur tentative contre sa puissance. Toute cette milice fut dispersée et massacrée en détail ; de telle sorte qu'en peu de temps et en différentes occasions, il en périt plus de trois mille.

Depuis cette époque, Achmet n'a pas cessé d'être en guerre : il eut d'abord à réprimer la révolte des tribus éloignées de Constantine, qui n'attendaient qu'une occasion pour rompre le joug de fer qu'il leur impose, et qui défirent souvent ses troupes. Il chercha aussi à s'emparer de Bône, où il voulait établir le siége du commerce d'exportation de ses produits agricoles. Son kalifah ou lieutenant s'était emparé de la ville en 1832 ; je vous ai raconté par quel trait d'intrépidité inouïe les commandants Darmandy et Youssouf l'ont remise en notre pouvoir.

Achmet dirigea aussi une expédition contre Médéah ; mais ses atrocités avaient soulevé contre lui des chefs redoutables qui l'attendirent au passage et le défirent complétement. Cet échec fut le signal d'une révolte presque générale parmi les tribus qui ne sont pas sous sa main ; ce ne fut que par des cruautés continuelles qu'il maintint encore sa puissance sur quelques peuplades rapprochées de Constantine. Il mit à cette époque le comble à ses crimes par l'assassinat de son oncle, le frère de sa mère, qui avait protégé son enfance et lui avait sauvé la vie. Il le fit mourir pour s'emparer de son immense fortune.

Au milieu des horreurs qui souillent la vie de ce barbare, on ne peut lui refuser une qualité d'autant plus saillante qu'elle est plus rare chez les Arabes : c'est la fidélité à ses promesses. Sa réputation sous ce rapport est parfaitement établie, et Hussein-Dey disait à M. de Bourmont, en 1830 : « Si Achmet s'engage à vous être soumis, vous pouvez vous reposer aveuglément sur sa parole ; il n'y a jamais manqué. »

Il est difficile de dire exactement son âge : les Arabes ignorent toujours l'époque de leur naissance. Achmet paraît avoir cinquante ou soixante ans. Sa physionomie ne porte pas l'empreinte de la férocité de son âme : ses traits sont vifs, mobiles et intelligents ; sa taille est peu élevée et bien prise, leste et dégagée ; il parle avec une grande volubilité, habitude fort rare chez les Arabes, qui affectent toujours un langage grave et posé ; sa constitution annonce la force et l'activité.

Lors des deux siéges de sa capitale, le bey n'attendit pas nos troupes derrière ses murailles. Il tenait la campagne à la tête d'une armée, prêt à profiter de nos revers ; cependant il ne put entreprendre rien de bien sérieux contre nous. Depuis que Constantine est entre nos mains, son ancien maître s'est retiré dans le désert, et attend sans doute une occasion favorable pour reconquérir sa puissance et se venger de ses pertes.

Lettre Vingt-cinquième.

A GUSTAVE.

CONSTANTINE ET SES ENVIRONS. — DE LA CIVILISATION DE L'ALGÉRIE.

Constantine, mai 1838.

J'ai passé un bien triste hiver à Constantine,
mon cher Gustave ; j'ai plus d'une fois regretté
ces douces soirées de ma jeunesse, alors que tout
petit enfant vous écoutiez attentivement, assis au
foyer paternel, les récits de nos amis communs.
A Alger, à Bougie et à Bône, je m'ennuyais
moins, et cependant je vivais dans un plus grand
isolement. Je soupçonne que le mal du pays commence à faire de grands ravages dans mon cœur.

Cependant l'étude pourrait ici facilement me distraire. Constantine offre aux curieux une foule d'objets du plus haut intérêt; il y reste beaucoup de traces d'une ancienne splendeur que nous pourrons lui rendre un jour.

On ne peut douter que cette ville n'ait été, comme je vous l'ai dit dans mes anciennes lettres, la fameuse Cirtha des Numides. De tous côtés la ville antique se révèle aux yeux des plus indifférents; partout des inscriptions rappelant ses premiers maîtres, partout des maisons bâties sur des murs romains, dont quelques-uns conservent encore jusqu'à trois mètres hors de terre. Le nom de Cirtha, qu'elle portait primitivement, a été changé, vous le savez, sous le Bas-Empire, en celui de *Constantina*, après que Constantin le Grand l'eut embellie et ornée de plusieurs monuments utiles, dont on reconnaît encore les vestiges. On remarque, entre autres, les murs d'une église chrétienne, rebâtie par cet empereur célèbre.

Ceux qui ont succédé aux Romains semblent avoir pris plaisir à enlaidir cette place. Les rues sont très-étroites, comme celles de toutes les villes d'Afrique, et très-sales. Les maisons sont de véritables masures, que nous aurions toutefois été bienheureux d'habiter à notre entrée dans la ville. Depuis quelque temps nous nous trouvons assez bien logés et à l'abri des injures du temps ; dès les premiers temps de l'occupation, on eût pu nous accorder facilement cette satisfaction : quand Constantine fut en notre pouvoir, on s'empara bien des maisons abandonnées, pour loger les officiers ; mais elles eussent été plus nombreuses, si on les eût fait occuper au moment de notre arrivée dans la place, car les principaux habitants avaient disparu ; mais dès qu'ils apprirent qu'il suffisait de demander un sauf-conduit pour se préserver de tout danger en l'affichant à sa porte, sauf-conduit qui n'était, au reste, qu'un simple morceau de papier, signé par le premier venu, ils se hâtèrent de rendre leurs habitations inviolables par cette facile précaution, et les firent occuper par quelques-uns de leurs serviteurs, en attendant leur retour. Tel fut le résultat d'une mesure généreuse et digne de la civilisation dont nous avions mission de répandre les bienfaits. Je ne m'en plains nullement, mais on aurait pu exiger des habitants, livrés à notre merci, et s'attendant à peine à avoir la vie sauve, qu'ils nous fournissent toutes les choses nécessaires aux besoins de l'armée, et qu'ils nous cédassent quelques maisons : en agissant ainsi, on ne nous eût certainement pas fait accuser de cruauté.

Depuis quelques jours je ne cesse de visiter

les environs. Je m'arrête souvent sur les bords
du Rummel, qui forme, au sortir de la ville, la
plus belle cascade que l'on puisse voir ; les eaux
tombent de plus de cent mètres de hauteur, et
sont, dans leur chute, divisées par d'énormes
blocs de rochers. Plusieurs autres petites cascades
attirent l'attention, non loin de là, et se perdent
à travers des massifs de verdure ; j'ai examiné
une à une les fontaines d'eau chaude qui se rencontrent en ce lieu romantique, et j'ai parcouru
avec une grande attention les riches débris des
bains romains qui s'élevaient jadis au même endroit. Constantine, civilisée et embellie, pourra
devenir une ville importante et l'un des boule-
vards de notre puissance en Afrique.

Je désire de tout mon cœur que la France s'occupe de l'avenir de l'Algérie. Cette contrée peut
être pour nous une seconde patrie. Elle sera l'a-
mie fidèle, la sœur bien-aimée de la France, si
nous savons l'initier aux bienfaits de la civilisation, et faire renaître dans son sein les croyances
catholiques. On a proposé une foule de moyens
pour coloniser l'Algérie ; mais tous manquent
par la base. Un officier, dont j'ai cité plusieurs
fois les paroles, est le seul, à mon avis, qui soit
parti de la vérité, pour arriver au but où tendent
tous les efforts des législateurs.

« La colonisation du pays que nous avons conquis, dit-il, est aujourd'hui le problème dont la solution peut avoir une influence incalculable sur la civilisation universelle. Mais nous ne sachions pas que personne se soit encore avisé de s'élever à cet égard à la hauteur des vues qui seules seraient fécondes en résultats. Qu'avons-nous trouvé dans toutes les parties de la régence d'Alger, dont la victoire nous a ouvert l'entrée, chez les Maures et chez les Arabes, plus encore que chez les Turcs? une foi religieuse profondément enracinée, vivace et ardente. Voilà ce que ne peut pas ignorer quiconque a seulement entrevu le pays. Cette foi, quoique monstrueusement erronée, n'en est pas moins une croyance. Or, chacun sait que, chez les peuples mahométans, les institutions politiques sont subordonnées à la croyance religieuse. A moins d'exterminer la population qui couvre aujourd'hui le sol africain, il n'y a de changement fondamental, de mutation sociale à espérer dans toute la régence d'Alger, que par l'effet d'une conversion religieuse. Quand l'homme se présente quelque part, en son propre nom, sans mission divine, il n'a rien à répondre à qui lui demande d'où et pourquoi il vient; c'est l'Évangile qui a porté la civilisation partout, depuis la rédemption de l'humanité. Les fauteurs d'indifférence en matière de foi raisonnent autrement, mais le monde n'ignore pas non plus leur impuissance à jamais rien fonder. Non, il n'y a de durable établissement possible pour nous, dans cette partie de l'Afrique septentrionale, que par la substitution de l'Évangile au Koran. Remplacer progressivement le despotisme de la force par le règne de la persuasion, voilà la direction à imprimer à notre système de colonisation. C'est à saper la base religieuse sur laquelle le sultan faisait reposer sa suzeraineté sur les puissances barbaresques que doivent s'appliquer tous nos efforts. En dépit de la facilité superbe avec laquelle le sabre turc tranchait leurs têtes, les Maures et les Arabes, sans regretter des maîtres trop inflexibles, sont impatients de notre autorité, parce qu'ils n'y ont pas foi. Mais au Maure qui a besoin d'être protégé, montrons une religion protectrice du faible contre le fort; appelons à la liberté chrétienne et l'Arabe qui cherche l'indépendance dans le désert, et le Kabyle qui croit la trouver dans les montagnes. Pour engendrer ces peuples à une nouvelle vie, pour les faire naître à notre civilisation, que leur foi égarée soit remise dans le vrai chemin, et le reste s'ensuivra essentiellement. »

Oui, mon cher Gustave, la religion chrétienne est seule appelée à changer la face de l'Afrique.

Ce pays ne reprendra son éclat, sa grandeur et sa prospérité d'autrefois, que lorsqu'il aura repris son culte ancien et quitté sa foi stérile, pour nos croyances si belles, si fécondes.

Lettre Vingt-sixième.

A MARIE.

LE CATHOLICISME EN ALGÉRIE. — ÉVÊCHÉ D'ALGER. — UN PRÊTRE ET DES
SŒURS DE SAINT-JOSEPH A CONSTANTINE.

Constantine, avril 1839.

Vous apprendrez avec une satisfaction bien
vive, ma chère Marie, que notre sainte religion
est enfin venue rétablir son règne dans l'Algérie.
Un saint évêque, monseigneur Dupuch, récem-
ment installé à Alger, ne néglige rien pour étendre de tous côtés les bienfaits de la foi. Il a
envoyé à Constantine, il y a peu de temps, un
prêtre instruit et zélé, M. l'abbé Suchet; c'est
le premier ministre de l'Église qui ait paru

dans ces lieux, depuis quatorze cents ans. Nous
l'avons accueilli avec une joie bien sincère, et il
est appelé à faire le plus grand bien parmi les
indigènes dont il lui a fallu peu de temps pour
s'attirer l'estime et l'affection. Tous l'appellent
le marabout *français*, et c'est à qui aura l'honneur de le recevoir dans sa maison.

Nous avons donc le bonheur aujourd'hui d'a-
voir une église catholique, où nous pouvons
nous réunir pour prier et assister à la célébration du plus auguste des sacrifices. Les Arabes
se pressent en foule à nos cérémonies, où ils
montrent un recueillement vraiment édifiant ; je
ne doute pas que la religion ne fasse bientôt de
nombreuses conquêtes dans cette province.

Dans l'intérêt même de la politique et de la
puissance française en Afrique, il était nécessaire
que les ministres du Dieu de paix apparussent
sur cette plage africaine, qui sert depuis si longtemps de théâtre à tant de scènes de violence et
de barbarie. Un des grands griefs que les Algériens conservaient contre les Français, un des re-
proches qu'ils nous adressaient le plus souvent,
c'est qu'ils ne nous voyaient pratiquer aucun
acte religieux. Aux yeux de ce peuple si vivement attaché à son culte mensonger, des hommes
qui ne manifestent aucun sentiment religieux ne

méritent pas de confiance et ne peuvent être animés de bonnes intentions. Suivant leur bon sens naïf, une entreprise à laquelle la religion n'a pas présidé ne peut avoir de résultats durables. En ne nous voyant ouvrir aucune église, fonder aucun établissement religieux, les Arabes ne pouvaient pas croire que nous eussions la volonté ni le pouvoir de créer un établissement permanent sur leur rivage; ils considéraient notre occupation comme l'agression passagère d'un peuple abandonné du ciel, sur lequel les fidèles sectateurs de Mahomet devaient toujours reprendre tôt au tard l'avantage. Aujourd'hui qu'ils verront les ministres du vrai Dieu bénir nos armes, ils ne nous regarderont plus comme un peuple sans croyance et sans foi; en voyant le signe sacré de notre salut élevé au-dessus de nos étendards victorieux, ils apprendront à respecter le Dieu des armées; en voyant nos monuments religieux se fonder au milieu de nos cités, ils acquerront la conviction que nous voulons nous faire en Afrique une seconde patrie; ils sauront bien enfin que nous n'élevons pas des autels sur cette plage avec la pensée de les abandonner un jour. D'ailleurs les Arabes ne connaissent de la France que le courage de ses soldats et l'avidité de quelques spéculateurs;

n'est-il pas temps qu'ils sachent que nous possédons aussi des hommes de paix et de science, tout prêts à s'exposer aux plus grands dangers pour appeler de nouveaux frères à la vraie foi et à la civilisation? La conquête du pays par les armes semble maintenant assurée, il est temps d'essayer à conquérir les esprits par l'exemple des vertus que les Arabes ne soupçonnent pas chez nous. Dès leurs premiers pas sur cette terre, nos prêtres ont inspiré à tous les indigènes un profond respect et une entière confiance, qui leur présagent pour l'avenir une récompense digne de leur dévouement et de leurs sacrifices.

Les sœurs de charité, connues sous le nom de religieuses de Saint-Joseph, que M. l'abbé Suchet a installées ici, font partout la plus grande sensation. Leur zèle à soigner les malades, à instruire les enfants, les rend chères aux Arabes. Leur nom a déjà été porté au loin, et des habitants du désert de Zahara sont accourus les prier de venir habiter parmi eux, leur promettant mille soins et une affection toute filiale. Elles font surtout beaucoup de bien parmi les femmes arabes, avec lesquelles elles peuvent s'entretenir, car elles connaissent la langue du pays. On leur demande sans cesse des médailles ou de petites statuettes de la sainte Vierge, qui est ici en grande vénération. Si je ne me trompe, le saint nom de Marie, auquel les Arabes ajoutent, dans leur simplicité, le titre de Madame, portera bonheur à la civilisation chrétienne en Algérie. Puisse le Seigneur hâter la conversion d'un peuple si bien disposé à recevoir les lumières de la foi !

Mais il faut que la France vienne en aide à ceux qui ont quitté leur patrie pour porter le divin flambeau de la religion en Afrique ; les églises naissantes de cette contrée sont pauvres, c'est à la mère-patrie à leur procurer les moyens de faire promptement beaucoup de bien. Il serait à désirer que les fidèles s'imposassent quelques légers sacrifices pour envoyer ici quelques dons et prendre ainsi part à la propagation de l'Évangile en ces pays. Je vous prie, ma chère Marie, d'intéresser toutes vos amies au sort de notre église de Constantine; de petites sommes recueillies parmi elles en formeront une grosse, qui rapportera au centuple et vous sera payée un jour dans le ciel.

Lettre Vingt-septième.

A GUSTAVE.

EXPÉDITION DU BIBAN. — LES PORTES-DE-FER. — MOUVEMENTS
D'ABD-EL-KADER.

Constantine, novembre 1839.

Notre province de Constantine jouit en ce moment de la plus grande tranquillité, et je crois
que je ne tarderai pas, mon cher neveu, à obtenir un congé pour aller vous embrasser tous, si
toutefois quelques mouvements parmi les Arabes
de l'ouest ne m'obligent à rester à mon poste. On
m'assure qu'Abd-el-Kader songe à nous déclarer
la guerre; pour moi, quand je pense à la conduite hypocrite et haineuse de ce chef arabe, je

ne puis me défendre d'un pressentiment de crainte. Depuis le traité de la Tafna, qui l'a élevé si haut, je remarque dans tous ses actes l'intention bien arrêtée de braver la France.

Dans les premiers mois de 1839, à son retour de l'expédition aventureuse d'Aïn-Madi, un officier français lui est dépêché pour obtenir de lui la ratification de quelques articles complémentaires du traité fait précédemment avec lui. Il refuse, et on n'ose pas, dès ce moment, lui déclarer la guerre. On le laisse réunir en paix toutes ses ressources; profitant de la position que nous lui avons faite et de la suprématie que nous lui avons donnée sur les Arabes, il dompte les ambitions indigènes rivales de la sienne, établit des espèces de colonies militaires, organise dans les tribus une conscription régulière, et impose partout des contributions de blé qu'il fait vendre à Cherchel pour acheter des armes. Il porte même l'audace jusqu'à pousser les populations de Bélida à l'émigration et à entraver toutes nos communications. Nous le laissons déporter, dépouiller et mettre à mort les Coulouglis de Tlemcen, que nous avions abandonnés par le traité de la Tafna ! et si cela continue, il ne peut tarder à lever l'impôt en son nom dans toute la plaine de la Métidja. Je désire que mes craintes

soient chimériques et que la terreur de nos armes
retienne les Arabes dans le devoir. Vous savez
déjà, mon cher neveu, qu'un prince de la famille
royale est venu visiter notre belle colonie, et
qu'il s'est mis à la tête d'une expédition fort intéressante et qui a parfaitement réussi, je veux
parler de la prise de possession des Portes-de-
Fer. Je vous envoie à ce sujet quelques détails
qui pourront vous plaire.

Le maréchal Vallée, gouverneur de l'Algérie,
jugeant le moment opportun pour franchir le
Biban et reconnaître ce point important de communication entre Alger et Constantine, réunit
un corps d'armée et se mit en marche vers le
milieu d'octobre. Le 28 de ce mois, à dix heures
du matin, M. le duc d'Orléans, après avoir reçu
des chefs kabyles le tribut qu'ils paient au souverain lorsqu'il se rend auprès d'eux, se dirigea
vers le Biban, où la tête de la colonne de l'expédition arriva à midi, précédée par les chefs connus
sous le nom de Cheïks des Portes-de-Fer. Le passage commença immédiatement, mais il ne put
être terminé qu'à quatre heures du soir.

Le chaînon de l'Atlas qui porte le nom de
Portes-de-Fer, est formé par un immense sou-
lèvement qui a relevé verticalement les couches
de roches, horizontales à l'origine. L'action des

siècles a successivement enlevé les portions de terrain qui réunissaient autrefois les bancs de roches, de telle sorte qu'elles présentent aujourd'hui une suite de murailles verticales qu'il est presque impossible de franchir, et qui se prolongent au loin en se rattachant à des sommets d'un accès plus difficile encore.

Au milieu de cette chaîne coule l'Ouad-Biban, ruisseau salé qui s'est ouvert un passage en ces lieux. Les grandes murailles calcaires de huit cents pieds environ de hauteur, se terminent, à la dernière descente, par le site le plus sauvage, où, après avoir marché plus de dix minutes à travers des rochers dont le surplomb s'exhausse de plus en plus, nos soldats se trouvèrent dans un fond resserré où il aurait été facile de les fusiller à bout portant du haut des rochers, sans qu'ils eussent pu rien faire contre les assaillants.

L'armée traversa ces Portes-de-Fer si célèbres, ayant à sa tête le prince royal et le maréchal gouverneur, au son de nos musiques militaires et en poussant des cris de joie qui ébranlaient ces rocs sauvages.

Sur leurs flancs, nos sapeurs ont gravé cette simple inscription : *Armée française*, 1839.

En sortant de ce sombre défilé, nous vîmes le

soleil éclairant une jolie vallée, et bientôt chaque soldat gagna la grande halte, à peu de distance de là, ayant à la main une branche arrachée au tronc des vieux palmiers qui, à l'ombre redoutée des rochers du Biban, croyaient pouvoir braver les outrages des hommes. La gaieté régna pendant toute la halte, et, après avoir exploré le pays, l'armée rentra dans ses divers campements, sans avoir eu de lutte sérieuse à soutenir.

Cette expédition doit, selon les uns, produire beaucoup de bien ; selon d'autres, elle hâtera la guerre, car il paraît que l'émir a montré une grande colère, en apprenant que nos troupes avaient franchi les fameuses Portes-de-Fer, aux-quelles la superstition mahométane attachait une idée religieuse, et qui lui semblaient souillées par le passage de l'armée française. Si la guerre a lieu, nous ferons tous notre devoir, et le grade de capitaine des zouaves que je viens de recevoir m'oblige en particulier à montrer tout mon zèle pour le service de ma patrie.

Lettre Vingt-huitième.

DÉCLARATION DE GUERRE DE L'ÉMIR. — CONVOIS DÉTRUITS. — LA PLAINE
DE LA MÉTIDJA ENVAHIE ET RAVAGÉE.

Constantine, décembre 1839.

J'ai de bien tristes nouvelles à vous transmettre. D'affreux malheurs sont arrivés ; et tout est
en feu aux environs d'Alger. La guerre a éclaté
enfin.

Abd-el-Kader, qui nourrissait depuis longtemps, comme je vous l'ai dit, les dispositions
les plus haineuses contre la France, et dont l'ambition croissait de plus en plus depuis deux ans,
a rompu tout à coup et foulé aux pieds le traité

21

de la Tafna qui l'a fait tout ce qu'il est. Il y a cessation des relations commerciales entre les tribus soumises à son autorité et les points occupés par nous. Les ordres sont si formels, le châtiment infligé aux délinquants si terrible, que les marchés ont cessé d'être approvisionnés. En même temps, la guerre sainte est prêchée dans la mosquée de Mascara, et il est ordonné à tous les bons musulmans d'acheter des chevaux, des armes, et des munitions de guerre.

Le 20 novembre, au moment où la guerre sainte était prêchée, l'émir passait la rivière de la Chiffa. A la même heure, plusieurs convois, escortés seulement par trente hommes, se mettaient en route pour les blockaus de Mered et le camp d'Ouad-Calleg. Ils furent attaqués, chacun par un millier d'Arabes. Le commandant du convoi de Mered forma ses voitures en carré ; ses soldats se défendirent vigoureusement et donnèrent le temps à la garnison de Bouffarick de venir à leur secours. Le commandant du détachement périt seul ; atteint d'une balle, il fut tué roide.

Le commandant du convoi d'Ouad-Calleg fut surpris, et n'ayant pas eu le temps de faire parquer ses voitures, il ne put résister à l'attaque de ses nombreux ennemis ; quand une colonne, sortie de Bouffarick, accourut au bruit de la fusillade, tout le détachement avait succombé. Ce malheur fut suivi d'une nouvelle calamité.

Le 24, une colonne de quinze cents cavaliers arabes passa la Chiffa, dans la matinée. Le général Duvivier surveillait ses mouvements du camp supérieur de Bélida, lorsque le commandant du camp d'Ouad-Calleg marcha imprudémment contre elle, à la tête de deux cents hommes d'infanterie que, par une imprudence plus grande encore, il déploya en tirailleurs. Les Arabes, supérieurs en force, les attaquèrent avec une grande vigueur. Le commandant des troupes françaises essaya de les former en carré et de regagner le camp; mais ce mouvement fut malheureux, notre détachement fut écrasé, et cent cinq officiers et soldats restèrent sur la place. Le reste put rentrer au camp; les Arabes qui tentèrent de les poursuivre furent dispersés par notre canon.

J'apprends à l'instant que l'on se bat de toutes parts dans la plaine de la Métidja. Les Arabes inondent les campagnes et incendient toutes les fermes; les colons sont en fuite, et les tribus alliées viennent chercher auprès de nos camps un refuge contre les cruautés d'Abd-el-Kader.

Vous ne lirez pas sans un agréable étonnement que, dans leur sauvage fureur, nos ennemis sont

souvent arrêtés par le saint pouvoir de notre religion. Je vous en citerai un exemple touchant.
Dans leurs dernières excursions, les Arabes venaient de piller la mosquée de Sidi-Ferruch ; tout
à coup ils s'arrêtent en apercevant le portrait de
notre vénérable évêque. « O grand marabout !
s'écrient-ils, que Mahomet te bénisse ! Nous t'ai-
mons, nous te respectons, nous te remercions
pour le bien que tu fais à nos frères, et dont le
bruit est venu jusqu'à nous. »

La terreur est grande dans Alger parmi les Européens ; les Maures, au contraire, témoignent la
joie la plus vive ; ils ne doutent pas du triomphe
de l'émir, et peut-être songent-ils à aider à ses
succès ; mais l'autorité veille sur eux, et tous
leurs efforts seront inutiles.

Les Arabes viennent de causer bien des maux,
ils sont fiers d'avoir ravagé la plaine de la Métidja
et vaincu quelques colons sans défense et quelques
poignées de soldats isolés ; mais là se borneront
leurs triomphes si faciles. Abd-el-Kader, je n'en
doute pas, a détruit sa puissance en nous faisant
la guerre ; nous avons repris le droit de l'abattre,
et je pense que cette fois on ne lui accordera pas
de merci.

Lettre Vingt-neuvième.

A GUSTAVE.

DÉFAITES DE L'ÉMIR.

Constantine, janvier 1840.

Je vous le disais dans ma précédente lettre, mon cher Gustave : les triomphes des Arabes se sont arrêtés. Ils viennent d'éprouver plusieurs défaites successives qui abattront peu à peu leur ardeur, et refroidiront singulièrement leur fanatisme. L'armée régulière de l'émir a subi déjà un échec, et j'ai appris, non sans joie, que les zouaves s'étaient distingués dans toutes les affaires qui avaient eu lieu.

Une rude leçon a été donnée aux ennemis, qui ont éprouvé des pertes considérables aux environs de Bélida, dans les journées du 14 et du 15 décembre. Le lieutenant-général Rulhières, en conduisant à Bélida un convoi pour augmenter l'approvisionnement des troupes de cette ville, a rencontré l'ennemi et l'a culbuté.

Le lendemain, le même général a encore donné une plus rude leçon aux Arabes, qui étaient cependant renforcés par le bataillon régulier de l'émir.

Le 31 décembre, une affaire plus sérieuse a eu lieu aux environs de Bélida. L'infanterie régulière de l'émir avait voulu se camper, le 30, auprès de la Chiffa; autour d'elle se groupaient de nombreux détachements de Kabyles formés des tribus du kalifah de Miliana. La cavalerie ennemie s'était établie au pied des montagnes, non loin de Bélida. Elle était très-nombreuse, et, après s'être déployée en bataille jusqu'à la nuit, elle s'était retirée, laissant seulement des avant-postes pour observer les mouvements des troupes françaises; le jour suivant, vers neuf heures du matin, le feu commença; mais le maréchal Vallée, méprisant les tirailleurs et voulant à tout prix combattre l'infanterie de l'émir, qui ne paraissait pas encore, fit un mouvement en

avant et vint se placer dans une position très-
avantageuse. Il envoya ensuite un de ses aides-
de-camp à la découverte, et il apprit bientôt que
l'infanterie, forte de trois bataillons, n'était pas
éloignée. Un de ces bataillons, entièrement composé de troupes régulières, occupait la ligne du
centre; les deux autres, composés de Kabyles
bien commandés, avaient pris position à droite
et à gauche du bataillon régulier. Au centre, on
apercevait les drapeaux du kalifah de l'émir; et
toute la cavalerie, qui avait harcelé nos soldats
pendant la matinée, vint se réunir à la gauche de
l'infanterie. Le maréchal ne voulut pas qu'on ti-
rât sur les ennemis : il ordonna qu'on les abordât
à l'arme blanche. La charge fut aussitôt battue,
et le 1er régiment de chasseurs, commandé par le
colonel Bourjally, partit aussitôt. Le 2e léger et
le 23e de ligne s'élancèrent en même temps, avec
résolution, de la montagne où ils se trouvaient,
sous le feu de la ligne ennemie. Ils gravirent le
versant opposé, sans tirer un seul coup de fusil,
et chargèrent les Arabes avec une telle furie, que
ceux-ci, frappés d'épouvante, tournèrent le dos
au premier choc et voulurent se mettre en retraite; mais il était trop tard : nos soldats les
suivirent la baïonnette dans les reins. Les chasseurs les séparaient de la montagne et les refou-

laient devant l'infanterie, ne leur laissant d'autre ligne de retraite que la Chiffa. Trois fois le colonel Bourjally reprit la charge, et trois fois il repoussa l'infanterie de l'émir vers nos troupes qui la reçurent à la pointe de leurs baïonnettes. Cette infanterie, qui était comme le corps sacré d'Abd-el-Kader, fit des pertes cruelles, et ceux qui échappèrent aux coups de nos soldats, se sauvèrent au loin, à travers les plaines des Hadjoutes. La cavalerie ennemie était si stupéfaite d'un coup aussi hardi, qu'elle regarda la lutte sans oser tirer un seul coup de fusil. Après la destruction de l'infanterie régulière, elle se retira précipitamment et repassa la Chiffa.

Les Arabes laissèrent au pouvoir des Français trois drapeaux du kalifah de Miliana, une pièce de canon, les caisses des tambours des bataillons réguliers, quatre cents fusils et trois cents cadavres de fantassins réguliers. Beaucoup de cavaliers arabes furent tués également; mais, suivant l'usage, ils furent emportés, ainsi qu'une partie des soldats kabyles frappés mortellement. L'armée française perdit treize hommes et eut près de cent blessés.

Ce combat brillant a eu de grands résultats. La citadelle et le camp de Bélida se sont trouvés ainsi débarrassés du voisinage des nombreux tirailleurs arabes qui, depuis longtemps, gênaient les communications. Le maréchal, après cette victoire, parcourut le cours de la Chiffa, sans apercevoir aucune réunion d'Arabes. Mais, le 24 janvier, l'ennemi reparut, au nombre de quinze cents cavaliers. Un combat où nos troupes ont montré beaucoup d'ardeur a eu lieu, et les Arabes ont été repoussés avec perte.

Il nous faudra des secours pour reprendre l'offensive et terminer promptement la guerre. C'est avec peine que je reste à Constantine dans l'inaction, tandis que mes frères d'armes sont de tous côtés en présence de l'ennemi. Ici rien n'est changé, la tranquillité n'a pas été troublée un seul instant. Les nombreux émissaires d'Abd-el-Kader, qui ont parcouru le pays, et les proclamations répandues dans toutes les tribus pour les appeler à l'insurrection contre nous, ont partout échoué. La guerre sainte n'a pas trouvé de partisans parmi nos populations, plus agricoles et plus douces que celles de l'ouest. Les Kabyles et les Arabes des plaines ont mieux aimé se livrer paisiblement aux soins du labourage, que d'aller courir les chances d'une guerre dont ils connaissent tous les dangers. Nous ne voyons point de haines autour de nous, et nous recevons chaque jour des témoignages de confiance et de

fidélité. Bien plus, des chefs kabyles, qui n'é-
taient point entrés à Constantine depuis que cette
ville est en notre pouvoir, viennent faire leur
soumission, et, en reconnaissant l'autorité française, s'offrent à combattre avec nous nos ennemis, que ces ennemis nous viennent de l'est ou de
l'ouest. Au besoin, ces tribus nous fourniront
d'excellents cavaliers ; quelques-unes d'entre elles
nous en ont déjà donné un assez grand nombre,
dont on a formé un escadron de spahis auxiliai-
res, pour veiller au maintien du bon ordre.

Jusqu'à ce jour, partout où nous avons formé
des établissements, les tribus, lassées de l'administration rapace des chefs indigènes, ont demandé à être administrées directement par les
Français. Aussi on peut déjà remarquer que les
Arabes campés autour des points que nous occupons sont les plus heureux et les plus fidèles.
Des résultats si remarquables sont dus à la
sagesse et à la persévérance du général Galbois et
à l'affection que les Arabes ont conçue pour la
France. Cette affection leur est surtout inspirée
par les bienfaits du christianisme.

Croiriez-vous, mon cher Gustave, que les musulmans de Constantine viennent de fonder dans
cette ville un hospice indigène qu'ils ont voulu
placer sous la direction exclusive de nos sœurs

de charité ; qu'ils leur ont confié le soin de leurs pauvres, la distribution de leurs aumônes, et qu'ils ont fait spontanément une dotation considérable pour l'entretien de ces admirables servantes de Jésus-Christ? Oh! que de chrétiens de notre France seront condamnés, au jour du jugement, par les sentiments et les œuvres de ces peuples infidèles !

Plus que jamais je m'aperçois que nous ne serons réellement maîtres de l'Algérie que quand notre sainte religion aura changé le cœur des habitants, en leur faisant connaître leurs meilleurs amis, leurs véritables intérêts.

Plaise à Dieu que la France se montre jalouse de soutenir ici l'honneur de son nom, qu'elle se hâte de faire voir d'une manière éclatante qu'on ne se joue pas en vain de sa confiance et de sa générosité, qu'on n'égorge pas impunément ses enfants sans défense, et que, si elle tient d'une main l'olivier de la paix, de l'autre elle est toujours prête à lancer la foudre.

Lettre Trentième.

A GUSTAVE ET A MARIE.

AFFAIRE DE MAZAGRAN.

Alger, février 1840.

J'ai de belles choses à vous apprendre, mes chers amis, de grandes vertus guerrières à vous signaler. Vous allez lire le récit d'un des plus beaux faits d'armes dont s'honore la valeur française.

Vous avez deviné que je vais vous parler de l'héroïque défense des soldats de Mazagran, de la lutte glorieuse de ces cent vingt-trois braves dont le nom est ici dans toutes les bouches.

Si je ne suis pas le premier à vous apprendre ce fait mémorable , j'aurai du moins le plaisir de vous en donner une narration exacte et circonstanciée ; car non—seulement je suis en correspondance avec plusieurs officiers détachés à Mostaganem , mais aussi, connaissant parfaitement le pays et le théâtre de ces événements , j'ai pú donner une juste appréciation aux efforts qu'il a fallu déployer pour obtenir un aussi beau succès.

Pour mieux vous initier aux mouvements militaires qui ont été exécutés , et vous faire bien comprendre tous les détails de l'action dont j'ai à vous entretenir, je vais vous en dessiner rapidement la scène.

Dans la province d'Oran , sur les côtes d'Afrique qui font face aux beaux rivages d'Alicante, à un mille environ de la mer, s'élève la petite ville mauresque de Mostaganem. Elle est bâtie sur le versant ouest d'un ravin large et profond, dans lequel les indigènes et les troupes entretiennent des jardins délicieux. Sur le versant est de ce ravin , à cent mètres environ de Mostaganem , on rencontre Matemore , petite ville crénelée et dans une excellente position ; elle est protégée par un fort, dit *Fort de l'Est* , et occupée par deux batteries et un bataillon d'infanterie.

Un pont de bois sert de communication entre les deux villes.

Ces deux villes, en quelque sorte adossées à la mer, font face au sud ; et, dans cette direction, soit qu'appuyant un peu à l'est, l'on s'achemine à travers les bosquets d'une vallée qui, après avoir offert une surface plane dans une étendue de deux cent vingt mètres environ, s'élève tout à coup et se prolonge ensuite, resserrée entre deux hauteurs, par delà l'horizon ; soit que l'on suive un sentier tracé sur les hauteurs escarpées qui bordent la plaine à l'est, en une heure de marche on arrive devant une petite ville, ou plutôt un petit village en ruines : c'est Mazagran.

Mazagran dépendait autrefois de la province dont Mostaganem était le chef-lieu. Elle est posée à mille mètres de la mer, en amphithéâtre sur un coteau où croissent dans le sable des aloès, des agaves, et des cactus de toutes sortes, vigoureux et charnus, tels qu'on les trouve dans les régions tropicales. Cette petite ville est composée de quelques cahutes construites en pierres sèches, et qui, groupées les unes contre les autres, forment plusieurs rues étroites où deux personnes ne pourraient passer de front. La plupart de ces pauvres demeures sont abandonnées. La ville est sans fortification ; seulement les murs extérieurs de ses chétives maisons étant liés entre eux et n'ayant que de rares ouvertures, forment une espèce d'enceinte triangulaire qui, de loin, présente l'aspect d'une muraille de défense.

Au sommet de ce triangle, et sur le point culminant du coteau, s'élèvent deux anciens marabouts qui, d'un côté, dominent la plaine, la mer, et le bas de la petite ville, et de l'autre commandent en même temps la campagne et la route de Mostaganem.

La position favorable de ce réduit décida, dans le temps, le maréchal Clauzel à le convertir en un poste militaire, et à en faire, pour ainsi dire, la *casbâh* de Mazagran. Il en fit relever les murs, le fit retrancher par des fossés, et fortifier par quelques ouvrages en terre.

C'est là que le général Guéhéneuc, commandant la place de Mostaganem, avait envoyé en détachement une compagnie du 1er bataillon d'Afrique.

Puisque j'en trouve l'occasion, je vais vous expliquer ce que sont les bataillons d'Afrique.

Leur composition est remarquable. On y classe les soldats indociles à la dicipline, ceux qui, animés d'une ardeur indomptable, ont peine à se soumettre à l'autorité du chef, mais qui sont prêts à affronter tous les dangers. Ce sont des hommes d'un caractère romanesque et aventureux ; aussi sont-ils le sujet de mille récits fabuleux. La formation de ces bataillons date des premières années de notre occupation. Il y en a trois : le premier est fort de douze cents hommes ; il occupe, dans la province d'Oran, Arzew, Rachgoun et Mazagran. Le deuxième est d'un effectif de six cent cinquante hommes ; il occupe, dans la province d'Alger, les camps de Bouffarick, de Kouba, de Lartch et d'Arbu. Le troisième, composé de huit cents hommes, occupe, dans la province de Constantine, Philippeville et le camp de Taumiet ; il défend la route de Philippeville à Constantine, et fournit un poste à la station de Sidi-Tam-Tam, entre Medjzamar et Constantine.

Il ne faut pas confondre ces bataillons avec les compagnies de punition employées aux travaux publics.

La dixième compagnie du premier bataillon, dont les soldats ont pris le nom de guerre de *Zéphyrs,* est celle que le général Guéhéneuc avait envoyée pour défendre le petit poste de Mazagran. Cette compagnie se composait de cent vingt-trois hommes tous déterminés, car si leur incorporation dans les bataillons d'Afrique était la suite de leur indocilité au joug de la discipline, loin d'exclure le courage et la bravoure militaires, elle accusait en eux ce caractère fougueux qui enfante souvent des prodiges. Les zéphyrs étaient commandés par le capitaine Lelièvre. Ce brave compagnon d'armes, que je connais particulièrement, est né à Malesherbes, département du Loiret, arrondissement de Pithiviers. Avant son entrée au service, il exerçait la profession d'ouvrier tourneur. Il était sous-officier avant la révolution de juillet. Par ordonnance du 27 décembre 1830, il fut nommé sous-lieutenant au 15e régiment de ligne alors en Afrique, et l'un des corps qui avaient fait partie de la première expédition. Il resta en Afrique jusqu'au mois de janvier 1832. A cette époque il rentra en France avec son régiment. Une ordonnance du 3 juin 1832 ayant prescrit l'organisation des bataillons d'infanterie légère d'Afrique, spécialement destinés à servir dans le pays, le sous-lieutenant Lelièvre demanda à en faire partie, et entra comme sous-lieutenant dans le deuxième bataillon. Par ordonnance du 10 juin 1835, il y fut nommé lieutenant, et il prit part à tous les combats et escarmouches qui eurent lieu entre nos troupes et les Kabyles dans les environs de Bougie. Il se distingua surtout à l'attaque du village de Darnassar, le 10 novembre 1835, où,

à la tête d'un détachement, il enleva de vive force
le village aux nombreux Kabyles qui l'occupaient.
Non-seulement je fus témoin de la bravoure qu'il
déploya dans cette action, mais encore j'eus le
bonheur de soutenir son attaque à la tête d'un
détachement de zouaves sous mes ordres. Le
lieutenant Lelièvre continua de servir dans le
deuxième bataillon jusqu'au 22 mai 1839. Par ordonnance de ce même jour, il fut nommé capitaine
au premier bataillon d'infanterie légère d'Afrique, et promu au commandement de la dixième
compagnie de ce bataillon.

Les 123 soldats de la dixième, sous les ordres
du capitaine Lelièvre, expiaient donc dans la
triste garnison de Mazagran leur manque de sub-
ordination, attendant, insoucieux de leur sort,
l'heure où il plairait à l'Arabe de venir se mesu-
rer avec eux... Les jours s'écoulaient, et l'ennemi
ne se présentait pas... Ces hommes, d'une nature
ardente et volontaire, se fatiguaient de l'inaction
dans laquelle il les laissait. Ils passaient les loisirs
de la garnison à jouer, à chanter, souvent même
à se quereller entre eux, faute d'avoir avec qui
entamer une lutte sérieuse, ni d'ennemi contre
qui ils pussent exercer leur humeur déterminée.
D'autres fois, ils sortaient de leur petit réduit, et
faisaient une pointe dans la campagne, comme

s'ils eussent voulu aller à la rencontre de l'Arabe
et le défier.

Depuis la rupture du traité de la Tafna, plusieurs combats remarquables avaient été livrés ou
soutenus par les détachements de notre jeune et
vaillante armée. Plusieurs défaites avaient dissipé
le prestige de puissance dont quelques succès trop
facilement obtenus avaient entouré l'émir aux
yeux des Arabes. Abd-el-Kader l'avait bien senti,
et il lui fallait une réhabilitation, une revanche
éclatante. Ce fut sur Mazagran qu'il se promit de
prendre cette revanche.

Ce petit réduit n'avait qu'une poignée d'hommes pour le défendre. Il était facile de lui couper
toute communication avec Mostaganem, où il n'y
avait d'ailleurs qu'une faible garnison de 300
hommes. L'avantage de cette position n'avait
point échappé à l'émir. Il se croyait assuré de
trouver là, moyennant une attaque bien combi-
née, le triomphe dont il avait besoin. Néanmoins
il ne négligea rien pour l'obtenir. Il envoie des
marabouts jusque sur les limites du désert pour
y prêcher, au nom du prophète, la guerre sainte
contre les chrétiens.

Plus de cent tribus ont répondu à l'appel, et
leurs contingents improvisent une armée. Douze
mille Arabes ont juré sur le Koran d'emporter
Mazagran ou de mourir.

Vers les derniers jours de janvier, quelques Arabes commencèrent à se montrer, de temps en temps, autour du réduit occupé par les Français, mais au loin et sans paraître disposés à venir engager le feu avec la petite citadelle de Mazagran.

Enfin, le 3 février, vers neuf heures du matin, les sentinelles signalent l'approche de l'ennemi, et tout aussitôt le faible retranchement de la 10e compagnie est circonvenu par une nuée d'Arabes qui, des hauteurs du Chélif, se sont abattus sur le coteau avec la rapidité d'une volée d'oiseaux de proie. Cette invasion fut tellement prompte et imprévue, que le lieutenant Magnian, qui alors venait de sortir pour aller à Mostaganem, fut surpris hors des murs. Ses compagnons d'armes ne l'ont point oublié. Ils s'occupent de le sauver; les portes sont fermées et ne doivent plus s'ouvrir, mais une corde lancée du haut du rempart l'attend; il la saisit, et, rivalisant de force et d'adresse avec ses camarades, il se retrouve bientôt au milieu d'eux. Cependant cet essaim de cavaliers arabes grossit toujours, blanchissant au loin la colline et la plaine; il s'agite et se meut en tous sens, s'agglomère, se divise, et, poussant des cris stridents et sauvages, parade devant la petite citadelle, en faisant feu à coups perdus, en brandissant en l'air ses armes et ses drapeaux échevelés. Au milieu de cette multitude confuse, on aperçoit un bataillon d'infanterie marchant avec ensemble et en colonne. Ces fantassins sont vêtus uniformément : ils portent un gilet de laine, une culotte à la mauresque bleu-clair, et une veste brune avec capuchon. Ils ont les pieds chaussés de babouches ; ils sont armés de fusils, dont un grand nombre ont des baïonnettes ; une giberne, soutenue au moyen d'un beaudrier passé sur l'épaule, pend à leur hanche droite ; ils ont de plus un couteau-yatagan passé dans leur ceinture. Du milieu de leurs rangs, un peloton d'artilleurs se détache, traînant avec lui deux pièces de canon montées sur de mauvais affûts à roues pleines. A leurs allures régulières, à leurs manœuves précises, il est facile de reconnaître une tradition européenne. Effectivement, d'après le rapport de M. de France, lieutenant de vaisseau, que cinq mois de captivité dans le camp d'Abd-el-Kader ont initié dans tous les détails de l'organisation de ces troupes, cette infanterie régulière a été instruite et dirigée par de misérables transfuges qui n'ont pas craint de déserter notre drapeau, et d'aller dans les rangs ennemis, non-seulement pour y combattre leur patrie, mais encore pour y transmettre les théories de notre art militaire, dont la perfection et les avantages sont le fruit d'une longue étude et d'une expérience acquise souvent au prix du sang français. Dans ce nombre, je vous citerai le nommé Moulin qui, dans l'armée arabe, se faisait gloire de rapporter suspendues à l'arçon de sa selle trois ou quatre têtes de Français tués de sa main; un Parisien qui, après avoir déserté des spahis, avait embrassé la religion musulmane et pris le nom de *Moussa*. Ce vil apostat, qui, par forfanterie, signait les lettres officieuses qu'il écrivait au général Rapatel: *Moussa, lieutenant général des armées d'Abd-el-Kader*, mangeait avec les nègres au service de l'émir; il fut jeté dans un cachot pour avoir vendu les armes qui lui avaient été données par Abd-el-Kader; et enfin plusieurs soldats de la légion étrangère, qui, après avoir été instituteurs des troupes arabes, sont détenus dans des prisons où ils languissent et souffrent de la faim; car les Arabes n'oublient jamais qu'ils ont été traîtres, et ils les accablent d'infamie après s'en être servis.

L'artillerie d'Abd-el-Kader est aussi dirigée par un ex-maréchal-des-logis d'artillerie, qui, ayant été condamné à deux ans de prison pour avoir quitté son poste au blocus de Sidi-Kalifa, a rompu son ban, il y a sept à huit mois.

Mustapha-Ben-Tamy est à la tête de l'infanterie régulière. Il la commande et la guide vers le bas de la ville. Il y pénètre avec elle. Bientôt toutes les maisons qui se trouvent en regard et à une portée de fusil du réduit qui protége la 10e compagnie, sont occupées. Une activité effrayante se déploie, et en un instant elles sont crénelées ; les plus adroits tirailleurs y sont embusqués.

De son côté, l'artillerie a pris position sur un plateau de cinq à six cents mètres qui domine légèrement le retranchement de nos braves.

Pendant ces préparatifs de combat, exécutés avec une résolution qui ne laisse pas douter que tout n'ait été bien calculé et arrêté d'avance, les cavaliers arabes caracolent toujours, poussant leurs sauvages clameurs, et tirant des coups de feu en l'air comme s'ils brûlaient de commencer l'attaque.

Du haut de ces remparts improvisés, l'infanterie donne le signal ; la cavalerie, conduite par les beys de Tlemcen et de Mascara, se rapproche et circonvient le réduit du côté de la plaine. Cinq cents tirailleurs commencent une fusillade vive et bien nourrie. Les cavaliers, au nombre de plus de deux mille, les appuient par le feu de la mousqueterie, et l'artillerie bat avec vigueur les murailles caduques qui abritent les Français.

Le capitaine Lelièvre n'avait à sa disposition qu'une pièce de campagne et quarante mille cartouches ; mais il avait cent-vingt-trois hommes décidés à vendre chèrement leur vie.

L'ordre le plus complet règne dans la garnison ; nos cent-vingt-trois braves ont vu sans trouble cet imposant déploiement de forces. Ils sont tous à leur poste. Ils se multiplient, ripostent à tous les feux , et, par des coups bien portés , répandent la mort et l'effroi dans les colonnes ennemies à mesure qu'elles se présentent à leur portée. Leur pièce unique est pointée avec tant de justesse et de précision qu'elle abat les Arabes par groupes. Une décharge de mitraille fait rouler dans le sable un monceau d'hommes et de chevaux. Des deux côtés on s'anime, on s'acharne. Les Arabes semblent déjà s'étonner de tant de résistance devant leur nombre ; ils veulent rivaliser d'intrépidité. Se précipitant avec fureur à travers le feu de nos soldats, ils franchissent les fossés, s'élancent à corps perdus sur la brêche, et se cramponnent avec rage aux sacs de terre pour les arracher. Vains efforts ! tous tombent percés de coups de baïonnettes ou assommés à coups de pierres à mesure qu'ils se présentent ; les grenades surtout, lancées à propos au milieu des groupes, les bouleversent et les éclaircissent, sans pourtant ralentir la vigueur de l'attaque.

La nuit surprend les Arabes luttant toujours

avec le même acharnement. Ils ne cessent le feu que pour se glisser dans l'ombre sous les murs du réduit et épier l'instant favorable de tenter une surprise. Mais nos camarades sont toujours sur pied. Des sentinelles veillent pendant qu'ils emploient le relâche que l'ennemi leur laisse à réparer activement tous les ravages que les boulets ont faits dans leurs murailles. Ils relèvent la brèche avec la truelle et le marteau.

De leur côté, les Arabes, qui ont senti l'insuffisance de leurs forces devant la résistance opiniâtre des Français, ne veulent plus d'indécision dans l'attaque du lendemain. Trois mille hommes n'ont pu se rendre maîtres d'une bicoque défendue par cent vingt-trois Français ; ils quadrupleront leur nombre. Leurs chefs sont chargés d'aller chercher des renforts. Toute la réserve reçoit l'ordre de venir prendre part au nouveau combat qui se prépare.

Fanatisées par les prédications religieuses, par les magnifiques promesses de l'émir et de Mustapha–Ben–Tamy, quatre-vingt-deux tribus ont envoyé jusque des confins du désert leur contingent à la guerre qu'ils appellent *sainte*. Les scheiks reviennent à la tête de troupeaux innombrables de cavaliers. On les eût vus à la pointe du jour descendre des montagnes du Chélif et s'abattre sur

Mazagran. Tous sont fiers de venir combattre pour le prophète ; tous ont soif du sang des chrétiens.

Cependant les renforts arrivent toujours ; les colonnes ennemies se pressent, se grossissent. Ce n'est pas une troupe supérieure en nombre de deux ou trois mille hommes, c'est une armée entière ; ce sont dix, douze mille cavaliers qui viennent se joindre aux troupes de la veille et sont là, impatients de commencer le combat, rugissant comme des bêtes fauves devant leur proie. A la vue de cette masse formidable qui l'entoure de tous côtés, le capitaine Lelièvre s'est rappelé qu'il n'a que cent vingt-deux hommes sous ses ordres, c'est-à-dire peut-être pas *un* contre cent. Il a bien jeté les regards du côté de Mostaganem ; mais il comprend que toute espèce de secours du côté de cette place lui est interdit ; il le comprend si bien qu'il craint même que ses frères d'armes, ne connaissant pas les forces de l'ennemi, ou n'écoutant que leur dévouement, ne s'aventurent dans la plaine. C'est alors qu'il songe à l'honneur de son drapeau. Il ne doute pas du courage des siens, il les connaît trop ; mais il veut tout prévoir. Il peut être écrasé par le nombre, il peut être forcé dans sa petite casbâh, et lui et ceux des siens qui seraient épargnés par les balles peuvent être pris les armes à la main. La pensée de tomber vif au pouvoir de l'ennemi, d'être insulté par des barbares, de voir le drapeau français souillé et traîné dans le désert comme un trophée de victoire, cette pensée révolte son âme noble et patriotique. Il rassemble ses braves et leur propose de mourir tous avec lui pour l'honneur du nom français. Cette vaillante garnison, émule de l'équipage du vaisseau *le Vengeur*, accepte la proposition avec enthousiasme, et répond par un cri unanime. Tout est préparé; on se fera sauter avec le réduit, on s'ensevelira sous ses ruines, on se résigne à périr sans qu'aucune voix amie puisse aller redire à la France comment quelques-uns de ses enfants sont morts dignes d'elle. Le point où l'on doit se ramasser pour sauter tous ensemble est désigné; tout est convenu et arrêté comme une simple consigne. Commence maintenant le combat, l'honneur du drapeau français sera sauf!

La batterie du plateau a recommencé son feu; des balles tirées de la plaine et de la ville pleuvent par milliers sur le réduit.

La garnison de Mostaganem a bien vu à l'horizon de blancs troupeaux d'Arabes sortir des ravins du Chélif et passer entre Mostaganem et les blauckaus avancés, prenant la direction de Mazagran. Plus tard, elle a distingué les pièces faisant feu sur ce poste, mais elle n'a pu croire qu'il s'agissait d'une attaque sérieuse. Néanmoins, l'ordre de sortir est donné, et il s'exécute avec le plus grand enthousiasme. Vers une heure de l'après-midi, une colonne de trois cents hommes d'infanterie, de cinquante chevaux, tant spahis que chasseurs, et de deux pièces de campagne, se met en mouvement par la route de la plaine; l'escouade de troupes arabes qui s'était placée entre Mazagran et Mostaganem pour couper toute communication entre ces deux places, ne l'attaquait que mollement. Une vingtaine de coups de canon la disperse, et l'ennemi n'inquiète plus la retraite de la garnison de Mostaganem que par une fusillade mal engagée et mal soutenue. Cependant elle avait eu plusieurs hommes blessés, entre autres M. Habaiby, lieutenant-commandant des spahis réguliers d'Oran. Deux heures après sa sortie, tout était redevenu tranquille aux environs de la place de Mostaganem.

Cependant le poste de Mazagran échange toujours avec l'ennemi une fusillade aussi vive; les batteries du plateau redoublent leur feu. La pierre fume et vole en éclats; déjà les murailles s'ébranlent, les créneaux croulent;... la brèche est ouverte!.... Aussitôt deux mille Arabes se portent en avant et se dirigent sur cette brèche; le feu meurtrier de la petite citadelle met de l'indécision dans leur premier élan; leurs rangs sont décimés, mais leur ardeur fanatique semble s'accroître avec le carnage; ceux qui succombent sont à l'instant remplacés, ils se succèdent, ils gagnent du terrain, ils s'approchent....

Le capitaine Lelièvre a conservé tout son sang-froid. Il a compris qu'une bravoure téméraire peut compromettre le succès de sa résistance, et que dans sa position le courage ne suffit pas; il songe à employer l'adresse et la ruse. Il conçoit et exécute une manœuvre des plus habiles. Il ordonne à ses soldats de se coucher à plat ventre les uns après les autres, le fusil armé, le doigt sur la détente, et de ralentir le feu par degrés. Bientôt les balles ont cessé de siffler. Le silence de la mort règne dans toute la place; les Arabes, poussant un *houra* de victoire, courent comme une meute à la curée, et se précipitent sur la brèche avec une insolente confiance. Quelques-uns ont déjà mis le pied sur le rempart et vont y planter l'étendard victorieux du prophète. A ce moment, nos braves se lèvent tous ensemble, et semblent renaître plus terribles que jamais. Les téméraires qui ont osé croire à un triomphe aussi facile, sont enveloppés par une zone de feu et tombent foudroyés; l'étendard de Mahomet est souillé de sang et de boue, haché, déchiré par lambeaux. Chaque coup culbute un homme; en un instant, la brèche est balayée, les fossés sont comblés par les cadavres. Le reste de l'ennemi prend la fuite; une heure s'était à peine écoulée dans cet assaut, que les Français restaient encore une fois maîtres du champ de bataille.

La lutte n'est pourtant pas encore à son terme. Les assiégeants, revenus de leur terreur, se rallient et préparent une nouvelle attaque.

A Mostaganem, l'alarme commence à se ré-pandre; la garnison veille de loin sur ses frères de Mazagran; elle suit avec sollicitude tous les mou-vements de l'ennemi. Chaque jour elle tente des sorties, mais elle est si peu nombreuse, qu'elle doit agir avec la plus grande circonspection; la place peut lui être enlevée par surprise si elle s'en éloigne..... Cependant la persistance de l'attaque lui fait concevoir de vives inquiétudes. Elle a vu les renforts amenés aux assiégeants, elle entend la vive canonnade qui dure depuis trois jours, elle comprend que le réduit de Mazagran, quelle que soit la bravoure des cent vingt-trois soldats qui le défendent, doit être nécessairement en danger. Le lieutenant-colonel Dubarrail, commandant la gar-nison de Mostaganem, tient un conseil de défense, et décide une nouvelle sortie dans le but de faire au moins une utile diversion; on se met en marche.

La garnison entière concourait au mouvement

énergique qu'elle avait résolu de tenter pour attirer sur elle le feu de l'attaque et donner un moment de repos aux assiégés. La garnison entière
ne composait qu'une colonne de trois cents hommes,
il est vrai, mais tous animés par un sentiment
d'honneur qui leur faisait désirer de partager le
sort de leurs braves frères d'armes. Le capitaine
d'artillerie, Palais, marchait en tête avec deux
pièces de campagne et un obusier de 24.

Le combat ne tarde pas à s'engager. La colonne
était à peine arrivée sur le plateau qui conduit à
Mazagran, que les Arabes accourent en foule sur
les hauteurs. Deux obus lancés avec justesse dans
leurs groupes les forcent bientôt à changer de front.
Mais l'ennemi, se jetant dans la plaine, essaie par
un mouvement précipité de se placer entre Mostaganem et la colonne, pour la couper sur ses der-
rières. Ce fut alors que cette brave garnison jugea
qu'il lui serait imprudent, pour ne pas dire
impossible, de tenter, avec ses faibles moyens,
de se faire jour à travers une armée de douze
ou quinze mille cavaliers qui la séparait du poste
attaqué. D'autres considérations devaient encore
faire hésiter le commandant Dubarrail à entreprendre ce coup hardi. Les trois ou quatre
mille âmes qui peuplent la ville de Mostaganem
sont composées d'Arabes, *alliés* il est vrai, mais

dont la fidélité n'est pas suffisamment éprouvée.
Pendant qu'il aurait essayé de se faire passage au
travers des colonnes qui cernaient Mazagran, l'ennemi pouvait se porter sur Mostaganem et s'en
rendre maître sans coup férir. On pouvait croire
que les Arabes avaient prévu cette tentative, et
qu'ils comptaient sur cet incident, puisqu'ils
avaient envoyé dire, avec leur morgue prophétique et tout orientale, que si les Français sortaient
de Mostaganem, ils y rentreraient avec eux. Le
lieutenant-colonel Dubarrail agit donc sagement
en renonçant à marcher en avant, dès qu'il vit
l'ennemi tenter de lui couper la retraite et de se
jeter entre la ville et ses troupes. S'il ne poussait
pas la reconnaissance à fond, ce n'était pas assu-
rément qu'il manquât de résolution; mais là, son
devoir devait enchaîner sa bravoure. Du reste, il
avait calculé toutes les chances de la perfide manœuvre que les Arabes venaient de tenter; il se
tenait sur ses gardes, il fit bonne contenance. Il
déploie vivement sa colonne à droite, dégarnissant
sa gauche, et étend une ligne de tirailleurs jusqu'à
la mer. Une seule réserve de cent hommes s'arrête
à demi-distance. Ce mouvement, exécuté hardiment, réussit avec un rare bonheur. Les Arabes
inondent la plaine en poussant des cris sauvages,
et cherchent à déborder la ligne formée par nos

troupes. Le feu meurtrier et bien soutenu des obus, éclatant au milieu des chevaux, les contient et les empêche de faire une trouée dans la colonne qui, déployée sur une trop longue étendue, n'opposait plus qu'un ordre trop mince à leur choc. Une masse de cavalerie se précipite sur la gauche pour enlever la pièce de canon qui la défendait ; mais, reçue par un paquet de cent balles, elle recule abîmée. Alors nos troupes commencent à battre en retraite en maintenant l'ennemi à une distance respectueuse avec leur artillerie, qui, manœuvrée à la prolonge, fait feu à chaque instant et profite de tous les avantages de terrain qu'elle rencontre pour protéger l'aile droite de la colonne. A mesure que la colonne approche de Mostaganem, elle reploie les tirailleurs sur ses flancs. En vain l'ennemi essaie-t-il de prendre les bords du grand ravin pour attaquer en queue, les cinq pièces en batterie à *Matemore* le forcent à s'éloigner, mais il ne laisse pas encore le champ libre. Il revient charger avec fureur sur le centre, et poursuit nos troupes avec un acharnement dont elles se félicitent d'être l'objet, en pensant qu'il opère la diversion qu'elles se sont proposée en faveur du poste de Mazagran, et qu'elles peuvent ainsi avoir une honorable part dans la délivrance de leurs frères. Enfin la colonne française, toujours combattant, toujours suivie des Arabes, arrive sur l'esplanade devant Mostaganem. Là le feu des batteries de Bab-el-Ierad les disperse et protége sa rentrée dans les murs. Le combat ne finit qu'à la nuit.

A son retour, l'intérieur de la ville présentait l'aspect d'une désolation générale. La terreur était à son comble parmi les habitants. Tous se croyaient à leur dernière heure. Les Arabes alliés se sont portés sur les créneaux, où ils vont et viennent, en proie à la plus grande consternation. Les uns se préparent à fuir et enfouissent leurs trésors et leurs bijoux; les autres, plongés dans la stupeur, semblent attendre la mort avec résignation. Les femmes, éplorées, courent par toute la ville en poussant de grands cris; les vieillards et les enfants sont frappés d'un muet effroi. Personne ne peut comprendre cette lutte inégale où une poignée de Français brave tant d'ennemis acharnés; personne ne peut prévoir une résistance aussi prodigieuse.

Mais revenons à Mazagran, où nous attendent de nouvelles scènes de ce drame unique dans les fastes de la guerre.

De grands mouvements se sont opérés dans les rangs ennemis : les cavaliers qui se tenaient dans la plaine sont montés sur la colline; de nouvelles masses se dirigent vers le réduit, pendant que le canon du plateau sape toujours ses murailles ébranlées. Un groupe d'Arabes s'avance avec une étonnante audace jusque sous le rempart; les uns, armés de longues perches, essaient encore de faire tomber à terre les sacs masquant l'unique pièce d'artillerie qui protége les assiégés; les autres dressent sur la brèche d'énormes poutres pour s'en servir comme d'échelles et tenter de nouveau l'escalade. L'assaut recommence avec un acharnement effroyable. Nos braves soldats, sans démentir un seul instant leur imperturbable sang-froid, les attendent à bout portant; ils ont besoin de ménager leurs munitions : une lutte corps à corps s'engage; les assaillants tombent hachés par le sabre ou percés par les baïonnettes, et toujours les nôtres restent triomphants.

L'ennemi revient encore à la charge; mais, cette fois, avec une rage qui tient du désespoir. Le fanatisme l'exalte, la honte et le dépit le transportent. Il se fait tuer à découvert; on le voit, essuyant le feu sans broncher, se porter hardiment en avant, et ficher dans le sol, à une demi-portée de fusil du réduit, trois étendards du prophète. Un peloton vient se grouper autour de ces étendards, toujours combattant, toujours décimé, toujours renouvelé. Les cadavres s'amoncellent, car l'homme qui tombe frappé est incessamment remplacé par un autre, et douze mille Arabes, soldats de l'armée sainte, sont là pour alimenter cette lutte désespérée; douze mille soldats du prophète qui ont juré de vaincre ou de mourir, et qui, fidèles à leur serment, meurent en attendant la victoire.

Mais les Français ont déjà brûlé trente mille cartouches, il ne leur en reste plus que dix mille. Encore un jour de combat, et ils n'auront plus à opposer à ces innombrables assaillants que leurs baïonnettes et les débris sanglants de leurs murailles. Ces cent vingt-trois braves vont-ils donc tous périr?..... Un seul d'entre eux restera-t-il qui puisse nous raconter ce que ses camarades ont déployé, jusqu'à la fin, de courage et de persévérance avant de succomber sous le nombre?... Rassurez-vous, mes amis, rassurez-vous, le Dieu des chrétiens veille sur eux!.... Et puis ce sont les invincibles zéphyrs, les mêmes que l'on a déjà vus, sous la conduite du général Duvivier, aller frapper de leurs crosses de fusils aux portes de Constantine; Constantine avait fait pressentir en eux la valeur dont les masures ensanglantées de Mazagran portent le terrible témoignage. C'est ici qu'ils vont compléter leur réputation militaire et consacrer leur héroïsme dans le grand livre où les nations futures liront un jour les gloires de la France !

La rage des Arabes s'est brisée, vaine et impuissante, contre l'énergique sang-froid, l'invincible résistance des zéphyrs. Au paroxysme de la fureur a succédé la prostration morale ; le découragement domine dans les rangs ennemis..... Les colonnes sont moins serrées ; elles flottent indécises.,.. s'ouvrent, se débandent.

En vain les chefs supplient leurs soldats de continuer le combat, ou au moins de former le siége de Mazagran pour le réduire par la famine. En vain leur répètent-ils qu'ils sont encore cent contre un : leurs harangues ne sont plus écoutées, leurs paroles sont méprisées. L'armée arabe est abattue, démoralisée ; les soldats de la guerre sainte, las d'encombrer les fossés et de joncher la plaine de leurs cadavres, sont frappés de découragement ; ils croient à une fatalité, ils renoncent à leur tentative. « Dieu, sans doute, est pour les chrétiens ! » s'écrient-ils, et ils s'éloignent en blasphémant contre le prophète. Mustapha-Ben-Tamy lui-même, honteux et insulté par les siens, auxquels il avait promis un succès facile, rassemble les débris de ses bataillons, se replie, et lève enfin le siége.

La nuit vient bientôt couvrir de ses lugu-

bres voiles le théâtre de leur défaite, et l'on aperçut dans l'ombre les cavaliers arabes, descendus
de leurs montures, parcourir la plaine pour relever les morts et les ensevelir avant leur départ
dans de vastes silos, et l'on entendit s'élever de
leur camp de sourds mugissements. Ils pleuraient
sur la mort de leurs parents, de leurs marabouts,
de leurs chefs tués dans le combat ; ils se lamen-
taient sur leur gloire perdue, sur Mahomet hu-
milié devant le Christ.

Ainsi, pendant quatre jours consécutifs, cent
vingt-trois Français ont résisté aux efforts de douze
à quinze mille Arabes ; ils ont repoussé plusieurs
assauts terribles, protégés seulement par les murailles caduques d'un mauvais réduit, et par le
feu d'une seule pièce de canon.

Mais laissons à la brave garnison de Mostaganem, qui, elle aussi, a bien quelque part dans
ce beau succès, laissons-lui la douce prérogative
de nous donner des nouvelles de ses frères de
Mazagran.

La consternation avait continué à régner à Mostaganem. Rentrée dans les murs, la garnison avait
observé fidèlement toutes les phases de l'attaque.
Elle avait tenu constamment ses regards attachés
sur Mazagran. Ses angoisses furent vives pendant le feu du dernier assaut, et quand, à la

nuit, le silence se fit, elle crut que c'était pour
ses vaillants et malheureux frères le silence des
tombeaux. Cette nuit fut longue et douloureuse
pour elle, agitée qu'elle était par cette sinistre
pensée, par ce doute cruel. Pourtant elle en
redoutait la fin, car il lui était encore permis d'espérer, et elle tremblait que le jour ne vînt éclairer une scène de désastres. et ne changeât ses
doutes, tout pénibles qu'ils étaient, en une
certitude fatale et plus pénible encore.

Le commandant Dubarrail avait établi un poste
d'observation sur les remparts. Le 7 au matin,
dès que le jour permit d'explorer la plaine, on
reconnut qu'elle était déserte; on n'apercevait
plus de vedettes arabes. Le commandant en fut
immédiatement averti, et bientôt mille regards
inquiets et empressés signalèrent la retraite de
l'ennemi. Mais qui occupait Mazagran? étaient-
ce les nôtres, victorieux? ou bien étaient-ce les
Arabes, paisibles possesseurs de leur conquête?
La garnison ne voulut pas rester plus longtemps
dans le doute sur le sort de ses camarades; elle
se prépara à marcher vers Mazagran. Elle partit,
laissant les habitants de Mostaganem plus calmes
et plus rassurés que la veille. Elle s'avançait rapidement sur le plateau avec l'appréhension de
plus en plus vive de rencontrer sur ses pas les dé-

bris mutilés de la 10ᵐᵉ compagnie, lorsque tout
à coup un point vague s'élevant au-dessus de la
ville arabe apparaît à sa vue; elle marche encore.... C'est quelque chose qui flotte!.... elle se
hâte.... le point devient plus distinct ... c'est un
drapeau!.... tous les cœurs battent..... elle s'approche..... ô bonheur! ô victoire!.... C'est le
drapeau français!... ce sont ses restes tout déchirés, ses lambeaux, mais ses lambeaux triomphants. Comme un rocher inébranlable, battu
par une mer en courroux, il est resté debout!....
il a bravé le choc d'une armée tout entière qui est
venue briser contre lui ses flots de fer et de feu!...
La garnison de Mostaganem a distingué plusieurs
de ses frères sur le rempart..... Ivre d'enthousiasme, elle se précipite, elle arrive. Les portes
du réduit s'ouvrent pour les recevoir..... elle est
dans les bras de ses vaillants frères!

C'est alors qu'il se passe une scène difficile à
peindre, comme me l'écrivait un officier qui en
fut témoin, parce qu'elle touche aux fibres les plus
sensibles du cœur français, à cet orgueil national
exalté par une action héroïque. Il y a un sentiment qui, dans tous les temps, dans tous les
règnes, a toujours distingué d'une manière particulière l'homme de notre nation à quelque classe
qu'il appartînt; c'est le sentiment de la gloire mi-

litaire. Son amour pour l'honneur et la gloire est, pour ainsi dire, le cachet de sa nationalité, la pierre de touche de son origine territoriale. La gloire a pour lui des émotions d'une nature si élevée, si sublime, que s'il est donné à tout cœur français de les sentir, il n'est possible au langage d'aucune nation de pouvoir les exprimer.

Au milieu des transports de l'admiration, de l'effusion vive et cordiale de leurs frères, les braves défenseurs de Mazagran sont là, calmes et modestes, avec cette dignité que donne le courage, semblant à peine s'apercevoir qu'ils méritent des éloges pour le haut fait qu'ils viennent d'accomplir; seulement, lorsqu'on leur demande quels sont leurs besoins, alors leur ardeur se réveille, et d'un cri unanime ils s'écrient : « *Du biscuit, des cartouches, et* L'ENNEMI ! » Je vous livre ces trois mots aussi sublimes qu'ils sont simples. Comme elle est bien digne des cent vingt-trois guerriers qui viennent de repousser à eux seuls les assauts d'une armée de quinze mille Arabes, cette réponse, empreinte de grandeur et d'héroïsme ! Elle fait revivre les glorieux souvenirs de notre vieille histoire militaire.

Par un bonheur inouï, les défenseurs de Mazagran n'avaient que trois hommes tués et seize blessés. Une perte aussi minime ne peut s'expliquer que par le sang-froid et la présence d'esprit qu'ils ont toujours conservés dans leur courageuse résistance. L'incertitude du tir des Arabes, leur ignorance complète dans l'emploi des moyens mécaniques ont nécessairement aussi laissé un avantage réel à nos soldats aguerris, quoique l'ennemi ait d'ailleurs déployé dans cette attaque une intrépidité dont jusque alors on ne l'avait pas cru capable.

La garnison de Mostaganem fit une reconnaissance sur le champ de bataille; elle y remarqua quelques sabres sortant des fabriques anglaises; malgré les nombreux convois de morts emmenés dans la nuit précédente par les Arabes, elle découvrit plusieurs *silos* remplis de cadavres qu'ils n'avaient pas eu le temps d'emporter; elle compta également dans un rayon de deux à trois milles 74 chevaux tués. Les rapports les plus modérés évaluent la perte des Arabes à six cents morts. Ce calcul ne paraîtra pas exagéré si l'on se rappelle qu'il y a eu quatre jours de combat acharné, que l'artillerie des deux places et les pièces mobiles ont tiré avec une justesse remarquable, qu'elles ont plusieurs fois mitraillé les assaillants à portée de pistolet, et qu'enfin la garnison de Mazagran tirait à bout portant sur des groupes de fanatiques qui venaient se faire tuer jusque sur la brèche :

l'extrême supériorité de la défense a produit cette différence entre nos pertes et les leurs.

Les défenseurs de Mazagran, escortés de leurs camarades, qui formaient autour d'eux un cortége d'ovation, s'acheminèrent vers Mostaganem. Ce fut alors qu'en s'entretenant sur les détails de la défense, le capitaine Lelièvre apprit à ses compagnons sa résolution de se faire sauter dans sa *Casbâh* avec ses cent vingt-deux braves et son drapeau criblé, plutôt que de se livrer à l'ennemi. Sa modestie était admirable et digne de l'antiquité. Il trouvait cette résolution toute naturelle, et il la redisait avec cette simplicité du mérite qui s'ignore. Cependant Mazagran n'est qu'à une demi heure de marche de Mostaganem; Mostaganem était un refuge assuré pour les zéphyrs.

Alors l'allégresse fut générale parmi les habitants, et en un instant la ville offrit le spectacle d'une réjouissance publique. Les Maures, d'un caractère naturellement si calme, si impassible, couraient sur le passage des vainqueurs pour leur baiser les mains, et leur adresser en langue franque leurs naïves félicitations : « *Bravo Français! s'écriaient-ils, Franaïçs moutcho bravo! Français moutcho bono soldato! Maure amare sempre bono Français!* » Les nègres chantaient et dansaient des rondes au son de leurs tambourins.

La joie que causa ce triomphe fut unanime. Français comme indigènes, tout le monde y prit part. Les imaginations orientales de ceux-ci furent saisies par ce que la victoire leur présentait de merveilleux. Voici en quels termes un Arabe de Mostaganem racontait à un Arabe du désert le combat de Mazagran : « On se battit, écrivait-il, quatre « jours et quatre nuits ; quatre grands jours, car « ils ne commençaient pas et ne finissaient pas au « son du tambour. C'étaient des jours noirs, car « la fumée de la poudre obscurcissait les rayons « du soleil, et les nuits étaient des nuits de feu « éclairées par les flammes des bivouacs et par « celles des amorces. »

Cette victoire a eu beaucoup de retentissement dans la province d'Oran ; elle me paraît de nature à nous amener la soumission des tribus, et à consolider notre établissement en Afrique.

Abd-el-Kader, après son échec, s'est retiré à *Takedempta*. On le dit découragé aussi bien par nos succès que par la mauvaise volonté de ses chefs de l'Ouest, où plusieurs révoltes menacent d'éclater.

L'émir attachait beaucoup d'importance à la prise du réduit de Mazagran. S'il eût réussi dans cette première tentative, il aurait profité de ce succès pour faire de nouveau, au nom du prophète, un appel à la guerre sainte, et il eût été à craindre qu'encouragées par ce succès, les tribus n'eussent répondu avec l'élan de la première année, mais il a échoué dans ce coup hardi. Il a appris à mieux connaître le courage et l'habileté de nos troupes.

Nos soldats ont vaincu ; leur renom militaire est devenu grand et formidable parmi les tribus du désert. Leur drapeau tout déchiré, tout noirci par le feu, est un trophée qui ne les quittera plus. Le général Gueheneuc leur en donne l'assurance dans l'ordre du jour qu'il vient d'adresser à sa division, et qui se termine ainsi :

. . . .

« Le lieutenant-général commandant la pro-
« vince d'Oran, autorise la 10me compagnie du
« 1er bataillon d'Afrique, à conserver comme un
« glorieux trophée le drapeau qui flottait sur la
« place de Mazagran pendant les journées des 3,
« 4, 5, 6 février, et qui, tout criblé qu'il est
« par les projectiles de l'ennemi, atteste à la fois
« l'acharnement de l'attaque et l'opiniâtreté de la
« défense. En outre, il ordonne que le 6 février
« de chaque année, lecture du présent ordre soit
« faite devant le bataillon d'Afrique réuni, si cela
« est possible, et que, dans le cas où cette réunion
« ne pourrait s'effectuer, chaque commandant de

« détachement en fasse faire lecture devant tous
« les soldats assemblés sous les armes.

« Honneur à l'héroïque garnison de Mazagran !

« Signé, le lieutenant général,

« GUEHENEUC. »

On parle de construire un monument à la
mémoire de ce haut fait d'armes ; mais ce serait
peu de poser sur les sables du rivage africain
quelque œuvre périssable que les vicissitudes du
temps et de la guerre pourraient nous enlever.
Il me semble qu'un pareil fait mériterait bien
d'être rendu vivant au centre de la nation française, et que l'on pourrait élever deux monuments, l'un au désert, l'autre à Paris.

Pour donner à une pareille narration le ton
qu'elle mérite, il faudrait être sous les influences
des grandes scènes qui se sont passées à Mazagran. Cependant j'ai cru devoir m'étendre sur ce
fait d'armes, mes bons amis, parce qu'il est un
des plus beaux fleurons de notre gloire militaire
dans l'histoire moderne ; l'armée d'Italie, celle
d'Égypte, ne le renieraient pas. Puis il est bien
de présenter à l'admiration publique les actes
d'héroïsme, de signaler à la jeunesse ces exemples
de grandeur et de courage ; c'est une semence qui
germe toujours dans les âmes françaises.

Si j'ai donné tant d'importance à ce récit, n'en omettant aucun détail, c'est que, remarquez-le bien aussi, ces faits individuels accusent peut-être mieux l'héroïsme que ces mémorables victoires, l'œuvre du génie d'un seul et du courage de tous.

Lettre Trente-unième.

CONTINUATION DE LA GUERRE. — ÉCHANGE DE PRISONNIERS.

Mostaganem, juin 1841.

Depuis le beau fait d'armes que je me suis plu à vous raconter dans ma dernière lettre, la guerre contre Abd-el-Kader n'a pas cessé d'agiter la partie de la Régence où je me trouve aujourd'hui. Partout où nos troupes ont pu joindre les Arabes, elles les ont mis en fuite ; le général Bugeaud, nommé depuis peu gouverneur général des possessions françaises en Afrique, poursuit activement l'ennemi, et ne sera pas tenté, sans doute, de renouveler le traité qu'il avait autrefois conclu avec l'émir. Je vous écris au retour d'une expédition à laquelle j'ai pris part, et dans laquelle les zouaves se sont particulièrement distingués. Nous nous sommes rendus maîtres de Takadempt, que les Arabes avaient évacué, et que nous avons rasé. Quelques jours après, nous occupions Mascara, où nous avons laissé une garnison. Nous nous disposons à une nouvelle expédition qui doit nous conduire au delà de Mascara, pour aller chasser Abd-el-Kader des positions fortifiées qui lui restent encore.

Tous ces événements militaires qui honorent notre armée, disparaissent toutefois devant le grand acte d'humanité dont je viens d'être témoin, et dont le récit ne peut manquer de vous intéresser vivement, puisqu'il tend à honorer notre sainte religion. Au milieu des cruautés de la guerre, les prêtres chrétiens ont été constamment l'objet de la vénération des Arabes; aussi n'ont-ils pas cessé de porter de toutes parts, sans rien craindre, les bienfaits de leur touchante charité. Profitant de cette position toute particulière qui semble mettre les ministres du vrai Dieu en dehors de la lutte cruelle qui déchire ces contrées, Monseigneur Dupuch négociait depuis longtemps avec Abd-el-Kader un échange de prisonniers, auquel l'émir n'avait consenti que par l'effet de l'influence que les vertus de notre illustre prélat lui ont acquise parmi nos ennemis. Malgré les difficultés presque invincibles que la guerre opposait à ces pourparlers, Monseigneur parvint à mener à bonne fin cette pieuse entreprise, et le kalifa de l'émir Sidi-Mohammed-Ben-Allaf, bey de Miliana, lui annonça enfin que le 18 mai, à midi, il se trouverait au pied du col de Teniah, avec les prisonniers français qui devaient être échangés. Aussitôt les dispositions furent prises à Alger pour amener au rendez-vous les Arabes qui devaient être rendus à leurs compatriotes : ces malheureux, au nombre de cent trente-trois, avaient tous été habillés par Monseigneur; les femmes, les enfants, les blessés, qui se trouvaient parmi eux, étaient portés sur des voitures louées à un prix énorme par Monseigneur. Rien ne peut peindre l'intérêt qui s'attachait à cet étrange convoi, en tête duquel marchait la voiture où l'évêque se trouvait, avec ses vicaires-généraux, MM. Dagret et Suchet.

Le digne prélat allait enfin recueillir le fruit de tant de soins, de tant de persévérance, d'efforts continuels qui occupaient sa généreuse pensée depuis plus de sept mois. Cependant il s'en fallut de bien peu que tout espoir de succès ne s'évanouît, au moment même où l'on semblait atteindre le résultat tant désiré. En effet, on apprit en route que,

par une fatale coïncidence, l'armée expéditionnaire que le général Baraguay d'Illiers conduisait
dans la province de Titteri devait occuper le col
de Teniah, le 18 au matin, le jour même et à
l'heure convenue pour l'échange. On conçoit les
sollicitudes de l'évêque, arrêté à Bouffarick, et
qui vient d'apprendre que le chef arabe, irrité de
cette apparence de trahison, est retourné sur ses
pas, entraînant avec lui ses prisonniers, en butte
aux mauvais traitements de leurs gardiens irrités.
Aussitôt M. l'abbé Suchet et quelques amis dévoués, qui ont déjà servi d'intermédiaires entre
l'évêque et Abd-el-Kader, s'élancent sur les traces
du kalifa, et, après une course de quatorze lieues,
accomplie de toute la vitesse de leurs chevaux,
ils rejoignent le kalifa, et se proposent pour
rester comme otages entre ses mains jusqu'à la
consommation de l'échange.

Touché de ce généreux dévouement, le chef
barbare ne veut pas se montrer moins confiant ;
en échange d'un officier arabe prisonnier et qui
avait accompagné les envoyés de Monseigneur, il
rend le plus important de ses prisonniers, M. Mas-
sot, sous-intendant militaire, cause première des
négociations qui touchent à leur dénouement.

Le lendemain matin, l'évêque s'avançait seul
dans la plaine, en tête de son convoi de prison-

niers ; le kalifa vient à sa rencontre, entouré de ses douze cents cavaliers, et serre avec émotion la main que le vénérable pasteur a tendue vers lui. Un instant après, le chef arabe montait dans la voiture qui avait amené l'évêque, et une conversation douce et grave, qui ne dura pas moins de trois heures, s'engageait entre le saint prêtre et le guerrier du désert. En recevant les présents modestes qui lui étaient offerts, le kalifa avait répondu : « Le plus agréable présent, c'est ton visage et ton cœur. »

Les cavaliers hadjoutes et les prisonniers français entourent en foule la voiture. Mais un coup de fusil a retenti ; est-ce le signal de la trahison ? Non ; une perdrix s'est élevée d'un buisson voisin, et un Arabe l'a abattue pour l'offrir en hommage au prélat.

Enfin, les prisonniers arabes sont arrivés ; l'échange s'accomplit au milieu de l'attendrissement général, et le kalifa, après avoir de nouveau serré sur son cœur la main de l'évêque, donne le signal du départ à ses cavaliers, qui disparaissent dans l'immensité de la plaine.

Alors commence la marche triomphale des prisonniers rachetés, dont l'apparition amène, dans chaque camp, à chaque poste français, les scènes les plus touchantes, et excite partout un véritable enthousiasme. Jusqu'à Alger, l'évêque et les captifs qu'il vient de rendre à la liberté s'avancent entourés d'une foule avide de les contempler, empressée d'exalter le dévouement et la charité des ministres du Dieu des armées, qui remplissent si admirablement leur divine mission.

C'est là un beau triomphe pour le christianisme ; c'est là une victoire plus belle que toutes celles que nos armes ont remportées. Un tel événement doit rassurer sur l'avenir de l'Algérie ; rien ne démontre mieux cette grande vérité, que la civilisation ne peut s'introduire dans nos possessions africaines que par les progrès de la religion chrétienne.

Lettre Trente-deuxième.

A GUSTAVE ET A MARIE.

RUINE DE LA PUISSANCE D'ABD-EL-KADER.

Alger, février 1842.

Une année s'est écoulée pendant laquelle je n'ai pu que vous donner de temps en temps de mes nouvelles, sans vous adresser aucun détail qui puisse être ajouté au travail historique que j'ai entrepris pour vous. N'en accusez que notre gouverneur-général qui nous fait mener ici une vie tellement active, qu'il ne nous reste pas un moment de loisir. En effet, le système de la guerre est complétement changé : au lieu de ces combats où une armée se trouvait engagée de chaque côté, nous n'avons plus que des engagements partiels, qui se répètent à peu près chaque jour. Les vic-

toires que nous remportions dans les batailles rangées, étaient sans doute glorieuses pour nos armes,
mais elles produisaient peu d'effet sur l'ennemi, qui
se dispersait un instant pour aller se reformer ailleurs. Aujourd'hui, nous n'attendons plus qu'il
plaise aux Arabes de venir nous offrir le combat;
nous allons les surprendre chez eux, au milieu de
leurs familles et de leurs richesses; nous procédons
par coups de main isolés; nous poursuivons chaque
tribu jusque dans ses retraites les plus cachées,
au milieu des bois et sur le sommet des montagnes.

Une colonne de deux ou trois cents hommes se
sépare du corps d'armée, fait nuit et jour des
marches forcées, jusqu'à ce qu'elle soit parvenue
à prendre à revers les douairs de la tribu qui a été
désignée à ses coups; puis, au milieu des ténèbres
ou au point du jour, elle tombe à l'improviste sur
les Arabes endormis; ceux qui résistent sont tués
à la baïonnette; les femmes, les enfants sont emmenés prisonniers, ainsi que les hommes qui se
rendent; les tentes sont brûlées, les silos détruits,
et le détachement qui a rempli sa mission revient
au camp avec les prisonniers, en poussant devant
lui les troupeaux enlevés aux vaincus. Voilà ce
qu'on appelle une *razzia*.

Sans doute, de pareils faits d'armes n'ont pas
autant de retentissement et ne semblent pas si bril-

lants qu'une bataille en plaine, où nous pouvons faire tonner notre artillerie et montrer toute la supériorité de notre science stratégique, mais des résultats incontestables ont déjà prouvé combien le mode des attaques partielles et réitérées, adopté par le général Bugeaud, l'emporte sur les grandes invasions et sur les marches régulières d'une armée grossie de l'immense bagage qu'elle est obligée d'emporter avec elle. Les tribus, terrifiées par ces agressions brusques et inattendues qui viennent les décimer et les ruiner, s'empressent de reconnaître notre autorité, et échappent les unes après les autres à l'autorité d'Abd-el-Kader. Ce chef, qui s'efforce en vain de ranimer le fanatisme musulman, n'a plus la confiance de ses anciens sujets qu'il a tant de fois trompés par ses fausses prophéties. Il n'est plus entouré que de quelques mercenaires chèrement payés; tous ses forts et ses lieux de refuge ont été détruits; souvent déjà il a dû chercher un asile contre nos poursuites sur les terres du sultan de Maroc; tout annonce l'anéantissement prochain et complet de sa puissance.

Les progrès de la religion catholique n'ont pas été moins marqués en Algérie que ceux de nos armes. Grâce au zèle infatigable de notre saint évêque, plusieurs chapelles se sont élevées; un petit séminaire et des écoles, dirigés par des congrégations religieuses, offrent de salutaires enseignements à la jeunesse ; de bonnes lectures viennent remplir les loisirs de nos soldats ; les blessés et les malades sont entourés des consolations si précieuses que la religion présente à tous ceux qui souffrent.

Depuis que je vous ai écrit, M. Suchet, notre pieux et intrépide vicaire-général, a entrepris, accompagné seulement d'un guide, un dangereux voyage au milieu des Arabes ; il a été chercher Abd-el-Kader jusqu'au fond des déserts, où il change chaque jour de campement, et il a obtenu de l'émir un nouvel échange de prisonniers. De telles actions font connaître et admirer notre religion aux Arabes ; depuis qu'ils ont vu nos prêtres, ils ne nous regardent plus comme des barbares sans foi et sans croyance, et ils sont plus disposés à se rapprocher de nous. Les ministres du vrai Dieu auront donc, à leur manière, contribué à la conquête ; ils nous aideront encore plus puissamment, à la consolider lorsqu'elle sera achevée.

FIN.

TABLE.

◦❈◦

FIN DE LA TABLE

Tours, imp. de Mame.